体育课程一体化丛书
TIYU KECHENG YITIHUA CONGSHU

# 五体球教程

WUTIQIU JIAOCHENG

于素梅　王进安　王献英 等　编著

教育科学出版社
·北京·

出 版 人　郑豪杰
责任编辑　柯　彤
版式设计　锋尚设计　王　辉
责任校对　马明辉
责任印制　叶小峰

**图书在版编目（CIP）数据**

五体球教程 / 于素梅等编著 . -- 北京：教育科学
出版社，2025. 2. --（体育课程一体化丛书）. -- ISBN
978-7-5191-3292-7

Ⅰ . G849.9

中国国家版本馆 CIP 数据核字第 20258EQ630 号

**五体球教程**

WUTIQIU JIAOCHENG

| | | | | | |
|---|---|---|---|---|---|
| 出 版 发 行 | 教育科学出版社 | | | | |
| 社　　　址 | 北京·朝阳区安慧北里安园甲 9 号 | | 邮　　编 | 100101 | |
| 总编室电话 | 010-64981290 | | 编辑部电话 | 010-64981265 | |
| 出版部电话 | 010-64989487 | | 市场部电话 | 010-64989009 | |
| 传　　　真 | 010-64891796 | | 网　　址 | http://www.esph.com.cn | |
| 经　　　销 | 各地新华书店 | | | | |
| 制　　　作 | 北京锋尚制版有限公司 | | | | |
| 印　　　刷 | 河北鹏盛贤印刷有限公司 | | | | |
| 开　　　本 | 787 毫米×1092 毫米　1/16 | | 版　　次 | 2025 年 2 月第 1 版 | |
| 印　　　张 | 15.25 | | 印　　次 | 2025 年 2 月第 1 次印刷 | |
| 字　　　数 | 276 千 | | 定　　价 | 88.00 元 | |

图书出现印装质量问题，本社负责调换。

编委会

# 丛书序

2021年6月23日，教育部办公厅印发了《〈体育与健康〉教学改革指导纲要（试行）》，明确指出体育课程教学长期存在繁（项目繁多）、浅（蜻蜓点水）、偏（缺乏系统）、断（学段脱节）的现象，要求体育课程要"教会、勤练、常赛"，努力教懂、教会健康知识、基本运动技能和专项运动技能。

为什么体育课程教学存在繁、浅、偏、断的现象呢？这是因为我们对体育学科特性理解不深、对体育课程研究不透。当充满自发性、自主性、尽兴性、专一性和非功利性的游戏（play）和运动（sports）走进学校，变成了在班级上课，教学强调基础、主张全面，课时短、人数多、器具有限的体育（physical education）的时候，我们遭遇了"体育课学习蜻蜓点水、低级重复、浅尝辄止、半途而废""小学篮球是胸前传球，大学篮球还是胸前传球""上了12年体育课却什么运动技能都没很好地掌握""喜欢体育，但不喜欢体育课"的体育课程教学困局，而在"什么都教，什么都教一点""短、平、快"的体育教学中，体育教师也逐渐丢失了自己的运动专长，成了日日重复平庸教学的"万金油"。

要解决这一难题，比较好的办法就是瞄准大中小（幼）体育课程一体化，构建"跨学段体育课程教学递进模式"和"跨学段体育学业评价方法"，同时创新实现上述体育课程改革的教学形式，构建"可选择的专项化体育教学"，即"体育选项走班"的教学模式。这一直面体育课程教学"真问题"的系统性改革，可促进体育的要求与游戏和运动的特性相融合，让掌握运动技能的客观规律回归到体育课堂的教学过程中，让"教会、勤练、常赛"在学生运动学习的参与自发性、过程自主性、时数充足性、内容连续性、教学专项性的特性中得以切实保障。

于素梅博士率领的研究团队长达4年的"一体化"课程研究与教学创新，其本质就是围绕这一重要基本理论问题与方法论进行的学术攻关。今天，我们又高兴地看到，该研究在推出了系列研究论文与报告之后，又推出了更为系统、对课程建设和一线教学更具指导意义的研究成果：以各项运动项目的学理、排列理论、教程、评价为内容的系列成果，并以丛书形式出版。这是一件非常可喜可贺的事情，因为这是一项"硬核"的研究成果，它无疑是学校体育课程建设的一件具有里程碑意义的大事，是值得众多体育课程教学研究专家热情关注的事情。

我建议，在面对这项新的而且可能还有些不适应甚至不理解的研究成果时：第一，应有"真问题解决"的视角，即从体育课程教学的真问题去看待这项研究成果，看它对解决体育课程教学真问题是否有效；第二，应有"学科学理性"的视角，即从游戏、运动、体育的特性去看待这项研究成果，看它对体育课程教学的规律是否有更深入的剖析和阐释；第三，应有"实践可行性"的视角，即依据我国学校体育教学及体育教师的基本状况去看待这项研究成果，看它能否符合基层体育教改的需要与实际的状况；第四，应有"研究阶段性"的视角，即从一项宏大且困难的阶段性成果的角度去看待这项研究成果，我们既要看到它的局限性和存在的不足，也要看到它的深远意义和未来深入研究的可持续发展性。

衷心祝贺丛书的出版，我坚信，它的出版对新时代中国体育课程教学的科学化发展，对推进以"教会、勤练、常赛"为核心的体育课程教学改革，对实现《"健康中国2030"规划纲要》提出的"基本实现青少年熟练掌握1项以上体育运动技能"的目标，都有重要贡献。

是为序。

北京师范大学教授、博士生导师
全国学校体育联盟（教学改革）主席

# 前言

　　大中小（幼）体育课程一体化（简称"一体化"）是受教育部课程教材研究所委托，由中国教育科学研究院于2018年深入贯彻全国教育大会精神启动建设的系统工程、使命工程，是体育学科的教育教学工作者一直期盼的体系化建设，是解决长期遗留的体育课程在实施过程中"蜻蜓点水、低级重复、浅尝辄止、半途而废"等问题的突破性研究。

　　以上这些长期遗留的问题难以解决，但并非绝对不能突破。为了彻底改变现状、解决疑难问题、建立科学体系，一体化项目组首先面向全国建立了一体化研究团队，包括理论研究团队和实验团队。为确保理论研究成果具有科学性、权威性和实用性，一体化项目组成立了由全国知名专家学者组成的顾问团队，由86个小组1486名符合学过、练过、教过、研究过"四过"要求的教师组成的专业研究团队，由33个实验区500余所实验校参与实验工作的实验团队。研究团队的建立为确保突破难题，创建一体化体系提供了强有力的保障。

　　习近平总书记在全国教育大会上强调"要树立健康第一的教育理念，开齐开足体育课，帮助学生在体育锻炼中享受乐趣、增强体质、健全人格、锤炼意志"。一体化研究紧紧围绕这个精神，以学生终身体育和身心健康发展需求为逻辑主线，建构纵向衔接、横向一致、内在统一、形式联合的课程总体框架；依据学生的生长发育规律、动作发展规律、认知发展规律、运动技能形成规律以及体育学科特点等，系统确立各学段的学习方式，即幼儿启蒙期游戏化、小学基础期趣味化、初中发展期多样化、高中提高期专项化、大学应用期自主化；为促进一体化有效开展，建立了理念"生本化"、目标"层次化"、内容"结构化"、实施"多样化"、评价"多元化"的五大联动机制；为科学精准地确定体育学习的起点和提升内容的适宜性，提出了动作技能学习"窗口期"理论、运动需求理论；为全面而有效地实施体育课程一体化改革，创建了"幸福体育课程模式"等。在内容设置方面，通过系统研究，划分为必修必学、必修选学，其中，必修必学设置的是哪个学段学什么、怎么学、学到什么程度的基本运动技能、体能、健康教育、安全教育等内容体系，必修选学是按照模块进阶式设置各专项运动的内容体系。必修选学的专项运动均划分为六个模块，每个模块对应一个运动能力等级，每学完一个模块进行对应的运动能力测评，达到该等级后，进入下一模块的学习，以此类推，充分体现学习衔接性。在课程实施方面，打破原有常规化的"行政班级授课制"（或自然班级授课制）形式，为更好地激发学生运动兴趣，满足学生运动需求，促进1—2项运动技能掌握，实现运动能力的形成，经过在全国6个实验区的实验后，提出从小学五年级开始，有条件的学校可以增加"体育选项走班制"教学组织形式。在课程评价方面，提出围绕体育学科培育核心素养，体育学业质量评价聚焦知识、能力、行为、健康四个方面，运动能力评价突出"技能与运用"，划分为基本运动能力评价和专项运动能力评价，分别都设六个等级。专项运动能力一级、二级为夯实基础期，三级、四级为提高能力期，五级、六级为发展特长期。基于区域差异、学校差异和学生兴趣爱好的不同，对专项运动能力提出了"定级不定项"的学段评价原则，小学毕业需要达到专项运动能力二级，初中毕业需要达到专项运动能力四级，某专项运动凡是达到四级就相当于掌握了该项运动。

体育课程一体化丛书是我国体育课程一体化研究的首套教程，能为广大一线教师基于学生的发展需求科学系统地把握教什么、怎么教和教到什么程度提供重要依据。这套教程包括按学段编写的《K12基本运动技能教程》《K12体能教程》《K12健康教育教程》《K12安全教育教程》，按模块编写的《篮球教程》《足球教程》《五人制足球教程》《排球教程》《羽毛球教程》《乒乓球教程》《网球教程》《田径教程》《体操教程》《健美操教程》《啦啦操教程》《排舞教程》《团体操教程》《蹦床教程》《武术教程》《中国式摔跤教程》《游泳教程》《滑冰教程》《滑雪教程》《冰球教程》《冰壶教程》《五体球教程》《高尔夫球教程》《软式棒垒球教程》《英式橄榄球教程》《腰旗橄榄球教程》《轮滑教程》《滑板教程》《攀岩教程》《定向运动教程》《舞龙教程》《舞狮教程》《竹竿舞教程》《花样跳绳教程》《毽球教程》《藤球教程》《跆拳道教程》。每个教程按模块设计，分单元按学、练、赛、评一体化的思路创建教程内容体系。

本册《五体球教程》共包含三大部分：第一部分是五体球一体化设计，第二部分是五体球教学策略，第三部分是五体球教学资源。每个部分又分为若干个章节。其中，第一部分包含三章，即五体球的发展与价值、五体球的模块设计、五体球的单元设计；第二部分包含六章，每一章都是对应模块的教学策略；第三部分包含三章，即五体球教学准备及放松活动、五体球专项体能训练、五体球教学规范教案。

《五体球教程》的特点具体体现在以下方面。（1）系统连贯。该教程将五体球运动的相关知识、技战术等内容按照六个模块的方式，由简到繁、由易到难递进呈现，既体现系统性，各模块又有明显的衔接性。（2）以学定教。该教程从学生的角度出发，从学、练、赛、评四个维度展开各单元的教学指导活动，注重创新设计，充分考虑学生的学习效果。（3）全面具体。该教程所包含的内容较为全面，既有顶层对模块与单元的设计，又有各单元的教学策略，还有为一线教师提供的必备教学资源，如准备与放松活动、专项体能、规范教案等，便于教师操作和有效利用。（4）生动直观。该教程中有大量的运动图片，较为生动直观，有助于教师对教程的理解、把握和有效应用。（5）应用广泛。该教程对于各个学段都适宜。多数学校小学阶段假如只学习模块一、模块二，使学生学习结束达到五体球课程学生运动能力一级、二级水平，小学学段的老师只需要参照前两个模块组织教学活动即可。初中的学校组织开展五体球课教学时，学生已经有了一级、二级水平，初中就可以从模块三学起，所以，依然是这本《五体球教程》，可以从教程中选择学习模块三以及后续学习模块四等部分的内容。高中和大学在教授五体球的时候，依然可以采用该教程进阶式组织学生学习。

一体化教程是在前期完成2018年国家社会科学基金教育学重大项目"教材建设中创新性发展中华优秀传统文化研究"子课题、教育部课程教材研究所重点委托项目"大中小（幼）体育课程一体化研究"的理论积累的基础上，按照中国教育科学研究院2023年度基本科研业务费专项资金重点项目"学生运动能力等级标准研究"（项目批准号：GYB2023008）要求创建的核心成果。该套教程的撰写，得到教育部课程教材研究所、中国教育科学研究院等领导，以及北京师范大学毛振明教授等的指导。《五体球教程》一书的图片由北京印象视界传媒有限公司绘图团队绘制。整套书的出版得到了教育科学出版社的大力支持和专业指导。在此一并表示感谢。

真诚地希望这套一体化教程能够帮助广大一线教师有效提升教学质量、提高教育教学能力与水平，为贯彻落实好《〈体育与健康〉教学改革指导纲要（试行）》，以及为体育课标的具体而有效的落实发挥重要作用。本书如有不当之处，也请各位老师和读者批评指正，我们后续再做进一步完善。感谢大家对体育课程一体化项目的关心和对这套教程的厚爱。

于素梅

# 目录

## 第一部分
## 五体球一体化设计

| | |
|---|---|
| **第一章｜五体球的发展与价值** | **3** |
| 第一节　五体球的发展特点 | 3 |
| 第二节　五体球的育人价值 | 8 |
| **第二章｜五体球的模块设计** | **10** |
| 第一节　五体球模块划分的缘由 | 10 |
| 第二节　五体球模块目标的设置 | 11 |
| 第三节　五体球模块内容与实施 | 12 |
| **第三章｜五体球的单元设计** | **26** |
| 第一节　五体球单元划分的依据 | 26 |
| 第二节　五体球单元目标的设置 | 26 |
| 第三节　五体球单元内容与实施 | 31 |

# 第二部分
## 五体球教学策略

**第一章｜五体球模块一教学策略**　　53

第一节　单元一教学策略　　53

第二节　单元二教学策略　　58

第三节　单元三教学策略　　63

第四节　单元四教学策略　　68

**第二章｜五体球模块二教学策略**　　74

第一节　单元一教学策略　　74

第二节　单元二教学策略　　79

第三节　单元三教学策略　　84

第四节　单元四教学策略　　89

**第三章｜五体球模块三教学策略**　　96

第一节　单元一教学策略　　96

第二节　单元二教学策略　　101

第三节　单元三教学策略　　106

第四节　单元四教学策略　　111

**第四章｜五体球模块四教学策略**　　117

第一节　单元一教学策略　　117

第二节　单元二教学策略　　123

第三节　单元三教学策略　　129

第四节　单元四教学策略　　135

**第五章｜五体球模块五教学策略**　　140

第一节　单元一教学策略　　140

第二节　单元二教学策略　　146

第三节　单元三教学策略　　151

第四节　单元四教学策略　　155

**第六章｜五体球模块六教学策略**　　　　　　　　　　**161**
　第一节　单元一教学策略　　　　　　　　　161
　第二节　单元二教学策略　　　　　　　　　167
　第三节　单元三教学策略　　　　　　　　　172
　第四节　单元四教学策略　　　　　　　　　178

## 第三部分
### 五体球教学资源

**第一章｜五体球教学准备及放松活动**　　　　　　**185**
　第一节　五体球专门性准备活动　　　　　　185
　第二节　五体球针对性放松活动　　　　　　189

**第二章｜五体球专项体能训练**　　　　　　　　　　**192**
　第一节　五体球专项体能训练设计思路与方法　192
　第二节　五体球专项体能训练案例　　　　　207

**第三章｜五体球教学规范教案**　　　　　　　　　　**209**
　第一节　五体球模块一规范教案　　　　　　209
　第二节　五体球模块二规范教案　　　　　　213
　第三节　五体球模块三规范教案　　　　　　216
　第四节　五体球模块四规范教案　　　　　　220
　第五节　五体球模块五规范教案　　　　　　224
　第六节　五体球模块六规范教案　　　　　　227

# 第一部分
# 五体球一体化设计

　　在大中小（幼）体育课程一体化研究中，五体球是一项必修选学的中国原创大球类运动项目。本教程将五体球课程划分成六大教学模块，每个教学模块学完后进行综合技能评价与运用比赛评价。每个教学模块均与五体球课程学生运动能力等级水平相对应，即模块一对应五体球课程学生运动能力一级水平，模块二对应五体球课程学生运动能力二级水平，以此类推。每个教学模块根据五体球教学内容和技战术难易度与学生的"知""能""行""健"教学目标划分为四个学习单元，每个单元按照学、练、赛、评的教学体系一体化组织教学。

# 第一章 | 五体球的发展与价值

五体球（英文名：Wuti-ball）是以双手、双脚和头部等五大身体部位为主进行运控球、手脚转换、传接球、射门得分与投篮得分的中国原创新型大球类运动。五体球创造性地将球场划分为三大区域，即五体转换区、手部区和脚部区。球员在手部区可以用手完成运球、传接、投篮与封盖；在脚部区可以用脚完成传接、盘带、过人、射门及吊篮；在五体转换区手脚均可触球，球员可在此区域实现由手部运动变换为脚部运动或由脚部运动变换为手部运动的交替转化。

一场五体球全场比赛由两队进行同场竞技，每队派出五名队员参赛，队员上场替换次数不限。比赛中双方在规定的区域内利用个人技术和团队配合战术获得得分；在手部区投篮进筐一次得2分；在五体转换区投篮进筐一次得3分，用脚射进球门一次得3分，用脚吊球进筐一次得5分；在脚部区射进球门一次得3分，用脚吊球进筐一次得5分。

五体球运动的主要特点是比赛观赏性强、场地利用率高、文化包容性强、群众基础广泛和知识产权完整。五体球运动具有传播健康快乐的生活方式、充分展示个人运动才华和团队合作精神、培养青少年综合素质、创造良好的社会效益和经济效益、打造靓丽的国家体育名片等重要意义。自问世以来，五体球运动深受社会各阶层、各年龄段人们的喜爱，尤其是受到广大青少年的青睐。

本章第一节主要阐述五体球的发展特点，第二节主要阐述五体球的育人价值。

## 第一节 五体球的发展特点

本节主要介绍五体球运动的起源、五体球运动的各阶段发展情况、五体球运动在学校的开展情况、五体球场地器材的发明以及五体球运动能力的界定等。

 **五体球的起源**

体育文化创新是一个国家强大的重要标志。随着中国成为世界第二大经济体和举足轻重的国家，中国需要一项能够真正代表中国文化，而又具有广泛大众基础的运动项目作为载体，向全世界传播中国博大精深、兼容并包的融合文化。基于此，中国改革开放

的前沿特区——深圳的王进安先生秉承中国融合文化，综合国内和国际当代体育项目的优点元素，创造性地发明了五体球这一运动项目。

五体球运动自2015年开始落地推广就引发热烈反响，受到广泛好评。五体球将上肢、下肢、大脑的协调平衡和综合技能进行充分展示，吸取了足球、篮球和冰球的优点元素进行重新架构，科学地设计了独有的五体转换区。在五体转换区，球员可充分调动中枢神经系统，发挥手、脚部的高度平衡协调能力。

五体球运动的突出特点是包容性强。在一片标准的五体球场上，除了可以开展五体球运动外，还可以进行篮球运动和五人制足球训练。篮球场经简单改造后，即可成为一个28米×15米大小的五体球场地。该场地是集五体球场、篮球场和五人制足球场功能于一体的多功能场地。在该场地的篮筐下安置便携式五体球门，三分线以内区域为手部区；以三分线作为内转换线，以其外延向外延伸2.20米画出一条平行弧线作为外转换线，从内转换线至外转换线的区域即为五体球运动独有的五体转换区；从外转换线至另一侧的外转换线之间的区域为脚部区。这种思维真正实现了同一片场地内以三种区域组合展示五体球的创新融合，巧妙地做到了"一场三用"，解决了我国中小学体育活动场地有限的问题，提高了场地利用率。

五体球的包容性还体现在，既可以促进足球、篮球运动技术的发展，又可以挖掘足球、篮球选手的运动潜力，发现和培养综合性人才，为提高我国足球、篮球运动项目水平奠定良好的基础。

五体球的诞生是对世界体育文化的传承与创新，是中华民族伟大复兴在体育文化方面的重要创举。五体球项目所凸显的运动形式和特征及相对集中的发展格局，显现出了新时代潮流发展的一种必然需求和趋势，具有极强的时代特征。

 **五体球的发展阶段**

### （一）五体球的发展

1. 2014年，王进安先生发明了五体球运动，第一版规则建立。

2. 2015年4月29日，五体球运动正式落地实施推广。

3. 2016年6月，在广州体育学院举行了首届五体球大学生联赛。

4. 2017年，五体球成为国家体育总局首批科学健身指导丛书立项项目。

5. 2018年，举行首届五体球青少年联赛暨"肇庆杯"挑战赛，五体球被纳为广东省第15届运动会表演赛项目。

6. 2019年10月，五体球在第十八届"深圳企业创新纪录"评审中获奖，填补了体育文化创新空白；五体球发明人王进安被评为"创新贡献卓越人物"。

7. 2020年10月，由人民体育出版社正式出版《五体球——一种新型的健身运动》一书。

8. 2021年，五体球团队获得粤港澳大湾区"未来创造之星"荣誉称号。

9. 2021年，全国人大代表王刚为五体球发声，《在全国推广五体球运动项目，打造中国原创体育文化》的议案正式中国家体育总局会同教育部办理和落实。

10. 2021年5月，深圳市12位人大代表联名提交《在深圳推广五体球运动，打造深圳体育运动创新先行示范高地》的议案。

11. 2022年3月，全国人大代表提议在学校推广五体球。

12. 2024年5月28日，国家标准《五体球课程学生运动能力测评规范》由国家市场监督管理总局（国家标准化管理委员会）发布并实施。

13. 2024年7月，五体球运动被选入教育科学出版社出版的《义务教育教科书　体育与健康教师用书　新兴体育类运动（全一册）》。

（二）五体球的课程研发推广

1. 2018年，五体球以原创项目第一名进入全国大中小（幼）体育课程一体化体系；本教程和《五体球课程学生运动能力测评规范》均为五体球一体化课程的组成部分。

2. 2018年至今，广东省王献英名师工作室承担《中小学"五体球"项目课程一体化建设与实践研究》课题，并针对五体球一体化课程建设及融入中小学体育课堂开展研究。

3. 五体球团队在发明人王进安先生和联合创始人张英女士的带领下，组织王林、李启智、陈雪薇等五体球教练团队成员，协同王献英名师工作室团队成员撰写《五体球教程》并进行实践方面的探讨，为《五体球教程》的完成做出了重要贡献。

4. 2022年10月，在五体球发明人王进安、联合创始人张英的带领下，五体球国标研制组组长游学军老师加入《五体球教程》编写团队，为这本书的编写和完善做了大量工作。

## 三 五体球在学校开展的课程与赛事

### （一）大学开展和研究情况

2016—2018年，已成功举办三届五体球大学生联赛，先后有广州体育学院、华南师范大学、华南理工大学、暨南大学、华南农业大学、广东第二师范学院、广东财经大学、广州大学、韩山师范学院、岭南师范学院、深圳职业技术学院、南方科技大学、深圳信息职业技术学院、北京师范大学珠海分校、广东省科技干部学院珠海分校、北京理工大学珠海学院、肇庆学院、广东理工学院、广东工商职业大学等学校五体球队参加。其中，广州体育学院、华南师范大学、深圳职业技术学院、南方科技大学和北京师范大学珠海分校等很多参赛的高校还成立了五体球社团，定期进行五体球训练。同时，湖南怀化学院体育学院已邀请五体球学者、教练在该院讲授五体球课程并进行五体球实践讲解；湘潭大学的大学生代表进行过五体球校内赛事；武汉体育学院的代表曾受邀参加五体球第二届大学生联赛的揭幕战；在国家体育总局科学健身指导丛书项目的指导下，广州体育学院的专家学者对五体球的理论结合实证进行研究，论证了五体球运动对球员的灵敏性和协调性的提升作用，其成果——《五体球——一种新型的健身运动》已由人民体育出版社出版；华南师范大学体育科学学院的专家学者对五体球作为选修课的可行性、五体球的赛事负荷量和高校推广的可行性等进行了研究。

**（二）中小学开展和研究情况**

广州市真光中学作为五体球的第一个示范基地，在2017年开始开展五体球选修课。深圳市第二高级中学也将五体球纳入选修课程，还成立了五体球社团。深圳市五联崇和学校的部分年级每天早晨练习五体球。肇庆市的高中学校（百花中学、肇庆中学、广利高级中学、端州中学、第六中学、鼎湖中学）和初中学校（第六中学、端州中学、铁路中学、地质中学、小湘初级中学、鼎湖区实验中学）分别组队参加广东省五体球青少年联赛暨"肇庆杯"挑战赛。其中，广州市真光中学、肇庆市鼎湖中学和深圳市五联崇和学校已建立五体球示范基地。同时，陕西安康的汉阴中学（高中）、广东汕尾的可塘中学、湖南常德的长茅岭中学、湖南常德的尧天坪中学、湖南衡阳的向阳中心小学、云南弥渡县德苴乡初级中学等学校已纷纷先行建立了五体球场地，绝大部分已开展过五体球的小型赛事活动。湖南怀化的石门小学、陕西杨凌高新第二小学等小学已开展过五体球相关活动。五体球曾作为2017年深圳市高级中学国际班的特色社团课；深圳市光明区教科院已建设好五体球场，待《五体球教程》出版后将在光明区中小学开展五体球课程；深圳市龙岗区王献英名师工作室对五体球进行学术研究并开展五体球培训课程；深圳市五联崇和学校、华南师范大学附属平湖学校等也表示将建设五体球场地开展五体球课程。上海、北京、香港、澳门、重庆、安徽、河南、辽宁、甘肃、新疆、贵州和广西的部分中小学也纷纷表示，将在《五体球教程》出版后逐步开展五体球相关活动。

**（三）幼儿园探索开展情况**

已在深圳市东海培萃幼儿园、红黄蓝天安园等开展过五体球相关活动，深圳市其他幼儿园也纷纷表示将开展五体球相关活动。

五体球经过10年左右的发展，大中小学和幼儿园均有学生接触并积极参与，逐步形成燎原之势，待《五体球教程》出版后将会解决很多学校有意向开展，但苦于无师资和不知怎么教的问题，如此将迎来五体球的大范围普及。

## 四 五体球的场地器材

五体球是用皮革、橡胶或其他被认可的材料制成的球体。标准五体球的圆周长为69—72厘米，重量为480—520克；幼儿五体球的圆周长为56—59厘米，重量为330—370克。（详见图1-1-1）

图1-1-1 标准五体球（左）和幼儿五体球（右）

五体球场地长28—38米，宽15—18米，由丙烯酸、EPDM（三元乙丙橡胶）、硅PU等塑料或木制材料制成。五体球场分为三大区域：手部区、脚部区和五体转换区。标准五体球架为球篮与球门一体化制成，场地周围安装1米高的场地挡板，非标准的五体球场地可以不用挡板。（详见图1-1-2）

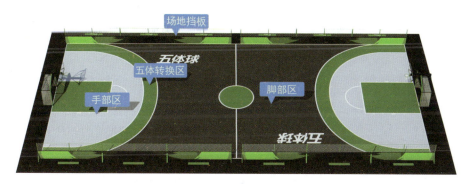

图1-1-2 五体球运动场地

五体转换区是五体球场中的一个特定区域，在手部区与脚部区之间划出两条相间宽2.20米的半圆弧区域，球员可在该区域进行手与手、手与脚或脚与脚之间的传接球，手、脚运球或投篮、射门、吊篮等任何技战术动作与组合技能等。

五体球的篮板、球篮和球门一体化制成，是由五体球创始人王进安发明的。五体球篮板的尺寸为1.80米×1.05米，球篮内径为0.45米，球门尺寸为2米×3米。（详见图1-1-3）

图1-1-3 五体球的球篮与球门一体图

### 五 五体球运动能力

五体球运动能力是指在五体球游戏或比赛中，球员运用手运球、手脚转换、脚运球、传接球、投篮和射门等技能，以及球员之间相互配合完成进攻与防守等特定任务的综合表现。

## 第二节　五体球的育人价值

五体球的核心价值观是五德精神，五德精神主要是"仁、义、礼、智、勇"，代表阳光健康、正直诚实、勇敢担当、创新进取、团结合作。这是五体球运动的精神内核，在综合育人、创新融合、适应时代发展、推动教育现代化、建设体育强国等方面，都有着非常重要的现实意义。五体球作为体育课程一体化的组成部分，在育德、育体、育智、育心等综合育人方面更具有独特的育人价值。

育德层面。五体球是团队合作项目，要有大局观，有配合意识；要尊重裁判和对手，服从领导，听从指挥；要勇挑重担，无畏困难，乐于助人；要有耐心，不怕失败，不惧挫折；要勤于思考，善于沟通，把握时机；要善于控制情绪，敢于尝试，敢于自我批评，使个人融入团队，形成团队的战斗力。

育体层面。第一，五体球运动需要手眼协调、脚眼协调和中枢神经系统快速转换的独特能力，在激发学生头脑敏捷思维的同时，能促进学生五体球技术、组合技能、战术等要素技能的高度融合，也能发展学生的速度、力量、耐力、灵敏性、协调性、平衡性等身体素质。第二，五体球运动创造性地让手部、脚部技能全面展现，既可以锻炼手部技能，又可以锻炼脚部技能，促进全身协调和身体融会贯通。第三，五体球运动能改善人体中枢神经系统和内脏器官的功能，促进血液循环，提高人体免疫力，增强肌肉力量，促进关节灵活稳固，使人体得到均衡发展，从而大大提高学生的综合身体素质。

育智层面。经常参加五体球运动的训练或比赛，能够有效提高大脑活跃度，促进大脑发育，提高中枢神经系统的兴奋与抑制的交换速率，从而能够使学生的注意力、观察力、理解力、记忆力，特别是脑部快速反应能力得到提升，完善大脑机能，促进智力发育。另外，五体球运动还能促进执行功能发展，使学生在实施行动、形成推理、解决问题、同时完成多个任务、适应新环境、遵守新规则等方面能力得到增强。

育心层面。经常参加五体球运动的训练或比赛，能够让学生学到很多控制自己情绪和调节自身心理的手段和方法。如：连续失误时，如何尽快冷静下来，而且不灰心；比分落后时，如何做到沉着应对、不气馁；到关键比分时，如何充满自信地进行进攻，或创造性地运用进攻手段获得胜利；等等。五体球运动在培养学生的优良体育道德作风和团结协作的集体主义精神方面发挥出了独特的功能。在体育课或比赛中，学生能够完成一次难度较大的用脚吊球进筐，就能从中享受运动的乐趣，感悟成功挑战技能极限的喜悦。在潜移默化中，他们在面对挑战时变得更加乐观积极，人格也愈加完善。五体球运动有助于锤炼学生的意志，帮助他们形成坚毅的性格。

五体球运动虽然在我国发展时间不长，但已然显现出新型大球类运动项目的魅力，可以满足学生在猎奇心理、创新文化、运动融合等方面的需求，通过手、脚、脑运动促进学生全面发展。

# 第二章 | 五体球的模块设计

五体球课程可划分为六个模块，每个模块包含知识、技术、战术、体能和心智能力等内容。每个模块根据教学内容的性质、难度、技能、比赛等划分为四个单元，每个单元按照学、练、赛、评一体化组织课程教学。本章分为三节：第一节为五体球模块划分的缘由，主要说明五体球模块划分的依据；第二节为五体球模块目标的设置，主要呈现出各模块的教学目标；第三节为五体球模块内容与实施，主要说明各模块中学、练、赛、评各栏目内容设计的整体思路。

## 第一节 五体球模块划分的缘由

本教程的模块划分主要是根据青少年生长发育规律和青少年在各个发育阶段的各项身体素质表现的敏感期，并基于五体球课程一体化的总体设计。本教程以五体球的基本技术、组合技能、战术配合为基本教学内容，以五体球的三类运动形式为主线进行五体球课程的设计，将五体球基本技术、组合技能和战术相互融合，设计和划分出六个模块，呈现层层递进的特点，与之相对应的是五体球运动的六个等级水平。每个模块划分为知识技能学习、体能素质锻炼和情感品格培养三个维度。通过六个模块的学习，学生可以初步认识五体球，掌握五体球的基本技术、组合技能和战术配合，最后能够具备五体球的运动能力以及五体球比赛的欣赏能力。

本教程模块划分的依据还体现在五体球一体化课程整体的纵向衔接方面，即将各个模块的学、练、赛、评内容有机地衔接起来，将五体球专项技术、组合技能按照动作难度与复杂程度等均匀地分配到各个模块中。动作技能由简单到复杂，技战术由单一到复合，由两个组合技能逐渐增加到全方位的组合技能，从单个战术配合到全场攻防转换，按照动作技能形成规律，遵循学生的发展特点与青少年生长发育规律，真正遵循五体球一体化课程的客观规律，使模块化教学具有可操作性，合理地将模块化教学融入大中小学的学段中，做到五体球一体化课程的有序实施。

## 第二节　五体球模块目标的设置

　　五体球一体化课程各个模块的目标设置主要是从五体球知识技能学习、体能素质锻炼、情感品格培养三个方面考虑进行确定的。其目的是通过各个模块的学习与锻炼，使学生掌握五体球相关知识技能，达到提升体能和身体素质的目的，同时培养良好的团队意识和顽强拼搏的体育品德。每个模块目标的设置是随着五体球各模块教学内容的深入而逐渐递进的，形成阶梯式提升，最后达到各模块所设置的教学目标。

　　五体球模块目标设置详见表1-2-1。

表1-2-1　五体球模块目标一览表

| 模块系列 | 模块目标 |
| --- | --- |
| 模块一 | 学生能掌握五体球手脚转换基本技巧，初步具备五体球相关素质，对五体球有初步的认识，喜欢五体球运动。 |
| 模块二 | 学生能了解五体球运动的特点、功能等基本理论知识，掌握五体球基本动作和所学的技术、组合技能及战术，初步感知五体球半场3对3比赛的攻防意识和同伴配合意识。 |
| 模块三 | 学生能了解五体球半场3对3比赛规则和裁判法，掌握五体球半场攻防转换技能，提高团队配合意识，增强体质，培养克服困难、乐观向上的意志品质。 |
| 模块四 | 学生能了解五体球全场5对5比赛规则和裁判法，掌握组合技能和快速转换的基本技法，提高战术运用能力和团队配合意识，具备相应的身体素质和心智能力，增强抗挫折能力，初步形成五体球运动习惯。 |
| 模块五 | 学生能了解五体球竞赛规则、裁判法和联赛组织等理论知识，灵活运用五体技术与组合技能及战术，培养合理的对抗意识与攻防转换能力，磨炼意志、增强信心，敢于挑战、勇于创新，提升发现问题和解决问题的能力。 |
| 模块六 | 学生能了解五体球发展趋势和社团活动的理论知识，掌握组合技能及形成个人技术风格，具有团队配合的攻防转换能力，培养五体球终身锻炼习惯，弘扬五体球阳光健康、正直诚实、勇敢担当、创新进取、团结合作的精神内核。 |

## 第三节　五体球模块内容与实施

　　模块一共分为四个单元，主要学习内容包括五体球起源与发展的理论知识、五体球场地区域划分（手部区、五体转换区、脚部区）、五体球技战术和组合技能要领。技能以五体球最基础的技能和两人移动中对传战术配合为主，符合小学三、四年级学生的身心发展规律，注重情景化与游戏化。练习方法主要采用观察示范、体验感知、游戏比赛等学习法。通过本模块的学习，学生能掌握五体球手脚转换基本技巧，初步具备五体球相关素质，对五体球有初步的认识，喜欢五体球运动。

　　模块二共分为四个单元，主要学习内容包括五体球半场3对3比赛规则、安全知识与自我防护知识、五体球项目知识和训练方法。技能包括单个技能和组合技能及人盯人防守、传射配合、传投配合等战术，符合小学五、六年级学生的身心发展规律。练习方法包括模仿练习法、观察示范学习法、体验感知学习法、游戏比赛学习法。通过本模块的学习，学生能了解五体球运动的特点、功能等基本理论知识，掌握五体球基本动作和所学的技术、组合技能及战术，初步感知五体球半场3对3比赛的攻防意识和同伴配合意识。

　　模块三共分为四个单元，主要学习内容包括五体球半场3对3比赛规则和裁判法、常见损伤及防护办法、五体球项目知识和训练方法。技能包括单个技能和组合技能及补位、围抢、传切配合等二过一战术，符合七年级学生的身心发展规律。增加了纠正错误动作、小组学练探究动作技巧、比赛展示强化所学动作等练习方法。通过本模块的学习，学生能了解五体球半场3对3比赛规则和裁判法，掌握五体球半场攻防转换技能，提高团队配合意识，增强体质，培养克服困难、乐观向上的意志品质。

　　模块四共分为四个单元，主要学习内容包括五体球全场5对5比赛规则和裁判法、常见损伤的简单处理方法、五体球项目知识和训练方法。技能包括单个技能和组合技能及回传反切、下底传射、掩护、配合等战术配合。练习方法注重启发式、探究式、重复式、趣味化、竞赛化相结合，符合八、九年级学生的身心发展规律。通过本模块的学习，学生能了解五体球全场5对5比赛规则和裁判法，掌握组合技能和快速转换的基本技法，提高战术运用能力和团队配合意识，具备相应的身体素质和心智能力，增强抗挫折能力，初步形成五体球运动习惯。

　　模块五共分为四个单元，主要学习内容包括五体球竞赛规则（新变化）、五体球裁判法（新变化）、五体球联赛组织、常用急救处理方法、五体球项目知识和训练方法。技能包括多元组合技能和策应配合、突分配合、定位球、区域联防等战术运用，符合高中一年级学生的身心发展规律。练习方法注重启发式、探究式、重复式、趣味化、竞赛化、展示法有机结合。通过本模块的学习，学生能了解五体球竞赛规则、裁判法和联赛组织等理论知识，灵活运用五体技术与组合技能及战术，培养合理的对抗意识与攻防转换能力，磨炼意志、增强信心，敢于挑战、勇于创新，提升发现问题和解决问题的能力。

　　模块六共分为四个单元，是五体球模块的最高水平，适合高中二、三年级和大学能力突出的学生学习。主要学习内容包括五体球锻炼作用、五体球发展趋势、五体球赛事运营、社区五体球运动、五体球项目知识和训练方法。技能方面包括综合性组合技能和进攻阵型、防守阵型、阵型切换的多元战术组合。练习方法主要以重复练习法、变换练习法、游戏比赛法、动作展示法为主。通过本模块的学习，学生能了解五体球发展趋势和社团活动的理论知识，掌握组合技能及形成个人技术风格，具有团队配合的攻防转换能力，培养五体球终身锻炼习惯，弘扬五体球阳光健康、正直诚实、勇敢担当、创新进取、团结合作的精神内核。

　　五体球各模块具体内容设计详见表1-2-2。

表1-2-2　五体球模

| 模块与单元 | | 学 | | | 练 |
|---|---|---|---|---|---|
| 模块 | 单元数量 | 知识 | 技术 | 战术 | 练习方法 |
| 模块一 | 4 | 五体球起源与发展的理论知识；五体球场地区域划分（手部区、五体转换区、脚部区）；五体球技战术和组合技能要领。 | 俯身捡球；手抛（接）地滚球；脚底踩接球；脚内侧接球与踢球；手部行进间高低运球；脚背正面运球。<br><br>组合技能1：手运球—手脚转换—脚运球。<br>组合技能2：脚运球—脚手转换—手运球。 | 两人移动中对传战术。 | 单个技能：<br>1. 模拟俯身捡球练习<br>2. 原地俯身捡球练习<br>3. 对墙手抛球打点练习<br>4. 手抛接地滚球练习<br>5. 脚底踩固定球练习<br>6. 脚内侧踢固定球练习<br>7. 脚内侧踢滚动球练习<br>8. 脚内侧接球练习<br>9. 原地高低交替运球练习<br>10. 行进间高低交替运球练习<br>11. 模拟脚背正面运球练习<br>12. 脚背正面运球练习<br>13. 手运球练习<br>14. 手抛接球练习<br>15. 脚踢、接球练习<br>16. 脚背正面运球练习<br>组合技能：<br>1. 跑动中急停俯身捡球练习<br>2. 原地向不同方向转动+手抛接地滚球练习<br>3. 折返跑+手抛接地滚球练习<br>4. 后转身跑+抛接球练习<br>5. 两人踢、接球练习<br>6. 多人移动中踢、接球练习<br>7. 过障碍区踩接球、踢球练习<br>8. 踢球+接球+踢球练习<br>9. 行进间高运球、低运球过障碍物练习<br>10. 高低运球+手抛地滚球+脚背正面运球练习<br>11. 脚背正面运球+拉球后转身练习<br>12. 俯身捡球+手抛地滚球+脚背正面直线运球+脚底踩接球练习<br>13. 三个区域间衔接练习<br>14. 模块一组合技能1练习<br>15. 模块一组合技能2练习 |

块内容与实施一览表

| 赛 | 评 |
|---|---|
| 教学比赛方法 | 学业要求 |
| 1. 俯身捡球比赛<br>2. 手抛球掷准比赛<br>3. 障碍跑+俯身捡球接力比赛<br>4. 俯身捡球+手抛地滚球接力比赛<br>5. 原地踩球计时赛<br>6. 踢中标志物比赛<br>7. 踢球过障碍物+急停比赛<br>8. 原地踩球+踢球接力比赛<br>9. 手运球往返接力比赛<br>10. 脚背正面运球往返接力比赛<br>11. 手运球过障碍物接力比赛<br>12. 高低运球+脚背正面运球+俯身捡球往返接力比赛<br>13. 运球往返接力比赛<br>14. 踩球计时赛<br>15. 手运球—手脚转换—脚运球比赛<br>16. 五体球半场3对3测试赛 | 1. 知识技能学习评价：学生了解五体球的起源与发展，了解五体球的特点、场地区域划分、基本规则等知识，对五体球有一定的认识；掌握本模块的技战术方法和要领，能够较熟练地在五体转换区进行手脚转换，能够和同伴进行组合技能的配合演练，达到五体球课程学生运动能力一级达标要求。<br>2. 体能素质锻炼评价：学生的协调性、灵敏性和柔韧性得到锻炼与提高。<br>3. 情感品格培养评价：学生对五体球运动感兴趣，有五体球基本规则意识，能相互激励，有初步配合意识。 |

| 模块与单元 | | 学 | | | 练 |
|---|---|---|---|---|---|
| 模块 | 单元数量 | 知识 | 技术 | 战术 | 练习方法 |
| 模块二 | 4 | 五体球半场3对3比赛规则；安全知识与自我防护知识；五体球项目知识和技战术学练方法。 | 脚背正面踢、接球；双手胸前投篮；胯下运球；双手传接球；手抛接空中球。<br>组合技能1：脚运球—脚手转换—手运球—投篮。<br>组合技能2：手运球—手脚转换—脚运球—射门（半场）。 | 人盯人防守；传射配合；传投配合。 | 单个技能：<br>1. 脚背正面踢固定球练习<br>2. 脚背正面踢球打点练习<br>3. 脚背正面对墙踢球练习<br>4. 两人近距离对踢练习<br>5. 两人原地脚背传接球练习<br>6. 对墙自传自接球练习<br>7. 两人抛接空中球练习<br>8. 篮下原地双手胸前投篮练习<br>9. 原地胯下运球练习<br>10. 两人持球模拟投篮练习<br>11. 定点一球单手投篮练习<br>12. 定点多球单手投篮练习<br>13. 脚运球练习<br>14. 手运球练习<br>15. 双手胸前投篮练习<br>16. 射门练习<br>组合技能：<br>1. 脚背正面直线运球+踢球练习<br>2. 快速起动+接球+踢球练习<br>3. 脚背正面直线运球+拉球后转身+踢球练习<br>4. 人盯人防守战术演练<br>5. 脚停球+俯身捡球+传球练习<br>6. 手接空中球+传球练习<br>7. 手接传球+双手胸前投篮练习<br>8. 传射配合战术演练<br>9. 运球急停单手投篮练习<br>10. 接球转身单手投篮练习<br>11. 胯下运球+单手投篮练习<br>12. 原地传投配合练习<br>13. 手运球+投篮练习<br>14. 脚运球+射门练习<br>15. 模块二组合技能1练习<br>16. 模块二组合技能2练习 |

续表

| 赛 | 评 |
|---|---|
| 教学比赛方法 | 学业要求 |
| 1. 脚背正面射门比赛<br>2. 脚背正面踢准比赛<br>3. 变向跑+射准比赛<br>4. 手脚转换+脚运球+射准比赛<br>5. 五体球抛准比赛<br>6. 传球进圈比赛<br>7. 行进间传接球接力比赛<br>8. 手抛接球接力比赛<br>9. 定点计时单手投篮比赛<br>10. 胯下运球接力比赛<br>11. 胯下运球+单手投篮比赛<br>12. 传投比赛<br>13. 计时投篮比赛<br>14. 计时射门比赛<br>15. 脚运球—脚手转换—手运球—投篮比赛<br>16. 五体球半场3对3测试赛 | 1. 知识技能学习评价：学生了解半场比赛规则、五体球运动防护和常见损伤的简单处理等知识；掌握本模块的技战术方法和要领，能熟练运用，有位置感，有能力参加校级联赛，达到五体球课程学生运动能力二级达标要求。<br>2. 体能素质锻炼评价：学生的协调性、灵敏性、柔韧性提高，速度素质和身体对抗能力增强。<br>3. 情感品格培养评价：学生能积极参加五体球锻炼，意志顽强，抗挫折能力增强，具备团队配合意识和团队精神。 |

| 模块与单元 | | 学 | | | 练 |
|---|---|---|---|---|---|
| 模块 | 单元数量 | 知识 | 技术 | 战术 | 练习方法 |
| 模块三 | 4 | 五体球半场3对3比赛规则和比赛裁判方法；常见损伤及防护办法；五体球项目知识和技战术学练方法。 | 脚背内侧踢、接球；单手投篮；一脚防守；急停急起；运球上篮；脚背外侧运球；换手变向运球。组合技能1：手运球—手脚转换—脚运球—脚手转换—手运球—三步上篮。组合技能2：手运球—手脚转换—脚运球—射门（全场）。 | 补位；围抢；传切配合二过一。 | 单个技能：<br>1. 脚背内侧踢固定球练习<br>2. 脚背内侧对墙踢球练习<br>3. 两人抛挡（接）练习<br>4. 两人踢挡（接）练习<br>5. 一脚防守练习<br>6. 脚运球急停急起连贯练习<br>7. 运球上篮连贯练习<br>8. 围抢练习<br>9. 模拟脚背外侧运球练习<br>10. 脚背外侧直线运球练习<br>11. 原地换手变向运球练习<br>12. 行进间换手变向运球练习<br>13. 手运球急停急起练习<br>14. 脚背外侧运球练习<br>15. 原地单手变向运球练习<br>16. 射门练习<br>组合技能：<br>1. 两人踢、接球练习<br>2. 运球过障碍物+脚背内侧射门练习<br>3. 手挡球+快速抢球练习<br>4. 手接球+手抛球发动快攻练习<br>5. 行进间手运球听哨音急停急起练习<br>6. 运球急停急起+投篮练习<br>7. 运球急停急起+运球上篮练习<br>8. 脚运球+俯身捡球+运球上篮练习<br>9. 运球换手变向突破+投篮练习<br>10. 运球换手变向突破+上篮练习<br>11. 脚背外侧运球+五体转换区射门练习<br>12. 传切配合二过一战术演练<br>13. 手运球+行进间上篮练习<br>14. 脚运球+射门练习<br>15. 模块三组合技能1练习<br>16. 模块三组合技能2练习 |

续表

| 赛 | 评 |
|---|---|
| 教学比赛方法 | 学业要求 |
| 1. 脚背内侧踢准比赛<br>2. 脚背内侧定点射门比赛<br>3. 运球过障碍物+脚背内侧射门比赛<br>4. 守门大战<br>5. 一脚防守比赛<br>6. 直线运球急停折返比赛<br>7. 运球折返上篮比赛<br>8. 守门比稳比赛<br>9. 换手变向运球过杆比赛<br>10. 脚背外侧运球比赛<br>11. 运球绕杆+射门比赛<br>12. 脚背外侧运球+俯身捡球+换手变向运球+运球上篮比赛<br>13. 定点投篮比赛<br>14. 定点射门比赛<br>15. 组合技能计时赛：手运球—手脚转换—脚运球—脚手转换—手运球—三步上篮<br>16. 五体球半场3对3比赛 | 1. 知识技能学习评价：学生熟悉五体球半场3对3比赛的规则和方法，能够判断同学的犯规动作；掌握本模块的技战术方法和要领，能熟练运用，空间感强，配合默契，临场应变能力强，并能够在团队战术配合中加以运用，达到五体球课程学生运动能力三级达标要求。<br>2. 体能素质锻炼评价：学生的协调性、灵敏性、柔韧性强，反应、起动和位移速度快，身体对抗能力增强。<br>3. 情感品格培养评价：学生不怕困难、乐观自信，能享受运动乐趣，正确对待比赛结果，有良好的团队配合与奉献精神，集体荣誉感较强，初步形成锻炼习惯。 |

| 模块与单元 | | 学 | | | 练 |
|---|---|---|---|---|---|
| 模块 | 单元数量 | 知识 | 技术 | 战术 | 练习方法 |
| 模块四 | 4 | 五体球全场5对5比赛规则；五体球裁判法；常见损伤的简单处理方法；五体球项目知识和技战术学练方法。 | 脚背外侧踢、接球；运球转身；大腿接球；跳投；胸部接球；挑球；头球；篮板球。组合技能：手运球—手脚转换—脚运球—脚手转换—运球跳投—篮板球—手运球—手脚转换—脚运球—射门（10米）。 | 回传反切；下底传射；挑投配合；掩护。 | 单个技能：<br>1. 脚背外侧踢固定球练习<br>2. 脚背外侧对墙踢球练习<br>3. 原地运球转身练习<br>4. 五体转换区投篮练习<br>5. 两人一抛一接练习<br>6. 模拟跳投练习<br>7. 定点跳投练习<br>8. 两人互抛胸部接球练习<br>9. 挑球过头练习<br>10. 两人一抛一顶头球练习<br>11. 篮板球卡位战术演练<br>12. 跳投练习<br>13. 抢篮板球练习<br>14. 射门练习<br>15. 掩护战术演练<br>组合技能：<br>1. 两人脚背外侧踢、接球练习<br>2. 脚运球过障碍物+脚背外侧踢球射门练习<br>3. 手运球转身+五体转换区投篮练习<br>4. 回传反切配合战术演练<br>5. 下底传射练习<br>6. 大腿接球+运球过障碍物练习<br>7. 原地双手接球+跳投练习<br>8. 手运球转身+跳投组合练习<br>9. 抢篮板球+传球练习<br>10. 头球对传练习<br>11. 头球射门练习<br>12. 挑投配合战术演练<br>13. 手运球+跳投练习<br>14. 脚运球+射门练习<br>15. 模块四组合技能练习 |

| 赛 | 评 |
|---|---|
| 教学比赛方法 | 学业要求 |
| 1. 脚背外侧踢准比赛<br>2. 五体转换区投篮比赛<br>3. 脚背外侧运球+射门比赛<br>4. 急停急起+运球转身过杆+五体转换区投篮比赛<br>5. 大腿接球比赛<br>6. 计时定点跳投比赛<br>7. 大腿接球+运球过障碍物+射门比赛<br>8. 脚运球+俯身捡球+运球急停急起+跳投比赛<br>9. 挑球比赛<br>10. 围圈头顶球比赛<br>11. 五体球半场3对3比赛<br>12. 五体球全场5对5比赛<br>13. 定时跳投计数赛<br>14. 运球绕杆比赛<br>15. 组合技能计时赛：手运球—手脚转换—脚运球—脚手转换—运球跳投—篮板球—手运球—手脚转换—脚运球—射门（10米）<br>16. 五体球全场5对5测试赛 | 1. 知识技能学习评价：学生基本掌握五体球全场比赛规则，清楚五体球小型比赛组织方法，能组织小型比赛，熟悉五体球运动常见损伤的处理方法；掌握本模块的技战术方法和要领，能熟练运用，有初步的局部战术理解和运用能力，达到五体球课程学生运动能力四级达标要求。<br>2. 体能素质锻炼评价：学生的柔韧性、协调性、灵敏性、速度、耐力素质良好，爆发力和对抗能力增强。<br>3. 情感品格培养评价：学生能积极参与课余训练和比赛，能吃苦耐劳和正确面对挫折，表现专注，不怕竞争，具备较强的集体荣誉感。 |

| 模块与单元 | | 学 | | | 练 |
|---|---|---|---|---|---|
| 模块 | 单元数量 | 知识 | 技术 | 战术 | 练习方法 |
| 模块五 | 4 | 五体球竞赛规则；五体球裁判法；五体球联赛组织；常用急救处理方法；五体球项目知识和技战术学练方法。 | 踢、接反弹球；背后运球；扫抢；远射；手运球突破；脚跟踢球；勾手投篮。组合技能：手运球—手脚转换—脚运球—脚手转换—手运球—投篮—篮板球—手运球—手脚转换—脚运球—射门（11米）。 | 策应配合；突分配合；定位球战术；区域联防。 | 单个技能：<br>1. 对墙踢、接球练习<br>2. 自抛自踢、接反弹球练习<br>3. 背后运球练习<br>4. 连贯背后运球练习<br>5. 扫抢静止球练习<br>6. 定点远射练习<br>7. 变向突破假人练习<br>8. 变速突破假人练习<br>9. 脚跟对墙踢静止球练习<br>10. 原地勾手投篮练习<br>11. 行进间勾手投篮练习<br>12. 运球练习<br>13. 投篮练习<br>14. 远射练习<br>15. 抢篮板球练习<br>组合技能：<br>1. 小碎步+踢下坠球+踢、接练习<br>2. 背后运球+上篮练习<br>3. 背后运球过障碍物+投篮练习<br>4. 策应配合战术演练<br>5. 一对一扫抢与护球练习<br>6. 手抛地滚球+远射练习<br>7. 突破+跳投练习<br>8. 突分配合战术演练<br>9. 接球+后转身+脚跟踢球练习<br>10. 两人对抗勾手投篮练习<br>11. 踢挡板反弹球过人练习<br>12. 手脚转换技能练习<br>13. 投篮+篮板球练习<br>14. 模块五组合技能练习<br>15. 区域联防快攻战术演练 |

续表

| 赛 | 评 |
| --- | --- |
| 教学比赛方法 | 学业要求 |
| 1. 踢、接反弹球比赛<br>2. 定时背后运球比赛<br>3. 背后运球过障碍物+投篮比赛<br>4. 俯身捡球+自抛自接反弹球计时赛<br>5. 远射打靶得分比赛<br>6. 创意突破比赛<br>7. 突破+投篮+篮板球+传球接力比赛<br>8. 手抛地滚球+运球绕杆+远射比赛<br>9. 踢挡板反弹球打靶比赛<br>10. 脚跟踢准比赛<br>11. 连续踢挡板反弹球过障碍物比赛<br>12. 勾手投篮计时赛<br>13. 定点远射比赛<br>14. 计时跳投比赛<br>15. 组合技能计时赛：手运球—手脚转换—脚运球—脚手转换—手运球—投篮—篮板球—手运球—手脚转换—脚运球—射门（11米）<br>16. 五体球全场5对5测试赛 | 1. 知识技能学习评价：学生基本掌握五体球全场比赛规则和五体球裁判法，能合理运用规则，掌握五体球联赛知识，掌握常用急救方法；掌握本模块的技战术方法和要领，能够与同伴进行攻防配合的战术运用，能运用规则，达到五体球课程学生运动能力五级达标要求。<br>2. 体能素质锻炼评价：学生身体灵敏、协调，速度、耐力能跟上快速比赛节奏，身体力量增强，能完成高强度对抗。<br>3. 情感品格培养评价：学生能积极参与课余训练和比赛，保持参与五体球运动的热情，能吃苦耐劳和正确面对挫折，敢于创造，积极乐观，有目标感，集体观念强，乐于奉献。 |

| 模块与单元 | | 学 | | | 练 |
|---|---|---|---|---|---|
| 模块 | 单元数量 | 知识 | 技术 | 战术 | 练习方法 |
| 模块六 | 4 | 五体球的锻炼作用；五体球的发展趋势；五体球赛事运营；社区五体球运动；五体球项目知识和技战术学练方法。 | 踢凌空球；头接球；远投；弹踢；捅射；吊篮。组合技能：手运球—手脚转换—脚运球—脚手转换—投篮—篮板球—手运球—手脚转换—脚运球—射门（12米）。 | 进攻阵型；防守阵型；阵型切换。 | 单个技能：<br>1. 自抛自踢练习<br>2. 一抛一踢练习<br>3. 自抛自接练习<br>4. 用头接抛来的空中球练习<br>5. 两人远投练习<br>6. 定点远投练习<br>7. 弹踢固定空中球练习<br>8. 两人弹踢练习<br>9. 对墙捅射练习<br>10. 对球门捅射练习<br>11. 两人模拟吊篮练习<br>12. 吊篮练习<br>13. 运球练习<br>14. 投篮练习<br>15. 上篮练习<br>16. 抢篮板球练习<br>组合技能：<br>1. 挑球+踢凌空球练习<br>2. 接空中球+踢凌空球练习<br>3. "1-2-2"进攻阵型战术演练<br>4. "1-1-3"进攻阵型战术演练<br>5. 运球至五体转换区+远投练习<br>6. 抢篮板球+运球+远投练习<br>7. "2-2-1"防守阵型战术演练<br>8. "1-1-2-1"防守阵型战术演练<br>9. 向前助跑+捅射滚动球练习<br>10. 脚运球+捅射练习<br>11. 俯身捡球+吊篮练习<br>12. 阵型切换（防守—进攻）战术演练<br>13. 手脚转换技能练习<br>14. 手运球+投篮+抢篮板球练习<br>15. 模块六组合技能练习<br>16. 阵型切换（进攻—防守）战术演练 |

续表

| 赛 | 评 |
|---|---|
| 教学比赛方法 | 学业要求 |
| 1. 踢凌空球比准赛<br>2. 头颠球比赛<br>3. 五体球半场3对3比赛<br>4. 五体球全场5对5比赛<br>5. 远投比赛<br>6. 弹踢比赛<br>7. 五体球半场3对3联赛<br>8. 五体球全场5对5联赛<br>9. 吊篮技能比赛<br>10. 捅射技能比赛<br>11. 五体球半场3对3教学赛<br>12. 五体球全场5对5教学赛<br>13. 两人配合捅射比赛<br>14. 两人配合吊篮比赛<br>15. 组合技能计时赛：手运球—手脚转换—脚运球—脚手转换—投篮—篮板球—手运球—手脚转换—脚运球—射门（12米）<br>16. 五体球全场5对5测试赛 | 1. 知识技能学习评价：学生能合理运用五体球全场比赛规则，了解五体球未来发展趋势，并能够开展五体球社团组织与活动；掌握本模块的技能方法和要领，能进行阵型的灵活切换，具备一定战术素养、创新能力，形成风格特点，达到五体球课程学生运动能力六级达标要求。<br>2. 体能素质锻炼评价：学生身体灵敏、协调，速度、耐力和力量素质符合高强度比赛要求。<br>3. 情感品格培养评价：学生能自觉养成五体球锻炼习惯，为终身体育打好基础；敢于挑战自我，敢于创新实践，有集体主义精神，乐于奉献。 |

# 第三章 | 五体球的单元设计

本教程每个模块划分为4个单元，总共24个单元。本章共包含三节内容：第一节主要介绍五体球单元划分的主要依据；第二节介绍各单元目标的设置；第三节介绍五体球各单元的具体内容，包括各单元的课时、各单元学习的内容、各单元的主要练习方法、各单元的教学比赛方法和学业要求。

## 第一节 五体球单元划分的依据

本教程基于模块纵向衔接和循序渐进的特点，根据学业要求与目标要求，以及知识、技术、战术的具体内容，将每个模块的具体学习内容划分为四个单元。从单元一到单元四，编入的内容难度逐渐增加，对学生的要求也逐步提高。先学单元对后学单元有一定的支撑作用，这样的编排实现了各单元内容间的纵向衔接，从而帮助学生有序提升五体球运动能力，养成良好的锻炼习惯。

## 第二节 五体球单元目标的设置

五体球各单元目标的设置主要依据五体球各个模块的总目标，并结合每个单元的学习内容，制定出各单元的学习目标。在各单元目标设置中主要围绕知识技能学习目标、体能素质锻炼目标、情感品格培养目标三个维度，同时遵循小学、初中、高中、大学各学段学生的身心发展规律，将各模块所学的五体球运动理论知识、五体球技战术需要的多元组合技能及相关体能与品格培养有机融合，设置符合各单元的客观目标。在设置单元目标时，还考虑了目标的连贯性和一致性，从而使每一个单元目标的达成为下一个单元目标的实现奠定了基础。五体球各单元目标详见表1-3-1。

表1-3-1　五体球单元目标一览表

| 模块 | 单元 | 单元目标 |
|---|---|---|
| 模块一 | 单元一 | 1. 知识技能学习目标：学生掌握俯身捡球、手抛地滚球的动作方法和要领；了解五体球的起源与发展，认识五体球的场地区域划分等。<br>2. 体能素质锻炼目标：学生的协调性、灵敏性和柔韧性等体能得到锻炼与提升。<br>3. 情感品格培养目标：学生乐于参加五体球运动，有一定的规则意识，能相互激励。 |
| | 单元二 | 1. 知识技能学习目标：学生基本理解五体球手部区、五体转换区与脚部区的规则；掌握脚底踩接球、脚内侧接球、脚内侧踢球及组合技能方法和要领。<br>2. 体能素质锻炼目标：学生的速度、协调性、灵敏性和柔韧性等体能得到锻炼与提升。<br>3. 情感品格培养目标：学生对五体球运动感兴趣，有五体球基本规则意识，能相互激励，有初步的配合意识。 |
| | 单元三 | 1. 知识技能学习目标：学生理解五体球场地区域划分和五体球基本规则，能够熟练地做出手部和脚部的基本运球动作及高低运球变换，学会拉球后转身动作，提高手脚转换能力，能够和同伴进行组合动作配合练习。<br>2. 体能素质锻炼目标：学生的速度、协调性、灵敏性和柔韧性等体能得到锻炼与提升。<br>3. 情感品格培养目标：学生喜欢五体球运动，有规则意识，能相互激励，能克服困难，有初步的团队意识。 |
| | 单元四 | 1. 知识技能学习目标：学生基本掌握所学五体球组合技能的动作方法和要领，能够较熟练地在五体转换区进行手脚转换，能够和同伴进行组合技能的配合演练；通过学习，达到五体球课程学生运动能力一级达标要求。<br>2. 体能素质锻炼目标：学生的速度、协调性、灵敏性和柔韧性等体能得到锻炼与提升。<br>3. 情感品格培养目标：学生喜欢五体球运动，能遵守规则，公平竞争，有责任意识和正确的胜负观。 |
| 模块二 | 单元一 | 1. 知识技能学习目标：学生基本了解半场3对3比赛规则；基本掌握脚背正面踢、接球动作方法和人盯人防守战术要领，在游戏和比赛中初步具备位置感。<br>2. 体能素质锻炼目标：学生的协调性、灵敏性、柔韧性和速度等身体素质得到提升。<br>3. 情感品格培养目标：学生喜欢五体球运动，能吃苦耐劳，敢于挑战，有自信、乐观、果断的意志品质，有团队精神。 |
| | 单元二 | 1. 知识技能学习目标：学生基本了解五体球运动防护知识；掌握双手传接球、挡球与手抛空中球的动作方法和要领，初步具备位置感。<br>2. 体能素质锻炼目标：学生的协调性、灵敏性、柔韧性和速度素质得到提升。<br>3. 情感品格培养目标：学生喜欢五体球运动，遵纪守规，勇敢顽强，自信乐观，有配合意识。 |

| 模块 | 单元 | 单元目标 |
|------|------|---------|
| 模块二 | 单元三 | 1. 知识技能学习目标：学生基本掌握五体球的基础知识；初步掌握胯下运球及单手投篮的动作方法和要领，在游戏和比赛中有一定的位置感。<br>2. 体能素质锻炼目标：学生的协调性、灵敏性、柔韧性和力量、速度素质增强。<br>3. 情感品格培养目标：学生能积极参加五体球锻炼，不怕苦累，勇敢顽强，自信乐观，有团队精神。 |
| | 单元四 | 1. 知识技能学习目标：学生掌握常见损伤的简单处理方法；基本掌握单个技能和组合技能，有能力参加校级联赛，达到五体球课程学生运动能力二级达标要求。<br>2. 体能素质锻炼目标：学生的协调性、灵敏性、柔韧性提高，速度素质和身体对抗能力增强。<br>3. 情感品格培养目标：学生能积极参加五体球锻炼，意志顽强，抗挫折能力增强，有良好的团队配合意识和团队精神。 |
| 模块三 | 单元一 | 1. 知识技能学习目标：学生了解五体球半场3对3比赛规则，基本掌握脚背内侧踢球、手挡（接）球、脚背内侧接球、单手投篮的动作方法和要领。<br>2. 体能素质锻炼目标：学生的协调性、灵敏性、柔韧性有所提高，反应、起动快，身体对抗能力增强。<br>3. 情感品格培养培训：学生对五体球运动感兴趣，积极进取，相互尊重，有正确的胜负观和良好的团队精神。 |
| | 单元二 | 1. 知识技能学习目标：学生进一步了解五体球半场3对3比赛规则，能够判断同学的犯规动作；基本掌握一脚防守、急停急起运球、运球上篮的动作方法和要领，并能在比赛中运用。<br>2. 体能素质锻炼目标：学生的协调性、灵敏性、柔韧性得到提升，反应、起动和移动速度快，身体对抗能力增强。<br>3. 情感品格培养目标：学生表现出积极进取、坚持到底、遵守规则、自尊自信等体育品德。 |
| | 单元三 | 1. 知识技能学习目标：学生了解五体球常见损伤及防护知识，能预防五体球运动中的常见运动性损伤；正确掌握手运球、脚运球、脚背外侧运球、手脚变换控球以及换手变向运球的动作方法和要领，掌握传切配合战术。<br>2. 体能素质锻炼目标：学生的协调性、灵敏性、柔韧性得到提升，反应、起动和位移速度快，耐力和身体对抗能力增强。<br>3. 情感品格培养目标：学生不怕困难、乐观自信，能享受运动乐趣，正确对待比赛结果，有良好的团队配合精神和集体荣誉感。 |

续表

| 模块 | 单元 | 单元目标 |
|---|---|---|
| 模块三 | 单元四 | 1. 知识技能学习目标：学生进一步熟悉所学的单个技能和组合技能，提升临场应变能力，并能够在团队战术配合中加以运用，达到五体球课程学生运动能力三级达标要求。<br>2. 体能素质锻炼目标：学生的协调性、灵敏性强，柔韧性得到发展，反应、起动和冲刺速度快，耐力和力量素质增强。<br>3. 情感品格培养目标：学生不怕困难、乐观自信，能享受运动乐趣，正确对待比赛结果，有良好的团队合作精神，初步形成锻炼习惯。 |
| 模块四 | 单元一 | 1. 知识技能学习目标：学生了解五体球全场比赛规则；掌握脚背外侧踢、接球与运球转身的动作方法和要领，掌握回传反切战术配合并能熟练运用，有初步的战术执行意识。<br>2. 体能素质锻炼目标：学生的柔韧性、协调性、灵敏性、速度、耐力素质良好，对抗能力得到提高。<br>3. 情感品格培养目标：学生能积极参与课内外的训练和比赛，能吃苦耐劳和正确应对挫折。 |
| | 单元二 | 1. 知识技能学习目标：学生了解五体球全场比赛规则，能够担当五体球全场比赛的裁判，正确掌握大腿接球与跳投技术动作要领。<br>2. 体能素质锻炼目标：学生的柔韧性、协调性、灵敏性、速度、力量和耐力素质得到发展。<br>3. 情感品格培养目标：学生能积极参与课内外的训练和比赛，勇敢顽强，抗挫折能力强，有集体主义精神。 |
| | 单元三 | 1. 知识技能学习目标：学生了解五体球小型比赛组织方法；基本掌握挑球、头球与篮板球的动作方法和要领；掌握局部的战术应用策略。<br>2. 体能素质锻炼目标：学生的柔韧性、协调性、灵敏性、速度、爆发力和耐力素质得到发展。<br>3. 情感品格培养目标：学生能积极参与课内外的训练和比赛，遵纪守规、自信专注，抗挫折能力强，具备正确的胜负观。 |
| | 单元四 | 1. 知识技能学习目标：学生进一步了解五体球全场比赛规则，熟悉五体球常见损伤的处理方法；掌握并能熟练运用五体球组合技能，能理解局部战术，完成掩护战术，达到五体球课程学生运动能力四级达标要求。<br>2. 体能素质锻炼目标：学生掌握体能锻炼方法，五体球运动所需素质得到发展。<br>3. 情感品格培养目标：学生能积极参与课内外的训练和比赛，积极进取、遵守规则、尊重裁判、公平竞争、文明礼貌，有团队精神和正确的胜负观。 |

| 模块 | 单元 | 单元目标 |
|---|---|---|
| 模块五 | 单元一 | 1. 知识技能学习目标：学生基本掌握踢、接反弹球与背后运球的动作方法和要领，能够与同伴进行战术配合演练，能合理运用比赛规则。<br>2. 体能素质锻炼目标：学生的灵敏性、协调性、速度、力量、耐力等身体素质得到发展，高强度对抗能力增强。<br>3. 情感品格培养目标：学生能积极参与课内外的训练和比赛，保持参与五体球运动的热情，能吃苦耐劳和正确面对挫折，敢于创造，积极乐观，集体观念强。 |
| | 单元二 | 1. 知识技能学习目标：学生理解五体球全场比赛规则和裁判法，能合理运用规则；正确掌握扫抢、远射与手运球突破动作方法和要领，具备一定的远射能力，能够与同伴配合进行攻防的战术运用。<br>2. 体能素质锻炼目标：学生的灵敏性、协调性、速度、力量、耐力等身体素质得到发展，能完成高强度对抗。<br>3. 情感品格培养目标：学生能积极参与课内外的训练和比赛，具备不怕困难、尊重对手、公平竞争、责任意识和正确的胜负观等体育品德。 |
| | 单元三 | 1. 知识技能学习目标：学生了解五体球联赛知识；掌握脚跟踢球与勾手投篮的动作方法和要领，能够进行团队战术配合。<br>2. 体能素质锻炼目标：学生的灵敏性、协调性、速度、力量、耐力等身体素质得到发展，高强度对抗能力增强。<br>3. 情感品格培养目标：学生能积极参与课内外的训练和比赛，在比赛中培养积极进取、勇敢顽强、自尊自信、诚信自律和文明礼貌等体育品德。 |
| | 单元四 | 1. 知识技能学习目标：学生基本掌握常用急救方法，能够熟练运用组合技能及区域联防战术，有较好的战术运用能力，达到五体球课程学生运动能力五级达标要求。<br>2. 体能素质锻炼目标：学生的灵敏性、协调性、速度、力量、耐力等身体素质得到提升。<br>3. 情感品格培养目标：学生能积极参与课内外的训练和比赛，在比赛中培养积极进取、不畏对手、遵守规则、公平竞争、自尊自信和文明礼貌等体育品德。 |
| 模块六 | 单元一 | 1. 知识技能学习目标：学生熟练掌握五体球全场5对5比赛规则；掌握本单元所学的踢凌空球、头部接球的动作方法和要领，能与同伴合作完成进攻阵型的战术运用。<br>2. 体能素质锻炼目标：学生的灵敏性、协调性、速度、力量、耐力等身体素质符合高强度比赛要求。<br>3. 情感品格培养目标：学生能自觉养成五体球锻炼习惯，为终身体育打好基础；敢于挑战自我，敢于创新实践，有集体主义精神。 |

续表

| 模块 | 单元 | 单元目标 |
|---|---|---|
| 模块六 | 单元二 | 1. 知识技能学习目标：学生了解五体球运动的未来发展趋势；能灵活运用远投、弹踢等技能，并运用防守阵型，与同伴合作完成攻防任务。<br>2. 体能素质锻炼目标：学生的灵敏性、协调性、速度、力量、耐力等身体素质符合高强度比赛要求。<br>3. 情感品格培养目标：学生能自觉养成五体球锻炼习惯，为终身体育打好基础；敢于挑战自我，敢于创新实践，有集体主义精神，有荣誉追求。 |
| | 单元三 | 1. 知识技能学习目标：学生能合理利用五体球全场比赛规则，了解五体球联赛基本知识；能在游戏和比赛中运用捅射与吊篮技能，在比赛中能与同伴合作完成攻防任务。<br>2. 体能素质锻炼目标：学生的灵敏性、协调性、速度、力量、耐力等身体素质得到提升。<br>3. 情感品格培养目标：学生能自觉养成五体球锻炼习惯，为终身体育打好基础；敢于挑战自我，敢于创新实践，有团队精神。 |
| | 单元四 | 1. 知识技能学习目标：学生能运用五体球比赛规则组织班级比赛；掌握五体球组合技能，能灵活进行阵型的切换，具备一定的战术素养，达到五体球课程学生运动能力六级达标要求。<br>2. 体能素质锻炼目标：学生的灵敏性、协调性、速度、力量、耐力等身体素质符合高强度比赛要求。<br>3. 情感品格培养目标：学生能自觉养成五体球锻炼习惯；敢于挑战自我，敢于创新实践，不断追求新目标。 |

## 第三节　五体球单元内容与实施

　　五体球各单元内容的确定依据各个模块的总体设置，然后根据各个模块的学习内容进行有序编排后，结合五体球基本的手脚转换技能学习，包括五体球基本技能和移动中对传战术配合等内容进行顺序排列，本着先易后难、先简单后复杂、先单个练习后组合练习的原则，循序渐进地将所学内容串联起来，形成有机的整体。另外，在撰写各单元内容时还遵循一体化课程的总体设计思路，按照学、练、赛、评的顺序，做到纵向衔接、横向一致、层层递进，使学生能够逐步掌握各单元的学习内容，进而完成该模块的学习，掌握各模块的动作技术要领、组合技能方法及相关的技战术组合能力，最后达到学生需要掌握的各模块运动能力达标要求。五体球各模块的单元内容详见表1-3-2。

表1-3-2 五体球各模块的单元内容一览表

| 单元与课时 | | | 学 | | | 练 | 赛 | 评 |
|---|---|---|---|---|---|---|---|---|
| 模块 | 单元 | 课时 | 知识 | 技术 | 战术 | 练习方法 | 教学比赛方法 | 学业要求 |
| 模块一 | 单元一 | 18 | 学习五体球的起源与发展和文化理念、作用与场地的三大区域及五体球规则；学习五体球基本格；学习五体球基本动作和手脚转换知识。 | 俯身捡球、手传地滚球 | 组合技能 双人配合战术 | 单个技能：<br>1. 模拟俯身捡球练习<br>2. 原地俯身捡球练习<br>3. 对墙手抛球打点练习<br>4. 手抛接地滚球练习<br>组合技能：<br>1. 跑动中急停俯身捡球练习<br>2. 原地向不同方向转动+手抛接地滚球练习<br>3. 折返跑+手抛接地滚球练习<br>4. 后转身跑+抛接球练习 | 1. 俯身捡球比赛<br>2. 手抛球掷准比赛<br>3. 障碍跑+俯身捡球接力比赛<br>4. 俯身捡球+手抛地滚球接力比赛 | 能够说出五体球场地的手部区、五体转换区和脚部区，以及各个区域的技术运用常识；能做出简单的技术运球等动作和手传地滚球，并能在游戏和比赛中运用；掌握基本的体能锻炼方法；能与同伴一起学练，适应新的合作环境，能按照游戏规则和要求参与游戏和比赛，遵守规则、有团队精神。 |
| 模块一 | 单元二 | 18 | 了解五体球场地三大区域的功能；了解手脚转换知识；学习脚底踩接球与脚内侧踢、接球。 | 脚底踩接球、脚内侧接球、脚内侧踢球 | 组合技能 双人配合战术 | 单个技能：<br>1. 脚底踩固定球练习<br>2. 脚内侧踢固定球练习<br>3. 脚内侧踢滚动球练习<br>4. 脚内侧接球练习<br>组合技能：<br>1. 两人踢、接球练习<br>2. 多人移动中踢、接球练习<br>3. 过障得区踩接球、踢球练习<br>4. 踢球+接球+踢球练习 | 1. 原地踩球计时赛<br>2. 踢中标志物比赛<br>3. 踢球过障得物+急停比赛<br>4. 原地踩球+踢球接力比赛 | 能够说出所学五体球技术中的脚底踩接球、脚内侧接球、脚内侧踢球以及单元一的俯身捡球、手传地滚球等技术名称；能做出所学单个动作；能在组合技术练习和竞争性游戏中初步运用所学技术；掌握基本的体能锻炼方法；能与同伴一起学练，适应新的合作环境，能按照游戏规则和要求参与游戏和比赛，能遵守游戏规则、尊重裁判，有团队精神。 |

续表

| 单元与课时 | | 学 | | | 练 | 赛 | 评 |
|---|---|---|---|---|---|---|---|
| 模块 | 单元 | 课时 | 知识 | 技术 | 战术 | 练习方法 | 教学比赛方法 | 学业要求 |

| 模块一 | 单元三 | 18 | 学习手部高低运球与脚背正面运球和两人移动中对传战术；掌握俯身捡球和俯身传球组合技能。 | 行进间高低运球、脚背正面运球 | 两人移动中对传战术 | 单个技能：<br>1.原地高低交替运球练习<br>2.行进间高低交替运球练习<br>3.模拟脚背正面运球练习<br>4.脚背正面运球练习<br>组合技能：<br>1.行进间高运球、低运球过障碍物练习<br>2.高低运球+手抛地滚球+脚背正面运球练习<br>3.脚背正面运球+拉球后转身练习<br>4.俯身捡球+手抛地滚球+脚背正面直线运球+脚底踩接球练习 | 1.手运球往返接力比赛<br>2.脚背正面运球往返接力比赛<br>3.手运球过障碍物接力比赛<br>4.高低运球+脚背正面运球+俯身捡球往返接力比赛 | 能够说出所学行进间低运球、脚背正面运球等技术动作；能做出所学单个技术动作；能在组合技术练习和简单的教学比赛中运用所学技术；掌握几种体能练习方法；适应新的合作环境，乐于与同伴一起参与对抗性游戏和简化规则要求的教学比赛，遵守规则、尊重裁判、尊重对手，有团队精神。 |
| 模块一 | 单元四 | 18 | 了解五体球组合技能的作用，学习模块一组合技能；掌握五体球模块一组合技能动作要领。 | 手运球、手脚转换、脚运球 | 模块一组合技能、双人配合战术 | 单个技能：<br>1.手运球练习<br>2.手抛接球练习<br>3.脚踢、接球练习<br>4.脚背正面运球练习<br>组合技能：<br>1.三个区域间衔接练习<br>2.模块一组合技能1练习<br>3.模块一组合技能2练习 | 1.运球往返接力比赛<br>2.踩球计时赛<br>3.手运球一手脚运球一脚转换一脚运球比赛<br>4.五体球半场3对3规则试赛 | 能够说出本单元所学五体球技术名称；能做出所学单个技术和组合技术动作；体能水平有所提高；适应新的合作环境，能按照要求参与五体球游戏活动，积极参与五体球级内对抗性游戏和简化规则要求的教学比赛；在挑战自身身体极限目保证安全的情况下坚持完成学练或比赛任务，表现出不怕困难、勇敢坚毅的意志品质，有团队精神。 |

续表

| 单元与课时 | | 学 | | | 练 | 赛 | 评 |
|---|---|---|---|---|---|---|---|
| 模块 | 单元/课时 | 知识 | 技术 | 战术 | 练习方法 | 教学比赛方法 | 学业要求 |
| 模块一 | 单元一 18 课时 | 了解五体球运动的特点、功能和价值；学习脚背正面踢、接球和人盯人战术配合；掌握五体球运动基本技术动作要领。 | 脚背正面踢球、脚背正面接球 | 人盯人防守战术 | 单个技能：<br>1. 脚背正面踢固定球练习<br>2. 脚背正面踢打点练习<br>3. 脚背正面对墙踢球练习<br>4. 两人近距离对踢练习<br>组合技能：<br>1. 脚背正面直线运球+踢球练习<br>2. 快速起动+接球+踢球练习<br>3. 脚背正面直线运球+拉球后转身+踢球练习<br>4. 人盯人防守战术演练 | 1. 脚背正面射门比赛<br>2. 脚背正面踢准比赛<br>3. 变向跑+射准比赛<br>4. 手脚转换+脚运球+射准比赛 | 能够说出本单元所学脚背正面踢球、脚背正面接球和人盯人防守战术名称；能做出本单元所学单个技术和组合技术动作；适应新的学练环境，能按照要求参与五体球游戏和学练活动，积极参与班级内对抗性游戏和简化比赛要求的教学比赛；体能水平有所提高，在保证安全的情况下坚持完成学练或比赛任务，能与爱互助，克服困难，有团队精神。 |
| 模块二 | 单元二 18 课时 | 学习双手传球、接球，挡（接）球与手抛接空中球与手胸前投篮接球和传射配合战术；掌握接球的基本技术要领。 | 双手传接球、手抛接空中球、双手胸前投篮 | 传射配合战术 | 单个技能：<br>1. 两人原地脚背传接球练习<br>2. 对墙自传自接球练习<br>3. 两人抛接空中球练习<br>4. 篮下原地双手胸前投篮练习<br>组合技能：<br>1. 脚停球+俯身捡球+传球练习<br>2. 手接空中球+传球练习<br>3. 手接传球+双手胸前投篮练习<br>4. 传射配合战术演练 | 1. 五体球抛准比赛<br>2. 传球进圈比赛<br>3. 行进间传球接力比赛<br>4. 手抛接球接力比赛 | 能够说出所学的双手传接球、手抛接空中球、双手胸前投篮等技术名称；能做出技术动作；战术名称；能做出本单元所学单个技术和组合技术动作；体能水平有所提高，乐于与同伴一起参与五体球项目活动，能适应新的合作环境，做到互爱互助，能表现出稳定的情绪；在挑战自身体极限且保证安全的情况下坚持完成学练或比赛任务。 |

续表

| 单元与课时 | | | 学 | | | 练 | 赛 | 评 |
|---|---|---|---|---|---|---|---|---|
| 模块 | 单元 | 课时 | 知识 | 技术 | 战术 | 练习方法 | 教学比赛方法 | 学业要求 |
| 模块二 | 单元三 | 18 | 学习单手投篮与胯下运球及传投配合；掌握组合技能路线。 | 胯下运球、单手肩上投篮 | 传投配合战术 | 单个技能：<br>1. 原地胯下运球练习<br>2. 两人持球模拟投篮练习<br>3. 定点一球单手投篮练习<br>4. 定点多球单手投篮练习<br>组合技能：<br>1. 运球急停单手投篮练习<br>2. 接球转身单手投篮练习<br>3. 胯下运球+单手投篮练习<br>4. 原地传投配合练习 | 1. 定点计时单手投篮比赛<br>2. 胯下运球接力比赛<br>3. 胯下运球+单手投篮比赛<br>4. 传投比赛 | 能够说出本单元所学的胯下运球、单手肩上投篮等技术和双人配合战术名称，并能掌握五体球等项目的一些安全知识，比赛中注意防范安全隐患；能做出本单元所学单个技术和组合技术动作；积极参加五体球项目活动，乐于与同伴一起参与五体球项目活动，能适应新的合作环境，做到互爱互助，表现出稳定的情绪，有团队合作意识。 |
| | 单元四 | 18 | 学习模块二组合技能；清楚组合技能的要领与方法；掌握手脚运球技术要领。 | 脚运球、手脚转换、运球、投篮、射门 | 模块二组合技能、双人配合战术 | 单个技能：<br>1. 脚运球练习<br>2. 手运球练习<br>3. 双手胸前投篮练习<br>4. 射门练习<br>组合技能：<br>1. 手运球+投篮练习<br>2. 脚运球+射门练习<br>3. 模块二组合技能1练习<br>4. 模块二组合技能2练习 | 1. 计时投篮比赛<br>2. 计时射门比赛<br>3. 脚运球—脚转换—手运球比赛<br>4. 五体球半场3对3测试赛 | 能够说出本单元所学的脚运球、手脚转换、射门、投篮等技术和双人配合战术名称与半场比赛规则等知识，说出五体球等项目的一些安全知识，并能做出本单元所学单个技术和组合技术动作；积极参加体能练习，与同伴一起参与五体球半场比赛活动，能适应新的合作环境，能与同伴进行合作交流，遵守规则，尊重对手，面对得失表现出稳定的情绪。 |

续表

| 模块 | 单元 | 课时 | 知识 | 技术 | 战术 | 练习方法 | 教学比赛方法 | 学业要求 |
|---|---|---|---|---|---|---|---|---|
| | | | 学 | | | 练 | 赛 | 评 |
| 模块三 | 单元一 | 18 | 学习脚背内侧踢、接球与单手投篮技能；掌握投篮、射门技术和双人组合技能的技术要领。 | 手挡球、脚背内侧踢球、脚背内侧接球 | 组合技能、双人配合战术 | 单个技能：<br>1. 脚背内侧踢固定球练习<br>2. 脚背内侧对墙踢球练习<br>3. 两人抛挡（接）练习<br>4. 两人踢挡（接）练习<br>组合技能：<br>1. 两人踢、接球练习<br>2. 运球过障得物+脚背内侧射门练习<br>3. 手挡球+快速抢球练习<br>4. 手接球+手抛球发动快攻练习 | 1. 脚背内侧踢准比赛<br>2. 脚背内侧定点射门比赛<br>3. 运球过障碍物+脚背内侧射门比赛<br>4. 守门大战 | 能描述本单元所学的手挡球、脚背内侧踢球等技术和双人配合战术的要领和基本比赛规则；能说出五体球项目的一些安全知识，并能在赛中注意防范安全隐患；能做出本单元所学单个技术和组合技术动作；能参与班级内较为正式的教学比赛，并运用简单的技战术配合；积极参加体能练习，在运动中能做到情绪饱满，善于与同伴交流合作，有团队精神和正确的胜负观。 |
| | 单元二 | 18 | 学习一脚防守和围抢技术和围抢配合战术；掌握急停急起运球上篮与运球上篮的技术要领；掌握组合技能的动作要领与方法。 | 急停急起运球、一脚防守、三步上篮 | 围抢配合战术 | 单个技能：<br>1. 一脚防守练习<br>2. 脚运球急停急起连速练习<br>3. 运球上篮练习<br>4. 围抢练习<br>组合技能：<br>1.行进间手运球听哨音急停急起练习<br>2. 运球急停急起+投篮练习<br>3. 运球急停急起+运球上篮练习<br>4. 脚运球+俯身捡球+运球上篮练习 | 1. 一脚防守比赛<br>2. 直线运球急停折返比赛<br>3. 运球折返上篮比赛<br>4. 守门比稳比赛 | 能描述本单元所学的急停急起运球、一脚防守、三步上篮等技术和围抢战术的要领；能说出五体球项目的一些安全知识，并能在练习、比赛中注意防范安全隐患；能做出本单元所学单个技术和组合技术动作；能积极参加五体球比赛，能按照规则参与五体球比赛，做到关注同伴，有自信心，坚持不懈，尊重对手，能正确看待比赛中的正常碰撞、摔倒，能接受比赛的结果。 |

续表

| 单元与课时 | | | 学 | | | 练 | 赛 | 评 |
|---|---|---|---|---|---|---|---|---|
| 模块 | 单元 | 课时 | 知识 | 技术 | 战术 | 练习方法 | 教学比赛方法 | 学业要求 |
| 模块三 | 单元三 | 18 | 学习脚背外侧运球、换手变向运球和传切配合二过一战术；掌握动作技能要领；掌握组合技能的动作方法。 | 脚背外侧运球、换手变向运球 | 传切配合二过一战术 | 单个技能：1.模拟脚背外侧运球练习 2.脚背外侧直线运球练习 3.原地换手变向运球练习 4.行进间换手变向运球练习 组合技能：1.运球换手变向突破+投篮练习 2.运球换手变向突破+上篮练习 3.脚背外侧运球+五体转换射门练习 4.传切配合二过一战术演练 | 1.换手变向运球运杆比赛 2.脚背外侧运球比赛 3.运球绕杆+射门比赛 4.脚背外侧运球+俯身捡球+摆手变向运球—篮球比赛 | 能描述本单元所学习的脚背外侧运球、换手变向运球等技术和传切配合二过一战术的要领；能说出五体球项目的一些安全知识，并能在练习、比赛中注意防范安全隐患；能做出本单元所学单个技术和组合技术动作，参与班级内较为正式的教学比赛，并运用简单的技战术配合；能独立参与体能练习，并按照规则参与五体球比赛，做到关注同伴、尊重对手、履行自己的职责，有自信心；比赛中发生碰撞、摔倒时仍能坚持练习，能接受比赛结果的结果。 |
| | 单元四 | 18 | 学习模块三组合技能；掌握单个技能和组合技能的动作要领。 | 手运球、手脚转换、脚运球、射门、行进间上篮 | 模块三组合技能，双人配合战术 | 单个技能：1.手运球急停急起练习 2.脚背外侧运球练习 3.原地单手变向运球练习 4.射门练习 组合技能：1.手运球+行进间上篮练习 2.脚运球+射门练习 3.模块三组合技能1练习 4.模块三组合技能2练习 | 1.定点投篮比赛 2.定点射门比赛 3.组合技能计时赛：手运球—手脚转换—脚运球—脚转换—手运球三步上篮 4.五体球半场3对3比赛 | 能描述本单元所学的手运球、手脚转换、射门、脚运球、换手转运、三步上篮技术和双人配合战术的要领；能说出五体球项目的安全知识，并能在练习、比赛中注意防范安全隐患；能做出本单元所学单个技术和组合技术动作，参与班级内较为正式的教学比赛，并运用简单的技战术配合；在比赛中表现出充沛的体能；能按照规则参与五体球比赛，关注同伴，遵守规则，尊重对手，与同伴团结合作，履行自己的职责；比赛中发生碰撞、摔倒时仍能坚持练习，能接受比赛结果的结果。 |

续表

| 单元与课时 | | 学 | | | 练 | 赛 | 评 |
|---|---|---|---|---|---|---|---|
| 单元 | 课时 | 知识 | 技术 | 战术 | 练习方法 | 教学比赛方法 | 学业要求 |
| 模块四<br>单元一 | 18 | 学习脚背外侧踢、接球转身与回传反切配合战术；掌握组合技能的动作要领与操作方法。 | 脚背外侧踢球、脚背外侧接球、胸部接球、五体转换区投篮、手运球转身 | 回传反切配合战术 | 单个技能：<br>1. 脚背外侧踢固定球练习<br>2. 脚背外侧对墙踢球练习<br>3. 原地运球转身练习<br>4. 五体转换区投篮练习<br>组合技能：<br>1. 两人脚背外侧踢、接球练习<br>2. 脚运球过障碍物+脚背外侧踢球射门练习<br>3. 手运球转身+五体转换区投篮练习<br>4. 回传反切配合战术演练 | 1. 脚背外侧踢准比赛<br>2. 五体转换区投篮比赛<br>3. 脚背外侧踢球+门比赛<br>4. 急停急起+运球转身过杆+五体转换区投篮比赛 | 掌握本单元所学的脚背外侧踢球、脚背外侧接球、五体转换区投篮、手运球转身等技术和回传反切配合战术，参与班级内较为正式的教学比赛，并运用简单的技战术配合；能描述所学动作技术要领和基本比赛规则；能说出五体球项目的安全知识，并能在练习、比赛中注意防范安全隐患；在运动中能做到情绪饱满，善于与同伴交流合作；安全地进行五体球运动，能简单处理运动损伤；能独立参与五体球练习；能按照规则参与五体球比赛，做到关注同伴、尊重对手，履行自己的职责，有自信心，能接受比赛的结果。 |

续表

| 单元与课时 | | | 学 | | | 练 | 赛 | 评 |
|---|---|---|---|---|---|---|---|---|
| 模块 | 单元 | 课时 | 知识 | 技术 | 战术 | 练习方法 | 教学比赛方法 | 学业要求 |
| 模块四 | 单元二 | 18 | 学习大腿接球与跳投技术；掌握组合技能的动作要领与方法。 | 大腿接球、跳投、胸部接球 | 组合技能、双人配合战术 | 单个技能：<br>1. 两人一抛一接练习<br>2. 模拟跳投练习<br>3. 定点跳投练习<br>4. 两人互抛胸部接球练习<br>组合技能：<br>1. 下底传射练习<br>2. 大腿接球+运球过障碍物练习<br>3. 原地双手接球+跳投练习<br>4. 手运球转身+跳投组合练习 | 1 大腿接球比赛<br>2 计时定点跳投比赛<br>3 大腿接球+运球过障碍得物+射门门比赛<br>4 脚+运球+俯身拾球+运球急停急起+跳投比赛 | 掌握本单元所学的大腿接球、跳投、胸部接球等技术和双人配合战术，参与班级内较为正式的教学比赛，并运用简单的技战术配合；能描述所学动作技术要领和基本比赛规则；能说出五体球项目的安全知识，并能在练习、比赛中注意防范安全隐患；在运动中能做到情绪饱满、善于与同伴交流合作，安全地进行五体球运动，能简单处理运动损伤；能独立参与五体球练习；能按照规则参与五体球比赛、做到关注同伴、遵守规则，尊重对手，履行自己的职责、有自信心，能接受比赛的结果。 |

| 单元与课时 | | | 学 | | | 练 | 赛 | 评 |
| --- | --- | --- | --- | --- | --- | --- | --- | --- |
| 模块 | 单元 | 课时 | 知识 | 技术 | 战术 | 练习方法 | 教学比赛方法 | 学业要求 |
| 模块四 | 单元三 | 18 | 学习挑球、头球与篮板球技术和挑投配合战术；掌握组合技能的动作要领与方法。 | 挑球、头球、抢篮板球 | 挑投配合战术 | 单个技能：<br>1. 挑球过头练习<br>2. 两人一抛一顶头球练习<br>3. 篮板球卡位战术演练<br>组合技能：<br>1. 抢篮板球+传球练习<br>2. 头球对传练习<br>3. 头球射门练习<br>4. 挑投配合战术演练 | 1. 挑球比赛<br>2. 围圈头顶球比赛<br>3. 五体球半场3对3比赛<br>4. 五体球全场5对5比赛 | 掌握本单元所学的挑球、头球、抢篮板球等技术和双人配合战术，参与班级内较为正式的教学比赛，并运用简单的技战术配合；能描述所学动作技术要领和基本比赛知识、安全知识，并能在练习、比赛中注意防范安全隐患；在运动中能做到情绪饱满、善于与同伴交流合作；安全地进行五体球运动，能简单处理运动损伤；体能水平得到提高；能按照规则参与五体球比赛，做到关注同伴、尊重对手、履行自己的职责，有自信心，能接受比赛的结果；能认真观看班内教学比赛并进行简要评价。 |

续表

| 单元与课时 | | | 学 | | | 练 | 赛 | 评 |
|---|---|---|---|---|---|---|---|---|
| 模块 | 单元 | 课时 | 知识 | 技术 | 战术 | 练习方法 | 教学比赛方法 | 学业要求 |
| 模块四 | 单元四 | 18 | 学习模块四组合技能；掌握单个技能和组合技能的动作要领与方法。 | 手运球、手脚转换、脚运球、跳投、抢篮板球、射门 | 模块四组合技能，双人配合战术 | 单个技能：<br>1. 跳投练习<br>2. 抢篮板球练习<br>3. 射门练习<br>4. 掩护战术演练<br>组合技能：<br>1. 手运球+跳投练习<br>2. 脚运球+射门练习<br>3. 模块四组合技能练习 | 1. 定时跳投计数赛<br>2. 运球绕杆比赛<br>3. 组合技能计时赛：手运球—手脚转换—脚运球—手脚转换—篮板运球跳投—篮板运球—手运球—脚运球—脚转换—射门（10米）<br>4. 五体球全场5对5测试赛 | 掌握本单元所学的手运球、手脚转换、运球、跳投、抢篮板球、射门等技术和双人配合战术，参与班级内较为正式的教学比赛，并运用简单的技战术配合；能描述所学动作技术要领和基本比赛规则、安全知识，并能在练习、比赛中注意意识防范安全隐患；安全地进行五体球运动，能简单处理运动损伤；在比赛中表现出充沛的体能，能按照规则参与五体球比赛，能做到情绪饱满，善于与同伴交流合作，关注同伴，尊重对手，履行自己的职责，有自信心，能接受比赛的结果；能认真观看班内教学比赛并进行简要评价。 |

| 单元与课时 | | 学 | | | 练 | 赛 | 评 |
|---|---|---|---|---|---|---|---|
| 模块 | 单元 课时 | 知识 | 技术 | 战术 | 练习方法 | 教学比赛方法 | 学业要求 |
| 模块五 | 单元一 18 | 学习踢、接反弹球与背后运球技术和策应配合战术；掌握单个技能和组合技能的动作要领与方法。 | 脚内侧踢反弹球、脚背正面踢反弹球、脚背内侧踢反弹球、脚背外侧踢反弹球、脚内侧接反弹球、脚底踩接反弹球、脚背外侧接反弹球、背后运球 | 策应配合战术 | 单个技能：<br>1. 对墙踢、接球练习<br>2. 自抛自踢、接反弹球练习<br>3. 背后运球练习<br>4. 连贯背后运球练习<br>组合技能：<br>1. 小碎步+踢下坠球+踢、接练习<br>2. 背后运球+上篮练习<br>3. 背后运球过障碍物+投篮练习<br>4. 策应配合战术演练 | 1. 踢、接反弹球比赛<br>2. 定时背后运球比赛<br>3. 背后运球过障碍物+投篮比赛<br>4. 俯身捡球+自抛自接反弹球计时赛 | 掌握本单元所学的脚背正面踢反弹球、脚内侧接反弹球、脚底踩接反弹球、脚背外侧接反弹球等技术和基础战术配合，参与教学比赛并能运用攻防基本战术；能在教学比赛中运用主要比赛规则，承担班级内比赛的裁判工作；在学练中能做出自我保护的动作，发生伤害事故时能及时进行处理；能自觉进行体能练习；在游戏和比赛中能调控情绪，表现出一定的沟通能力；做到关心同伴，遵守规则、尊重裁判、尊重对手，具有公平竞争的意识，能正确看待比赛胜负，表现出团结奋进的精神。 |

续表

| 单元与课时 | | 学 | | | 练 | 赛 | 评 |
|---|---|---|---|---|---|---|---|
| 模块 | 单元 | 课时 | 知识 | 技术 | 战术 | 练习方法 | 教学比赛方法 | 学业要求 |

| 单元与课时 | | | 学 | | | 练 | 赛 | 评 |
|---|---|---|---|---|---|---|---|---|
| 模块五 | 单元二 | 18 | 学习扫抢、远射与手运球突破技术和实分配合战术；掌握单个技能和组合技能的动作要领与方法。 | 扫抢、远射、交叉步突破、顺步突破、后转身突破、前转身突破 | 实分配合战术 | 单个技能：<br>1. 扫抢静止球练习<br>2. 定点远射练习<br>3. 变向突破假人练习<br>4. 变速突破假人练习<br>组合技能：<br>1. 一对一扫抢与护球练习<br>2. 手抛地滚球+远射练习<br>3. 突破+跳投练习<br>4. 实分配合战术演练 | 1. 远射打靶得分比赛<br>2. 创意突破比赛<br>3. 突破+投篮+篮板球+传球接力比赛<br>4. 手抛地滚球+远射绕杆+远射比赛 | 掌握本单元所学的远射、交叉步突破、顺步突破、后转身突破、前转身突破等技术和实分配合战术，运用五体球技战术参与班级内的教学比赛；能运用主要比赛规则，承担班级内比赛的裁判工作；在学练和对抗中能做出自我保护的动作，发生伤害事故时能及时进行处理；体能水平得到进一步提高，在游戏和比赛中能调控情绪，表现出一定的沟通能力；做到关心同伴，遵守规则，尊重裁判、尊重对手，具有公平竞争的意识，能正确看待比赛胜负，表现出勇于拼搏的精神。 |

续表

| 单元与课时 | | 学 | | | 练 | 赛 | 评 |
| --- | --- | --- | --- | --- | --- | --- | --- |
| 模块 | 单元 课时 | 知识 | 技术 | 战术 | 练习方法 | 教学比赛方法 | 学业要求 |
| 模块五 | 单元三 18 | 学习脚跟踢球、勾手投篮和定位球配合战术；掌握单个技能和组合技能的动作要领与方法。 | 脚后跟踢球、勾手投篮、踢挡板反弹球 | 定位球配合战术 | 单个技能：<br>1. 脚跟对墙踢踢止球练习<br>2. 原地勾手投篮练习<br>3. 行进间勾手投篮练习<br>组合技能：<br>1. 接球+后转身+脚跟踢球练习<br>2. 两人对抗勾手投篮练习<br>3. 踢挡板反弹球过人练习 | 1. 踢挡板反弹球打靶比赛<br>2. 脚跟踢准比赛<br>3. 连续踢挡板反弹球过障得物比赛<br>4. 勾手投篮计时赛 | 掌握本单元所学的脚后跟踢球、勾手投篮、踢挡板反弹球等技术和定位球技战术配合与班级内的战术，运用五体球技战术参与比赛；能运用主要比赛规则，承担教学比赛的裁判工作；在学练和比赛中能做出自我保护的动作，发生伤害事故时能及时得到控制进一步提高；在游戏和比赛中能调控情绪，表现出一定的沟通能力；能做到关心同伴、遵守规则，尊重对手，具有公平竞争的意识，尊重裁判，能正确看待比赛胜负，表现出勇敢顽强、勇于拼搏的精神。 |

续表

| 单元与课时 | | 学 | | | 练 | 赛 | 评 |
|---|---|---|---|---|---|---|---|
| 模块 | 单元 | 课时 | 知识 | 技术 | 战术 | 练习方法 | 教学比赛方法 | 学业要求 |
| 模块五 | 单元四 | 18 | 学习模块五组合技能和区域联防配合战术；掌握单个技能和组合技能的动作要领与方法。 | 手运球、脚运球、手脚转换、投篮、远射、抢篮板球 | 区域联防战术 | 单个技能：1.运球练习 2.投篮练习 3.远射练习 4.抢篮板球练习 组合技能：1.手脚转换技能练习 2.投篮+篮板球练习 3.模块五组合技能练习 4.区域联防快攻战术演练 | 1.定点远射比赛 2.计时跳投比赛 3.组合技能计时赛：手运球—手脚转换—脚运球—脚转换手—投篮；手运球—投篮—篮板球—手运球—手脚转换—脚运球—脚转换球—射门（11米）4.五体球全场5对5测试赛 | 掌握本单元所学的手运球、脚运球、手脚转换、投篮、远射、抢篮板球等技术和区域联防配合快攻战术，能运用所学技战术参与教学比赛；能较为合理地运用主要比赛规则，承担班级内比赛的裁判工作；在学练和对抗中能做出自我保护的动作，发生伤害事故时能及时进行处理；在比赛中能现出充沛的体能；在游戏和比赛中能调控情绪，表现出一定的沟通能力；做到关心同伴，遵守规则、尊重裁判、尊重对手，具有公平竞争的意识，能正确看待比赛胜负，表现出团结协作、勇于拼搏的精神，并能对学校某场某高水平比赛做出分析和评价。 |

续表

| 单元与课时 | | 学 | | | 练 | 赛 | 评 |
|---|---|---|---|---|---|---|---|
| 模块 | 单元 | 课 时 | 知识 | 技术 | 战术 | 练习方法 | 教学比赛 方法 | 学业要求 |
| 模块六 | 单元一 | 18 | 学习踢凌空球、头部接球和进攻阵型；掌握单个技能和组合技能的动作要领与方法。 | 踢凌空球、头部接球 | 进攻阵型 | 单个技能：<br>1. 自抛自踢练习<br>2. 一抛一踢练习<br>3. 自抛自接练习<br>4. 用头接抛来的空中球练习<br>组合技能：<br>1. 挑球＋踢凌空球练习<br>2. 接空中球＋踢凌空球练习<br>3. "1－2－2" 进攻阵型战术演练<br>4. "1－1－3" 进攻阵型战术演练 | 1. 踢凌空球比赛准备<br>2. 头颠球比赛<br>3. 五体球半场3对3比赛<br>4. 五体球全场5对5比赛 | 掌握本单元所学的踢凌空球、头部接球技术和进攻阵型配合战术，能运用所学技战术参与班级内的教学比赛；能较为合理地运用主要比赛规则，承担班级内比赛的裁判工作；在学练和对抗中能做出自我保护的动作，发生伤害事故时能及时进行处理；能独立组织与开展体能练习；在游戏和比赛中能调控情绪，表现出良好的沟通能力；做到关心同伴，遵守规则，尊重裁判、尊重对手，具有公平竞争的意识，能正确看待比赛胜负，表现出团结协作，勇于拼搏的精神，并能对班级五体球比赛做出分析和评价。 |

续表

| 单元与课时 | | 学 | | | 练 | 赛 | 评 |
| --- | --- | --- | --- | --- | --- | --- | --- |
| 模块 | 单元 | 课时 | 知识 | 技术 | 战术 | 练习方法 | 教学比赛方法 | 学业要求 |
| 模块六 | 单元二 | 18 | 学习远投、弹踢动作技术和防守阵型；掌握单个技能和组合技能的动作要领与方法。 | 远投、弹踢 | 防守阵型 | 单个技能：<br>1. 两人远投练习<br>2. 定点远投练习<br>3. 弹踢固定空中球练习<br>4. 两人弹踢练习<br>组合技能：<br>1. 运球至五体转换区＋远投练习<br>2. 抢篮板球＋远投练习<br>3. "2－2－1" 防守阵型战术演练<br>4. "1－1－2－1" 防守阵型战术演练 | 1. 远投比赛<br>2. 弹踢比赛<br>3. 五体球半场3对3联赛<br>4. 五体球全场5对5联赛 | 掌握本单元所学的远投、弹踢动作技术和防守阵型配合战术，能运用所学技战术参与班级内的教学比赛；能承担班级内比赛的裁判工作；在学练和对抗中能做出自我保护的动作，发生伤害事故时能及时进行处理；在比赛中表现出充沛的体能；在游戏和比赛中能调控情绪，表现出良好的沟通能力；做到关心同伴，尊重对手，尊重裁判、遵守规则，具有公平竞争的意识，能正确看待比赛胜负，表现出团结协作，勇于拼搏的精神，并能对本级某场高水平五体球比赛做出分析和评价。 |

| 单元与课时 | | | 学 | | | 练 | 赛 | 评 |
|---|---|---|---|---|---|---|---|---|
| 模块 | 单元 | 课时 | 知识 | 技术 | 战术 | 练习方法 | 教学比赛方法 | 学业要求 |
| 模块六 | 单元三 | 18 | 学习五体球捅射与吊篮技术和阵型切换战术；掌握单个技能和组合技能的动作要领与组合方法。 | 捅射、吊篮 | 阵型切换战术 | 单个技能：<br>1. 对墙捅射练习<br>2. 对球门捅射练习<br>3. 两人模拟吊篮练习<br>4. 吊篮练习<br>组合技能：<br>1. 向前助跑+捅射滚动球练习<br>2. 脚运球+捅射练习<br>3. 俯身捡球+吊篮练习<br>4. 阵型切换（防守—进攻）战术演练 | 1. 吊篮技能比赛<br>2. 捅射技能比赛<br>3. 五体球半场3对3教学赛<br>4. 五体球全场5对5教学赛 | 掌握本单元所学的捅射、吊篮动作技术和阵型切换技战术参与班级内比赛；能运用所学技战术参与班级内比赛；能承担班级内比赛的裁判工作；在学练和对抗中能做出自我保护的动作，发生伤害事故时能及时进行处理；在比赛中表现出充沛的体能；在游戏和比赛中能调控自己的情绪，表现出良好的沟通能力；做到遵守规则，尊重裁判、尊重对手，具有公平竞争的意识，能正确看待比赛胜负，表现出团结协作、勇于拼搏的精神，并能对某场高水平五体球比赛做出分析和评价。 |

续表

| 单元与课时 | | | 学 | | | 练 | 赛 | 评 |
|---|---|---|---|---|---|---|---|---|
| 模块 | 单元 | 课时 | 知识 | 技术 | 战术 | 练习方法 | 教学比赛方法 | 学业要求 |
| 模块六 | 单元四 | 18 | 学习模块六组合技能和攻防阵型转换；掌握单个技能和组合技能的动作要领与方法。 | 手运球、脚运球、手脚转换、投篮、抢篮板球、射门、三步上篮 | 阵型切换战术 | 单个技能：<br>1. 运球练习<br>2. 投篮练习<br>3. 上篮练习<br>4. 抢篮板球练习<br>组合技能：<br>1. 手脚转换技能练习<br>2. 手运球+投篮+抢篮板球练习<br>3. 模块六组合技能练习<br>4. 阵型切换（进攻—防守）战术演练 | 1. 两人配合捅射比赛<br>2. 两人配合吊篮比赛<br>3. 组合技能计时赛：手运球—手脚转换—脚运球—脚转换—投篮—抢篮板球<br>手运球—手脚转换—脚运球—射门（12米）<br>4. 五体球全场5对5测试赛 | 掌握本单元所学的五体球抢篮板球技术和两人配合捅射、三人配合切换与攻防阵型切换配合战术，能运用所学技战术参与班级内的教学比赛；能承担技术裁判工作；在学练和对抗中能做出自我保护的动作，发生伤害事故时能及时进行处理；在比赛中表现出充沛的体能；在游戏和比赛中能调控自己的情绪，表现出良好的沟通能力；做到关心同伴，遵守规则、尊重裁判，尊重对手，具有公平竞争的意识，能正确看待比赛胜负，表现出团结协作，勇于拼搏的精神，并能对学校某场高水平五体球比赛做出分析和评价。 |

# 第二部分
# 五体球教学策略

　　基于体育课程一体化项目的总体设计，五体球课程共划分为6个模块，对每个模块内容的学习评价都有与之对应的运动能力等级达标要求。每个模块又划分为4个单元，每个单元建议学习18个课时以上。本教程重点围绕学、练、赛、评一体化的思路对各单元的教学策略进行整体规划，注重为教师提供学、练、赛、评的具体教学设计思路和实施建议。另外，还可安排五体球"破冰之旅"的导引课，以游戏化方式介绍五体球规则，为学生喜爱五体球运动打下基础；结合《五体球课程学生运动能力测评规范》，安排复习课、体能测试课及运动能力等级测评等。

# 第一章│五体球模块一教学策略

策略是实现目标的方案，是根据教学任务制定的方法。五体球模块一的教学策略是根据模块一的目标，通过五体球的教学与实践，使学生了解五体球的起源与发展、场地区域划分，对五体球运动产生兴趣，从而萌生体育运动的爱好；经过五体球的学、练、赛、评，使学生能够初步掌握五体球基本技术与组合技能及基本战术，具备相应的身体素质和心智能力，达到五体球课程学生运动能力一级水平；使学生在学习和训练中了解五体球的基本规则，掌握五体球半场比赛方法；通过锻炼增强体质，培养学生吃苦耐劳、克服困难的意志品质。

## 第一节　单元一教学策略

本单元教学策略应重点考虑学生的年龄和身心发育特点，通过游戏化、多样化的教学方法，结合本单元主要学习内容，在活动设计上要以激发学生的兴趣为主。在教学过程中，充分结合生动的讲解和准确的示范，依据学、练、赛、评的设计思路，调动学生学习与训练的积极性。在"学"上力求简单明了，教师应精准示范并带领学生做动作；在"练"的环节教师应根据学生年龄与接受程度，既达到运动技能的掌握，又能够实现所要求的运动负荷；在"赛"的环节教师应鼓励学生踊跃参与，激发出"课的高潮"；在"评"中教师应首先肯定学习效果，重点表扬表现优秀的学生，并指出课上存在的不足，布置课后的"作业"，以便使学生养成良好的锻炼习惯。

### 🎯 单元目标

❶ **知识技能学习目标**　学生掌握俯身捡球、手抛地滚球的动作方法和要领；了解五体球的起源与发展，认识五体球的场地区域划分等。

❷ **体能素质锻炼目标**　学生的协调性、灵敏性和柔韧性等体能得到锻炼与提升。

❸ **情感品格培养目标**　学生乐于参加五体球运动，有一定的规则意识，能相互激励。

 学

**❶ 五体球的起源与发展**

知识要点：讲解五体球的起源和发展等基础知识；引导学生以身体不同部位触球、拍球、踢球、踩球、捡球、射门、投篮等，带领学生体验感知五体球的球性。

**❷ 俯身捡球技术**

动作要领：身体自然下弯，双手捡球；原地或行进间俯身捡球及球员自己用脚背运球到目的地（五体转换区）时俯身将五体球捡起，手疾眼快，动作迅速，严防被抢，抓牢球体，占领身位。（详见图2-1-1）

图2-1-1　俯身捡球

**❸ 手抛（接）地滚球技术**

动作要领：上身稍微前倾，身体重心降低，两脚前后开立，自然屈膝呈下蹲姿势，双手或单手持五体球由后往前将球滚于地面。注意向前传球的瞬间手部与地面尽量保持10—15厘米的距离，使球贴于地面滚动前进，控制身体重心，快速起动，做好下一步准备。球员在准备时，上体前倾，双脚开立，双手或单手持五体球，重心在双脚中间，身体自然放松；抛球时，重心降低呈自然下蹲姿势，手托球中下部，轻轻抖腕，将五体球抛出，手臂顺势前伸，控制球传到指定的方向，把握传球力度，让接球的球员舒适地接到球，保证五体球在地面滚动行进。

 练

**（一）练习方法设计思路**

遵循循序渐进原则和学生的身心发展规律，以游戏化、多样化练习为主。将基本技术和基础技能融入活动中，潜移默化地提升学生的技能水平。学生对教师传授的基本动作要领进行理解记忆并加以运用，更好地掌握本单元的内容。

## （二）练习方法与组织

### ❶ 单个技能练习

#### （1）模拟俯身捡球练习

【练习目的】清楚动作要领、站位，感知方向，判断捡球点。

【练习方法】原地俯身高姿站位、原地俯身低姿站位、行进间俯身捡球徒手模拟练习。

【场地器材】五体球场地；标志桶、标志碟若干。

【练习要求】无球练习要结合想象中的球进行。

【拓展建议】由固定动作重复练习改为听到一定的示意声做出相应的动作，提高难度。

#### （2）原地俯身捡球练习

【练习目的】提升球性，增加对球的感知与控球能力，为转换动作做好衔接准备。

【练习方法】一人一球，听哨音进行俯身捡球练习、变换练习。

【场地器材】五体球场地；五体球、标志桶、标志碟若干。

【练习要求】瞄准球，俯身弯腰，将球稳稳地捡起。

【拓展建议】增加消极防守，提高难度。

#### （3）对墙手抛球打点练习

【练习目的】学习手抛球姿势，能瞄准标志点练习。

【练习方法】一人一球，将球对准墙上正前方的标志点向前抛出。

【场地器材】五体球场地；五体球、标志桶、标志碟若干。

【练习要求】运用正确的手抛球姿势，注意手部发力的先后顺序。

【拓展建议】逐渐增加抛球距离。

#### （4）手抛接地滚球练习

【练习目的】掌握手接球动作技能，衔接好区域动作转换。

【练习方法】两人一组，一人抛一人接，身体自然弯曲下蹲，五指张开主动迎接来球。

【场地器材】五体球场地；五体球、标志桶、标志碟若干。

【练习要求】主动迎接来球，判断来球方向和接球点。

【拓展建议】多人围圈练习，站于圆心者接不同方向的地滚球。

### ❷ 组合技能练习

#### （1）跑动中急停俯身捡球练习

【练习目的】提升反应能力，巩固俯身捡球技术动作。

【练习方法】脚部带球运至规定的区域急停，俯身将球捡起。

【场地器材】五体球场地；五体球、标志桶、标志碟若干。

【练习要求】脚部控球、接球要稳，俯身弯腰，将球稳稳地捡起。

【拓展建议】在消极防守下完成练习。

### （2）原地向不同方向转动+手抛接地滚球练习

【练习目的】提高方向感和反应能力，能将球有效地抛给不同方向的目标对象。

【练习方法】五人一组，中间站一人，另四人站成正方形；站在中间的人持球原地转动，将球依次用手抛给四点位置的同伴，同伴接球回传，轮换进行。

【场地器材】五体球场地；五体球、标志桶、标志碟若干。

【练习要求】手抛球的方向和落点要准确，球紧贴地面滚动。

【拓展建议】用数字1、2、3、4代替四个方向，听数字传球。

### （3）折返跑+手抛接地滚球练习

【练习目的】提升反应能力和耐力素质。

【练习方法】两人一组，抛球人先进行一个来回折返跑后将球抛给接球人，轮换进行。

【场地器材】五体球场地；五体球、标志桶、标志碟若干。

【练习要求】抛球的方向和落点要准确，球紧贴地面滚动。

【拓展建议】增加折返次数，提高难度。

### （4）后转身跑+抛接球练习

【练习目的】提升反应能力和控球能力，为实战打好基础。

【练习方法】两人一组，在规定的距离范围内，一人从起点处转身跑至标志点，将球抛出，另外一人将球接住，两人轮换进行。

【场地器材】五体球场地；五体球、标志桶、标志碟若干。

【练习要求】抛球的方向和落点要准确，球紧贴地面滚动，转身速度要快。

【拓展建议】练习者空手跑动，到标志点后把球捡起，再抛给同伴，若干次后轮换。

## 三 赛

### （一）教学比赛设计思路

组织学生观看比赛，了解五体球的起源与发展，开展知识竞答，让学生围绕五体球知识进行抢答。教学比赛围绕所学技能，突出趣味性，注重培养学生的团队配合意识。

### （二）教学比赛方法与组织

**❶ 单个技能比赛**

### （1）俯身捡球比赛

【比赛目的】锻炼动作反应能力。

【比赛方法】 10个参赛学生站在起点处，在距离起点10米远处各放1个五体球；听到哨音后，快速起跑急停，将球捡起，比比谁最快。

【场地器材】 五体球场地；五体球、标志桶、标志碟若干。

【注意事项】 捡球之后稳稳地拿在胸前面向裁判。

【拓展建议】 加上障碍物增加比赛难度，提高灵敏性。

### （2）手抛球掷准比赛

【比赛目的】 提升手抛球准确性，为实战奠定基础。

【比赛方法】 在距离起点5米远处放5个标志物；参赛者瞄准标志物，将球抛出击中标志物，每人5次机会，击中次数最多者获胜。

【场地器材】 五体球场地；五体球、标志桶、标志碟若干。

【注意事项】 注意手抛球的姿势、方向、路线、发力。

【拓展建议】 不同距离的抛球掷准比赛。

### ❷ 组合技能比赛

### （1）障碍跑+俯身捡球接力比赛

【比赛目的】 锻炼学生的反应能力和俯身捡球技能。

【比赛方法】 分组，每组5人；在距离起点5米处放一个小栏架，10米处放5个球；听到哨音后起跑，跨过栏架跑至10米处，一人俯身捡起球，返回起点处，与下一位同学接力。

【场地器材】 五体球场地；五体球、标志桶、标志碟、栏架若干。

【注意事项】 注意安全，中途球掉地要返回起点重新开始。

【拓展建议】 增加距离和障碍物，提高比赛难度。

### （2）俯身捡球+手抛地滚球接力比赛

【比赛目的】 提高球性，掌握动作要领，组合动作衔接顺畅。

【比赛方法】 10人一组，五五分开，相对站立，间隔8米；排头开始俯身捡球，然后手抛地滚球给对面排头，完成后跑到队尾；10人依次完成上述动作。

【场地器材】 五体球场地；五体球、标志桶、标志碟若干。

【注意事项】 俯身捡球和手抛地滚球动作要正确。

【拓展建议】 增加距离和增加障碍物比赛。

## 四 评

### （一）知识技能学习评价

学生掌握俯身捡球、手抛地滚球的动作方法和要领；了解五体球的起源与发展，认

识五体球的场地区域划分等。

**（二）体能素质锻炼评价**

学生的协调性、灵敏性和柔韧性等体能得到提高。

**（三）情感品格培养评价**

学生喜欢参与五体球运动，有五体球基本规则意识，能与同伴合作完成五体球游戏，能相互激励。

## 第二节　单元二教学策略

本单元主要学习技术为脚底踩接球、脚内侧接球与踢球。脚底踩接球与脚内侧踢、接球是五体球最常用的控球手段，脚内侧踢球是传球、射门得分的主要方法。学习方法上以体验为主，从模拟和分解到完整练习，精讲多练，循序渐进，以帮助学生更好地掌握技战术。

> **单元目标**
>
> ❶ **知识技能学习目标**　学生基本理解五体球手部区、五体转换区与脚部区的规则；掌握脚底踩接球、脚内侧接球、脚内侧踢球及组合技能方法和要领。
>
> ❷ **体能素质锻炼目标**　学生的速度、协调性、灵敏性和柔韧性等体能得到锻炼与提升。
>
> ❸ **情感品格培养目标**　学生对五体球运动感兴趣，有五体球基本规则意识，能相互激励，有初步的配合意识。

### 一　学

❶ **脚底踩接球技术**

动作要领：根据来球方向选位；接球脚的脚尖上翘，脚底与地面约呈45°；接球脚迎着来球方向，脚掌触球，将球接住。注意脚眼协调，动作协调，力度适中。（详见图2-1-2）

❷ **脚内侧接球技术**

动作要领：球员上体前倾，双脚开立，重心在双脚中间，注视来球方向选位，等待接球；根据来球方向选位，主动向前迎球，接球脚大腿外展、脚尖微翘，脚底平行于地面，脚内侧对着来球，与支撑脚约呈90°，接触五体球后中部，脚与球接触的瞬间接球脚主动后撤缓冲，将球接在脚下可控距离内，如需将球接在侧面，脚内侧与来球线路呈一定角度。球员要注意来球的方向，及时出脚，控制缓冲。（详见图2-1-3）

图2-1-2　脚底踩接球

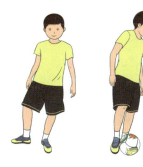
图2-1-3　脚内侧接球

### ❸ 脚内侧踢球技术

动作要领：支撑脚的脚尖对准传球方向，踢球脚脚尖外展，与支撑脚约呈90°；踢球脚摆腿发力，脚内侧部位触球，将球踢出。注意控制传球方向，把握踢球力度。（详见图2-1-4）

图2-1-4　脚内侧踢球

### ❹ 五体球场区域划分

知识要点：五体球场区域的功能与规则有严格限定，五体球场分为手部区、五体转换区和脚部区三大区域，不同区域有不同的规则要求。球员在手部区可以通过手进行传接球、运球、投篮和利用一脚防守规则阻止进攻球员射门等；在脚部区可以通过除手以外的身体合理部位进行传接、盘带、过人、射门和吊篮等；在五体转换区手和脚均可控球，还可以进行手脚转换、传接、投篮、射门和吊篮等。

 练

## （一）练习方法设计思路

练习方法设计遵循循序渐进原则，从分解、模拟练习开始，难度不断递进，从而提升学生的成就感，有助于学生主动掌握技战术和知识。除了单个技能练习，还包含组合技能练习，让课堂具有趣味性。

## （二）练习方法与组织

**❶ 单个技能练习**

### （1）脚底踩固定球练习

【练习目的】熟悉球性，提升控球能力。

【练习方法】原地站立，正对球，单脚支撑，用异侧脚底踩住球，听哨音跳起交换脚。

【场地器材】五体球场地；五体球、标志碟若干。

【练习要求】触球部位要准确。

【拓展建议】听到信号后转向，再做脚底踩球动作。

### （2）脚内侧踢固定球练习

【练习目的】体验踢球动作姿势，建立动作概念。

【练习方法】两人一组，一人踩住球，另一人站在对面，原地用脚内侧连续轻踢球。

【场地器材】五体球场地；五体球、标志碟若干。

【练习要求】击球点要找准，触球部位要准确。

【拓展建议】尝试1步、3步、5步助跑踢球。

### （3）脚内侧踢滚动球练习

【练习目的】加强空间感觉，掌握完整技术。

【练习方法】两人一组，相距3米，一人抛地滚球，另一人判断移动选位，用脚内侧将球踢回，重复练习。

【场地器材】五体球场地；五体球、标志桶、标志碟若干。

【练习要求】击球点准，触球部位正确。

【拓展建议】规定距离，两人对踢。

### （4）脚内侧接球练习

【练习目的】加强空间感觉，提升脚内侧接球能力。

【练习方法】两人一组，相距3米，一人抛地滚球，另一人判断移动选位，用脚内侧将球接住，重复练习。

【场地器材】五体球场地；五体球、标志桶、标志碟若干。

【练习要求】脚型正确，将球接在身体可控制范围内。

【拓展建议】拉大距离，用脚踢地滚球给同伴接球。

**❷ 组合技能练习**

**（1）两人踢、接练习**

【练习目的】加强空间感觉，巩固技能动作，提高踢球、接球质量。

【练习方法】两人一组，相距3米，一人脚内侧踢球，另一人接球后踢回，重复练习。

【场地器材】五体球场地；五体球、标志桶、标志碟若干。

【练习要求】不断调整站位，触球部位要准确。

【拓展建议】动作熟练后连续对传。

**（2）多人移动中踢、接球练习**

【练习目的】巩固技能动作，提高踢球质量。

【练习方法】五人一组，两组排成纵队，相对站立，相距5米；一组排头脚内侧踢球开始后，向后跑到队尾，另一组排头接球、回踢球后，向后跑到队尾，依次重复。

【场地器材】五体球场地；五体球、标志桶、标志碟若干。

【练习要求】主动迎球，接球稳，击球准。

【拓展建议】动作熟练后不停球直接把球踢回。

**（3）过障碍区踩接球、踢球练习**

【练习目的】提升学生奔跑能力，加强空间感觉及下肢对球的控制能力。

【练习方法】学生排纵队站在球门线外，排头听到指令后快速经过障碍区，到达接球点，把老师传来的球接住，踢回，依次练习。

【场地器材】五体球场地；五体球、标志桶、标志碟若干。

【练习要求】保持平衡，将球接在身体可控制范围内。

【拓展建议】接球与老师对传两次或多次后，跑到老师位置当传球人。

**（4）踢球+接球+踢球练习**

【练习目的】巩固踢球、接球技术，提高运用能力。

【练习方法】两人一组一球，在慢跑中不断完成踢球、接球动作。

【场地器材】五体球场地；五体球、标志桶、标志碟若干。

【练习要求】传球准，接球稳，踢球动作规范。

【拓展建议】动作熟练后直接在跑动中完成连续对传。

## 三　赛

### （一）教学比赛设计思路

本单元主要学习五体球场地区域划分、脚底踩接球技术以及脚内侧接球、踢球技术，其中五体球场地区域划分属于学生要了解的内容，技战术部分主要是脚底踩接球和脚内侧接球、踢球技能。经过课堂练习，让学生清楚动作要领和方法，以赛代练。从单个技能比赛、组合技能比赛到教学比赛，层层递进，从而提高五体球课程学生运动能力。

### （二）教学比赛方法与组织

**❶ 单个技能比赛**

**（1）原地踩球计时赛**

【比赛目的】提升球性，提高对球的掌控力。

【比赛方法】分组，以小组为单位，计时一分钟，原地踩球次数最多的小组获胜。

【场地器材】五体球场地；五体球、标志桶、标志碟若干。

【注意事项】触球部位要准确。

【拓展建议】个人PK赛。

**（2）踢中标志物比赛**

【比赛目的】检验脚内侧踢球技能的掌握情况，巩固和提高动作质量。

【比赛方法】用脚内侧踢球去击打5米外的标志物，每人踢10球，踢中一个得1分，累计得分多者获胜。

【场地器材】五体球场地；五体球、标志桶、标志碟若干。

【注意事项】必须用脚内侧踢球。

【拓展建议】加大标志物距离。

**❷ 组合技能比赛**

**（1）踢球过障碍物+急停比赛**

【比赛目的】检验脚内侧踢球技能的掌握情况，提升快跑急停能力。

【比赛方法】先在起点把球踢出，然后快速跑过障碍物，到达指定地点后急停，用时最少者获胜。

【场地器材】五体球场地；五体球、标志桶、标志碟若干。

【注意事项】必须用脚内侧踢球。

【拓展建议】小组接力比赛。

**（2）原地踩球+踢球接力比赛**

【比赛目的】检验接球、踢球技能的掌握情况，巩固技术。

【比赛方法】相距5米面对面站立的A、B两个组，从A组开始，A组完成30次原地踩球后，将球传给B组，B组接球后以同样的方式完成动作后传回，用时最短的组获胜。

【场地器材】五体球场地；五体球、标志桶、标志碟若干。

【注意事项】传球时使用脚内侧踢球，接球的方式可以用脚底踩接球或脚内侧接球。

【拓展建议】增加踩球次数及传球次数。

## 四 评

### （一）知识技能学习评价

学生基本理解五体球手部区、五体转换区与脚部区的规则要求；掌握脚底踩接球、脚内侧接球、脚内侧踢球及组合技能方法和要领，控球能力得到提高。

### （二）体能素质锻炼评价

学生的速度、协调性、灵敏性和柔韧性等体能得到提升。

### （二）情感品格培养评价

学生能按照要求，自觉完成练习任务或与同伴合作完成游戏，能相互激励，有初步的配合意识。

## 第三节 单元三教学策略

本单元主要学习手部高低运球、脚背正面运球，手运球与脚背正面运球是五体球运动中常用的技术动作。学习方法以观察、体验、练习及比赛为主。在施教中应从模拟开始，精讲多练，讲解与示范相结合，循序渐进，帮助学生更好地掌握技战术。通过比赛，巩固提高技能水平，鼓励学生在实战中灵活运用，提升运动能力，达成单元学习目标。

### 单元目标

❶ **知识技能学习目标** 学生理解五体球场地区域划分和五体球基本规则；能够熟练地做出手部和脚部的基本运球动作及高低运球变换，学会拉球后转身动作，提高手脚转换能力，能够和同伴进行组合动作配合练习。

❷ **体能素质锻炼目标** 学生的速度、协调性、灵敏性和柔韧性等体能得到锻炼与提升。

❸ **情感品格培养目标** 学生喜欢五体球运动，有规则意识，能相互激励，能克服困难，有初步的团队意识。

学

### ❶ 手部行进间高低运球技术

动作要领：运球时应保持两脚前后自然开立，两膝微屈，上体稍前倾，眼睛平视；脚步动作的幅度和下肢各关节的屈度随运球速度和高度的不同而有所变化。高运球时，五指张开，用手指和指根部位及手掌的外缘触球；低运球时，主要以腕关节为轴，用手腕、手指的力量拍按。拍按球的部位是由运球的方向和速度来决定的。运球时应控制球的落点，使五体球完全保持在自己能控制的范围内，以便随时利用上体、臂、腿来保护球。

### ❷ 脚背正面运球技术

动作要领：运球时身体呈跑动姿势，上体稍前倾，步幅适宜；运球腿提起，膝关节稍屈，髋关节前送，提踵，脚尖朝下；在着地前用脚背正面部位触及五体球后中部，将五体球推送前进。注意脚背固定，带球平稳。（详见图2-1-5）

图2-1-5　脚背正面运球

### ❸ 两人移动中对传战术

动作要领：五体球运动中，两人移动中对传主要有以下几种方式。（1）手部配合对传：运动进行中，一名移动中的球员手持球后将五体球传到空当，另一名移动中的队员有意识地用手接住五体球并择机和对方进行下一轮回传配合。（2）脚部配合对传：运动进行中，一名移动中的球员以脚将五体球踢传到空当，另一名移动中的队员有意识地以脚控制住五体球并择机和对方进行下一轮回传配合。（3）手脚转换配合对传：运动进行中，在球场不同区域的两名行进中的球员可以按照相应的规则进行手脚转换相互对传。（4）五体球特色对传：两名移动中的球员还可以互相借助五体球挡板进行配合对传。

### ❹ 五体球比赛规则

知识要点：介绍五体球比赛规则，让学生对五体球比赛规则有更多了解。

练

### （一）练习方法设计思路

练习方法设计遵循循序渐进原则，如：先进行原地高低运球练习，后进行行进间高低运球练习；先进行单人技能练习，后进行分组练习。然后通过设置障碍物增加练习难度，最后将上述练习进行组合并在集体练习的基础上增加竞赛环节，提高五体球技术的掌握水平。教师在练习过程中应通过讲解示范及时纠正学生出现的错误动作，合理控制课的节奏与运动负荷。

### （二）练习方法与组织

**① 单个技能练习**

**（1）原地高低交替运球练习**

【练习目的】熟悉球性，为行进间运球做准备。

【练习方法】听信号高低运球变换，看手势高低运球变换。

【场地器材】五体球场地；五体球、标志桶、标志碟若干。

【练习要求】注意重心变换和拍球手型、触球部位。

【拓展建议】高低运球变换的同时进行换手运球。

**（2）行进间高低交替运球练习**

【练习日的】熟悉、巩固运球技术动作。

【练习方法】学生听教师信号进行跑动中高低交替运球练习。

【场地器材】五体球场地；五体球、标志桶、标志碟若干。

【练习要求】球的落点在自己所能控制的范围内。

【拓展建议】练习中找机会破坏其他人的球。

**（3）模拟脚背正面运球练习**

【练习目的】体验动作过程，建立动作概念。

【练习方法】两条相距15米的平行线，学生从起始线开始，模拟脚背正面运球动作。

【场地器材】五体球场地；五体球、标志桶、标志碟若干。

【练习要求】跑姿正常，触球动作轻，步幅小。

【拓展建议】跑动中听一次哨音做一次运球动作。

**（4）脚背正面运球练习**

【练习目的】体验动作，熟悉球性，掌握技术。

【练习方法】两条相距15米的平行线，学生从起始线开始，脚背正面向前运球到终点。

【场地器材】五体球场地；五体球、标志桶、标志碟若干。

【练习要求】跑姿正常，触球动作轻，步幅小。

【拓展建议】消极防守下进行运球练习。

**② 组合技能练习**

**（1）行进间高运球、低运球过障碍物练习**

【练习目的】巩固技术，提高运用能力。

【练习方法】在场地内设置若干标志物,学生自由运球,遇到标志物做高低运球练习。

【场地器材】五体球场地;五体球、标志桶、标志碟若干。

【练习要求】球在身体可控制范围内。

【拓展建议】运球同时尝试破坏其他人运球。

**(2)高低运球+手抛地滚球+脚背正面运球练习**

【练习目的】巩固组合技巧,提升控球能力。

【练习方法】在手部区做高低运球各5次后,向前手抛地滚球转换到脚背正面运球推进。

【场地器材】五体球场地;五体球、标志桶、标志碟若干。

【练习要求】球在身体可控制范围内。

【拓展建议】设置若干障碍练习。

**(3)脚背正面运球+拉球后转身练习**

【练习目的】提升脚对球的控制能力。

【练习方法】学生从起始线开始脚背正面运球,至折返点处拉球转身返回,重复练习。

【场地器材】五体球场地;五体球、标志桶、标志碟若干。

【练习要求】脚运球时注意触球部位和触球力度,不要发生碰撞。

【拓展建议】随机运球,听哨音做拉球后转身动作。

**(4)俯身捡球+手抛地滚球+脚背正面直线运球+脚底踩接球练习**

【练习目的】熟练组合技巧,提升转换、控球能力。

【练习方法】从五体转换区出发,直线运球至对方半场五体转换区,脚底拉球后转身,迅速俯身捡球,手抛地滚球后迅速跟上球,脚背正面运球至本方五体转换区,脚底踩接球。

【场地器材】五体球场地;五体球、标志桶、标志碟若干。

【练习要求】组合动作连贯,球在可控范围内。

【拓展建议】增加障碍,限定时间。

 赛

**(一)教学比赛设计思路**

本单元主要学习五体球这种新兴运动的基本知识,初步学习五体球的运球技术。学习五体球的场地、规则相关知识,主要让学生了解五体球场地区域的划分、不同区域的适用规则等。通过比赛提高五体球的运球、进攻、防守等技能。比赛时,主要是对运球速度及熟练度进行测试。每节课要安排一定时间的比赛。

## （二）教学比赛方法与组织

### ❶ 单个技能比赛

#### （1）手运球往返接力比赛

【比赛目的】提升球性，锻炼手部控球能力。

【比赛方法】排头学生从起点出发，手运球到折返点返回，交球给下一位学生接力，先完成的队获胜。

【场地器材】五体球场地；五体球、标志桶、标志碟若干。

【注意事项】失误要返回排头重新开始。

【拓展建议】增设障碍，提高难度。

#### （2）脚背正面运球往返接力比赛

【比赛目的】提升球性，锻炼脚部控球能力。

【比赛方法】排头学生从起点出发，脚背正面运球到折返点返回，将球传给下一位学生接力，先完成的队获胜。

【场地器材】五体球场地；五体球、标志桶、标志碟若干。

【注意事项】运球时注意触球部位及触球力度，不要冲突碰撞。

【拓展建议】增设障碍，提高难度。

### ❷ 组合技能比赛

#### （1）手运球过障碍物接力比赛

【比赛目的】提升手运控球能力。

【比赛方法】起点和终点间设置若干障碍，学生分成若干纵队站在起点后；排头学生从起点开始运球，经过障碍后到达折返点，然后返回，交球给下一位学生接力，先完成的队获胜。

【场地器材】五体球场地；五体球、标志桶、标志碟若干。

【注意事项】球不离身，失误回排头重来。

【拓展建议】改变运球线路设计，适当增加难度。

#### （2）高低运球+脚背正面运球+俯身捡球往返接力比赛

【比赛目的】增强球性，提升手脚运球和转换能力。

【比赛方法】设置相距20米的起点和折返点，学生分成若干纵队站在起点后；排头学生原地高低运球各5次后，向前手抛地滚球转换成脚背正面运球到折返点，然后急停俯身捡球，手运球跑回起点交给下一位学生接力，先完成的队获胜。

【场地器材】五体球场地；五体球、标志桶、标志碟若干。

【注意事项】失误要返回排头重来。

【拓展建议】设置障碍物，增加比赛难度。

## 四 评

### （一）知识技能学习评价

学生了解五体球场地区域划分和五体球基本规则；能够熟练运用手部和脚部的基本运球动作，学会拉球后转身动作和手脚转换控球技术，能够和同伴配合练习。

### （二）体能素质锻炼评价

学生的速度、协调性、灵敏性和柔韧性等体能得到提升。

### （三）情感品格培养评价

学生在游戏和比赛中有规则意识，能相互激励，体现出敢于竞争、团结合作、永不言弃的体育精神。

## 第四节　单元四教学策略

本单元主要学习五体球课程学生运动能力一级的相关测评内容。学习方法上主要以分解与完整学习法为主。教师在施教过程中应从模拟开始，讲解和示范相结合，精讲多练，循序渐进，帮助学生更好地掌握组合技能及相关的技战术。通过教学比赛，巩固提高技能水平，并在实战中灵活运用，提升半场3对3比赛能力，达成单元学习目标。

### 🎯 单元目标

❶ 知识技能学习目标　学生基本掌握所学五体球组合技能的动作方法和要领，能够较熟练地在五体转换区进行手脚转换，能够和同伴进行组合技能的配合演练；通过学习，达到五体球课程学生运动能力一级达标要求。

❷ 体能素质锻炼目标　学生的速度、协调性、灵敏性和柔韧性等体能得到锻炼与提升。

❸ 情感品格培养目标　学生喜欢五体球运动，能遵守规则，公平竞争，有责任意识和正确的胜负观。

## 一 学

**①** **模块一组合技能1：手运球—手脚转换—脚运球**

准备工作：在五体球场上，在一侧球门线上放置两个标志桶，标志桶距离边线2米，作为起点与终点，在中线中圈位置放置一个标志桶，距边线7.5米；在另一半场，放置4个标志桶，距中线2米，顺时针摆放，分别为①、②、③、④四个标志桶，摆放为边长4米的正方形。

动作要领：起跑前，球员上体前倾，一脚在前，另一脚在后，重心在前脚上；球员起跑并按①—③—④—②—①顺序跑后，直接到底线手持五体球，运球到五体转换区转换为脚运球，至中线绕过标志桶后，至五体转换区转换为手运球至终点。全程动作要迅速流畅，无停顿、无违例。球员出发要敏捷迅速，按照顺序跑完，快速精准运球，合理进行手脚转换。（详见图2-1-6）

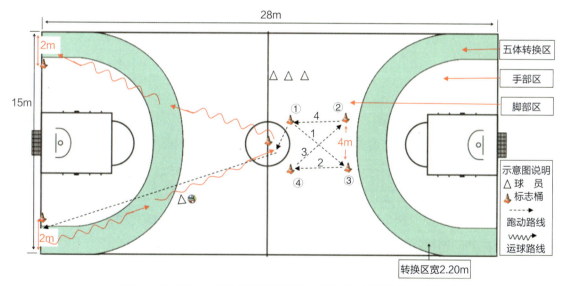

图2-1-6 模块一组合技能1示意图：手运球—手脚转换—脚运球

**②** **模块一组合技能2：脚运球—脚手转换—手运球**

准备工作：在中线放置两个标志桶，标志桶距边线2米，作为起点和终点，篮筐正下方放置一个标志桶，距边线7.5米；另一半场放置4个标志桶，距中线2米，顺时针摆放，分别为①、②、③、④，摆放为边长4米的正方形。

动作要领：起跑前，球员上体前倾，一脚在前，另一脚在后，重心在前脚上；起跑后，球员需按照①—③—④—②—①顺序跑完，接着迅速跑到中线放球点，脚运球至五

体转换区转换为手运球，绕过标志桶至五体转换区转换为脚运球至中线终点。球员出发要敏捷迅速，按照顺序跑完，快速精准运球，合理进行手脚转换。（详见图2-1-7）

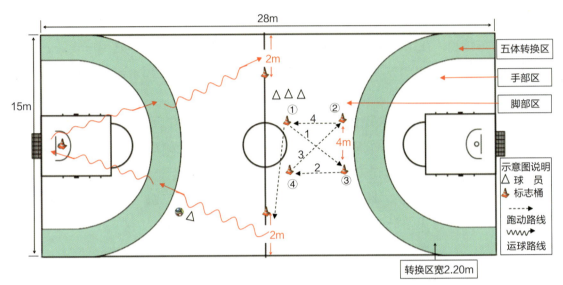

图2-1-7 模块一组合技能2示意图：脚运球—脚手转换—手运球

## 二 练

### （一）练习方法设计思路

本单元的练习方法设计遵循循序渐进原则，先进行手运球动作练习，后进行脚运球动作练习；先原地练习，后行进间练习；先进行手转换脚，后进行脚转换手运球的组合技能练习。然后通过分组竞赛形式进行练习。教师指导较复杂动作时，应随时矫正错误，及时讲解与示范。在实际练习中对每个学生的练习进行计时和技术指导，以便让学生了解存在的问题并及时改进提高。

### （二）练习方法与组织

**❶ 单个技能练习**

**（1）手运球练习**

【练习目的】提升球性和手运球能力。

【练习方法】行进间自由移动运球，听到教师信号时进行相应形式变换运球。

【场地器材】五体球场地；五体球、标志桶、标志碟若干。

【练习要求】球在可控范围内。

【拓展建议】利用标志物进行运球练习。

### （2）手抛接球练习

【练习目的】提升抛接球能力。

【练习方法】一人一球，对挡板抛接球；两人一组，面对面抛球。（详见图2-1-8）

图2-1-8　手抛接球

【场地器材】五体球场地；五体球、标志桶、标志碟若干。

【练习要求】动作规范。

【拓展建议】加大距离抛接球。

### （3）脚踢、接球练习

【练习目的】提高踢球精准度，提升控制球的能力，为接下来的组合练习打下基础。

【练习方法】两人一组，相距3—5米，进行踢、接练习。

【场地器材】五体球场地；五体球、标志桶、标志碟若干。

【练习要求】严格按照要求，注意踢球部位。

【拓展建议】利用挡板标志物进行踢准。

### （4）脚背正面运球练习

【练习目的】熟悉球性，提高脚背正面运球技能。

【练习方法】一人一球，在五体球场自由运球。

【场地器材】五体球场地；五体球、标志桶、标志碟若干。

【练习要求】多触球，能控球。

【拓展建议】听到信号后做出反应动作，如接球、拉球、俯身捡球等，增加难度。

❷ 组合技能练习

### （1）三个区域间衔接练习

【练习目的】提升区域意识和抛接转换能力。

【练习方法】一人一球，在五体球场纵向往返运球，经过五体转换区做相应的转换动作。

【场地器材】五体球场地；五体球、标志桶、标志碟若干。

【练习要求】抛球时多触球，能控球，转换快。

【拓展建议】 在五体球场内自由运球，听信号做转换动作。

**（2）手运球—手脚转换—脚运球练习**

【练习目的】 全面提高手脚转换能力和技能组合能力，增强体能。

【练习方法】 从一端球门线手运球开始，到另一端球门线运球结束，遇到五体转换区做手脚转换动作。

【场地器材】 五体球场地；五体球、标志桶、标志碟若干。

【练习要求】 衔接连贯流畅，推进速度快。

【拓展建议】 根据五体球课程学生运动能力一级测试要求设置场地路线进行练习。

**（3）脚运球—脚手转换—手运球练习**

【练习目的】 全面提高手脚转换能力和技能组合能力，增强体能。

【练习方法】 从一端脚部区脚运球开始，到另一端球门线返回，遇到五体转换区做脚手转换动作。

【场地器材】 五体球场地；五体球、标志桶、标志碟若干。

【练习要求】 衔接连贯流畅，推进速度快。

【拓展建议】 根据五体球课程学生运动能力一级测试要求设置场地路线进行练习。

## 三 赛

### （一）教学比赛设计思路

本单元主要学习五体球的场地、规则相关知识，让学生了解五体球场地区域的划分，不同区域的适用规则，五体球的运球、进攻、防守等技能。通过观看比赛，使学生对五体球运动产生兴趣。比赛时，主要是对运球速度及两人技战术配合进行测试。每节课在后半段进行比赛。

### （二）教学比赛方法与组织

**❶ 单个技能比赛**

**（1）运球往返接力比赛**

【比赛目的】 掌握基本的脚部和手部运球动作。

【比赛方法】 在场地内放置障碍物，规定运球的行进路线和运球方式来完成比赛。

【场地器材】 五体球场地；五体球、标志桶、标志碟若干。

【注意事项】 注意标志物之间的距离和规定动作衔接的合理性。

【拓展建议】 将标志物换成消极防守的队员。

**（2）踩球计时赛**

【比赛目的】 锻炼脚部对球的控制能力，增强学生体能。

【比赛方法】一人一球，在规定时间内完成踩球次数多者获胜。

【场地器材】五体球场地；五体球、标志碟若干。

【注意事项】踩球时注意强调重心的控制，重心始终落在支撑脚上，避免摔伤。

【拓展建议】移动踩球推进到终点。

### ❷ 组合技能比赛

#### ▎（1）手运球—手脚转换—脚运球比赛 ▸

【比赛目的】熟练掌握模块一组合技能1的动作，通过比赛进行巩固。

【比赛方法】学生分纵队站在球门线外，排头从球门线开始运球到对侧球门线往返，经过标志物时做手脚运球转换，返回后交给下一位学生，用时最短的队伍获胜。

【场地器材】五体球场地；五体球、标志桶、标志碟若干。

【注意事项】失误回排头重来。

【拓展建议】脚运球—脚手转换—手运球比赛。

#### ▎（2）五体球半场3对3测试赛 ▸

【比赛目的】熟悉五体球半场各个区域，体验比赛对抗，培养比赛能力。

【比赛方法】在五体球场半场内进行，学生两两组队进行比赛；比赛采用五体球的半场3对3比赛规则，时间6分钟。

【场地器材】五体球场地；五体球、标志桶、标志碟、号码衣若干。

【注意事项】充分热身，明白比赛方法，服从判罚。

【拓展建议】可以过渡到半场3对3比赛。

## 四　评

### （一）知识技能学习评价

学生基本掌握五体球组合技能的动作方法和要领，能够较熟练地在五体转换区进行手脚转换动作，能够和同伴进行组合技能的配合演练，达到五体球课程学生运动能力一级达标要求。

### （二）体能素质锻炼评价

学生的速度、协调性、灵敏性和柔韧性等体能得到提升。

### （三）情感品格培养评价

学生能坚持课外练习五体球，在游戏和比赛中有规则意识，能相互激励，勇于克服困难，有初步的团队意识和正确的胜负观。

## 第二章｜五体球模块二教学策略

　　模块二共分为4个单元，建议用72节以上课时完成。本模块以五体球的手部区、脚部区和五体转换区的运控球、射门、脚手转换控球、投篮等基本动作技术、组合动作技术和进攻战术为主要学练内容，注重趣味化、游戏化和情境化教学，对组合技能和战术配合要求较低，在教学过程中注重培养学生的学练兴趣。

### 第一节　单元一教学策略

　　本单元教学策略应根据学生的身心发育特点和五体球运动认知基础，结合主要学习内容，在活动设计上以趣味化学练为主，注重激发学生对五体球的兴趣。在教学过程中，教师应做到讲解生动、示范准确。依据学、练、赛、评一体化设计思路，在"学习"环节要帮助学生学对动作技术，学会练习方法；在"练习"和"比赛"环节教师应根据学生接受程度，采用小组化、结构化、情境化、问题化的学练策略与教学组织思路，使学生能够完整体验五体球运动，激发学生参加五体球运动的内驱力；在"评价"环节应积极开展自我评价、同伴评价、小组评价、教师评价等多样化评价，发挥评价的反思和改进、激励和促进的积极导向作用，促进学生养成良好的锻炼习惯。

> **🎯 单元目标**
>
> ❶ **知识技能学习目标**　学生基本了解半场3对3比赛规则；基本掌握脚背正面踢、接球动作方法和人盯人防守战术要领，在游戏和比赛中初步具备位置感。
>
> ❷ **体能素质锻炼目标**　学生的协调性、灵敏性、柔韧性和速度等身体素质得到提升。
>
> ❸ **情感品格培养目标**　学生喜欢五体球运动，能吃苦耐劳，敢于挑战，有自信、乐观、果断的意志品质，有团队精神。

## 一 学

**❶ 五体球半场3对3比赛规则**

知识要点：常规比赛时间为15 分钟。在球权交换区的半圆内开球，开球时防守队员不得进入球权交换区。每次手部区内投篮得分记作2分；每次脚部区内射门得分记作3分；每次五体转换区内投篮得分记作3分；每次五体转换区内射门得分记作3分；每次脚部区、五体转换区内吊篮得分记作5分；罚篮命中一次记作1分。在比赛中，率先获得25分的球队获胜；或者在常规比赛时间里，得分高的球队获胜。结束时，要有退场礼仪。

**❷ 脚背正面踢球技术**

动作要领：支撑脚踏在五体球侧面，脚尖指向出球方向，膝关节微屈；在支撑脚前跨的同时，踢球腿大腿顺势后摆，小腿后屈。前摆时，大腿以髋关节为轴带动小腿前摆，当膝关节摆至接近球体上方时，小腿加速前摆，脚背绷直，脚趾扣紧，以脚背正面击球的中后部；击球后，踢球腿顺势前摆落地。注意把握踢球方向，控制脚型。（详见图2-2-1）

图2-2-1　脚背正面踢球

**❸ 脚背正面接球技术**

动作要领：用脚背接控球时，球员一定要面对来球，两臂自然张开，维持身体平衡，接球腿抬起，但脚背要放平，在接球瞬间，球员将脚向下降，让球从脚背上缓冲落下。

**❹ 人盯人防守战术**

动作要领：

（1）手部区人盯人防守。在五体球运动中，防守战术一般是根据防守的位置、防守能力和身体条件来确定的。如右锋防中卫、右锋防左锋、左锋防右锋、中卫防右锋和强防强、弱防弱、高防高、矮防矮、快防快、慢防慢等战术。以个人防守为基础，综合运用挤过、穿过、绕过、换防、关门和夹击等。防守配合所组成的全队战术，对无球队员的防守，应按照"球—我—他"的选位原则，根据对手距离球、球篮或球门的远近，抢占有利位置，错位防守，注意相互协防。

（2）脚部区人盯人防守。防守者须根据球的位置站位于被盯防者与本方球门线中点之间的连线上，根据比赛情况，保持与球的适当距离。防守者在盯人中须注意力高度集中，能洞察周围局势，以便提前有准备地干扰被盯防者接球或处理脚下球。盯人者通常

在固定的被盯防者附近或相对稳定区域范围内，为了防止盯人的失误，盯人者除了完成自己的任务之外，还须具备补漏意识，以便在同伴漏防后进行补防。盯人者应具备随机应变能力，采用夹击、围抢，有球断截时，应善于主动出击。同伴间主动积极地协作，提高盯人防守的效果。

 **练**

### （一）练习方法设计思路

练习方法设计思路应遵循循序渐进原则，练习方法应从固定位置到移动球进行脚背正面踢、接球技能练习。进攻配合要与人盯人防守战术练习相结合，其目的是使学生的基础知识和基本技能掌握得更加扎实。在设计过程中尽量让上述练习具有多样性和趣味性。教师在练习过程中通过讲解和示范及时纠正学生的错误动作，注意控制课的运动负荷。

### （二）练习方法与组织

**1 单个技能练习**

**（1）脚背正面踢固定球练习**

【练习目的】学习踢球姿势，为之后踢球做准备。

【练习方法】两人一组，一人踩住球，另一人正对面站立，用脚背正面重复踢球。

【场地器材】五体球场地；五体球、标志碟若干。

【练习要求】触球部位准确，击球后中部。

【拓展建议】尝试上一步、上三步踢球。

**（2）脚背正面踢球打点练习**

【练习目的】提升球性，掌握技术动作。

【练习方法】在墙上画直径50厘米的圆，人距离墙面4米，用脚背正面把球踢到圆内。

【场地器材】五体球场地；五体球、标志碟若干。

【练习要求】触球部位准确，击球后中部。

【拓展建议】逐渐加大距离，提高难度。

**（3）脚背正面对墙踢球练习**

【练习目的】掌握脚背正面踢球技能，提升脚型的稳定性。

【练习方法】学生排成一排，间隔3米，连续用脚背正面对墙踢球。

【场地器材】五体球场地；五体球、标志碟若干。

【练习要求】脚击球部位要准，出球方向要正。

【拓展建议】增加与墙的距离。

**（4）两人近距离对踢练习**

【练习目的】熟练脚背正面踢球技术动作。

【练习方法】两人间距4米，面对面站立，一人用脚背正面将球踢出，另一个人用脚接球，然后再用脚背正面把球踢回。

【场地器材】五体球场地；五体球、标志桶、标志碟若干。

【练习要求】控制力度和方向，使接球队员舒服地接到来球。

【拓展建议】两人一脚对传。

❷ 组合技能练习

**（1）脚背正面直线运球+踢球练习**

【练习目的】提升脚背正面运球能力，为移动中运控好球做准备。

【练习方法】从球门线开始运球到中线，把球踢给对面球门线后的队友后，跑到接球人所在队伍队尾，依次重复练习。

【场地器材】五体球场地，五体球、标志桶、标志碟若干。

【练习要求】运控球稳，踢球方向准。

【拓展建议】运球绕过标志点，踢球穿越一定宽度的标志桶。

**（2）快速起动+接球+踢球练习**

【练习目的】锻炼移动中处理球的能力。

【练习方法】两人分站于两条边线上，一人往前快速起动，接另一人抛来的地滚球后，把球踢回，退回到边线准备下一次接球、踢球。

【场地器材】五体球场地；五体球、标志碟若干。

【练习要求】起动快，接球稳，踢球准。

【拓展建议】手抛改为用脚踢，增加接球、控球难度。

**（3）脚背正面直线运球+拉球后转身+踢球练习**

【练习目的】提升脚部移动运球能力。

【练习方法】两人前后站立，前面的人往前运球10米，拉球转身，把球踢给后一个人，跑回原地，依次重复。

【场地器材】五体球场地；五体球、标志碟若干。

【练习要求】动作衔接迅速，无停顿、无失误。

【拓展建议】踢球改为射门，提高趣味性。

**（4）人盯人防守战术演练**

【练习目的】提升球员的防守能力、反应速度。

【练习方法】一对一选位与盯人练习：在半场内两人一组，进攻队员向球门做变向

与变速运球，防守队员做选位与盯人练习。

【场地器材】五体球场地；五体球、标志桶、标志碟若干。

【练习要求】盯人紧而不犯规。

【拓展建议】3对3练习。

 赛

### （一）教学比赛设计思路

本单元初步了解五体球半场3对3比赛规则，学习脚背正面踢球、接球技术和人盯人防守战术。教学比赛主要是以赛代练，开展五体球起源、规则、安全技能与健康等方面的知识竞答，踢球技能比赛主要是对脚背正面踢球进行定点测试。每节课在后半段进行半场3对3教学比赛。

### （二）教学比赛方法与组织

**① 单个技能比赛**

**（1）脚背正面射门比赛**

【比赛目的】稳定脚背正面踢球的脚型。

【比赛方法】全体同学每人10球进行射门比赛，累计进球次数最多者获胜。

【场地器材】五体球场地；五体球、标志桶、标志碟若干。

【注意事项】射门时不能越线。

【拓展建议】蒙眼脚背正面射门。

**（2）脚背正面踢准比赛**

【比赛目的】稳定脚背正面踢球的脚型。

【比赛方法】距离球门9米，用脚背正面踢球射2米宽小门（以标志桶代替门柱），连续踢5次，累计进球次数最多者获胜。

【场地器材】五体球场地；五体球、标志桶、标志碟若干。

【注意事项】踢球时不能越线。

【拓展建议】蒙眼脚背正面踢五体球。

**② 组合技能比赛**

**（1）变向跑+射准比赛**

【比赛目的】加强学生的变向能力，提升学生的控球能力。

【比赛方法】在墙上画好代表不同分数的圆圈，学生先完成一定数量的变向跑后再进行射准，得分最高者获胜。

【场地器材】五体球场地；五体球、标志桶、标志碟若干。

【注意事项】控制好踢球的力量和脚型。

【拓展建议】拉大射门的距离。

**（2）手脚转换+脚运球+射准比赛**

【比赛目的】提高球性，提高控球得分能力。

【比赛方法】在前场球门线上先放置三个标志桶，学生从后场手部区手抛地滚球到脚部区，用脚运控球到对侧五体转换区前射准，射中标志桶得分。

【场地器材】五体球场地；五体球、标志桶、标志碟若干。

【注意事项】若中间失误算用掉一次机会。

【拓展建议】增加障碍物和射门距离，提高难度。

### 四 评

#### （一）知识技能学习评价

学生能说出并了解半场3对3比赛规则；会运用脚背正面踢、接球技术和人盯人防守战术，比赛中初步有位置感。

#### （二）体能素质锻炼评价

学生的协调性、灵敏性、柔韧性和速度等身体素质得到提升。

#### （三）情感品格培养评价

学生喜欢五体球运动，能吃苦耐劳，敢于挑战，表现出自信、乐观、果断的意志品质，有团队精神。

## 第二节 单元二教学策略

本单元主要学习五体球安全防护知识，双手传接球、手抛（接）空中球、双手胸前投篮技术和传射配合战术。以五体球的单个技能和组合技能为主设计趣味性练习及战术演练，增加趣味性、游戏性教学比赛。教师在实施过程中应尽可能让学生在完成练习过程中得到综合能力的提升。按照学、练、赛、评的设计思路，单元各部分相互联系，层层递进，有助于教师更好地进行五体球教学。

 单元目标

① **知识技能学习目标** 学生基本了解五体球运动防护知识；掌握双手传接球、挡球与手抛空中球的动作方法和要领，初步具备位置感。

② **体能素质锻炼目标** 学生的协调性、灵敏性、柔韧性和速度素质得到提升。

③ **情感品格培养目标** 学生喜欢五体球运动，遵纪守规，勇敢顽强，自信乐观，有配合意识。

## 一 学

### ① 双手传接球技术

动作要领：传球时两脚前后或左右开立，两膝微屈，上体稍前倾，两手持球于胸腹前，两臂不外展，五指自然分开，持球的侧后方（手心空出）。传球时，后脚蹬地，重心前移，在两臂迅速向前伸展的同时，用内旋翻腕和手指的力量将球传出，重心随着前移，注意传球方向，控制传球力度。接球时，双手要主动伸臂迎球，触球后即随球后引缓冲。注意在胸腹前接住并护球。做好来球预判，主动迎球，注意手型，加强保护，防止抢断。（详见图2-2-2）

图2-2-2 双手传接球

### ② 手抛（接）空中球技术

动作要领：球员准备抛球前，观察队友位置，重心稍降低，抛五体球时，双手托球，抖腕拨指将五体球抛出。五体球抛出高度适中，至同伴身前高度为80—90厘米，观察位置，引臂抖手腕，拨指。当队员抛球后有意识接球时，双手（单手）要主动伸臂迎球，触球后即随球后引缓冲，在胸腹前接住并护球。做好来球预判，主动迎球，注意手型，加强保护，防止抢断。（详见图2-2-3）

图2-2-3 手抛空中球

### ③ 双手胸前投篮技术

动作要领：双手握球于胸前，肘关节自然下垂，上体稍前倾，两脚前后或左右站立，两膝微屈，重心落在两脚之间，目视投篮目标；投篮时，两脚蹬地，同时两臂向上前方伸出，两臂即将伸直时两手腕同时外翻，拇指下压，手腕前屈，食指、中指用力拨球，使球通过拇指、食指、中指指端投出；球出手后，两手自然向下外翻，脚跟提起，身体随投篮出手方向自然伸展。注意投篮时的手型和动作（蹬地、伸臂、翻腕、拨指），控制方向和力度。（详见图2-2-4）

图2-2-4　双手胸前投篮

❹ 五体球安全防护知识

知识要点：五体球运动是对抗性比赛项目，难免出现一些运动损伤，应加强防范与保护，掌握基本的五体球运动安全防护知识。

❺ 传射配合战术

动作要领：一名球员把球传到空当，另一名同伴有意识地跑到空当进行射门或吊篮的配合战术；在传射配合中双方要反应机敏，领会同伴意图并充分了解对方球员。

## 二　练

### （一）练习方法设计思路

练习方法设计思路遵循循序渐进原则，练习方法应从原地传接球、抛接空中球单个技能练习到上述动作组合技能，从个人练习到团组练习，从基本练习方法到竞赛练习方法，最后进行分组传射配合战术练习，以提升学生的练习积极性。教师在设计过程中应考虑练习的负荷强度与间歇，及时纠错与讲解示范，以便学生更好地掌握本单元的技能。

### （二）练习方法与组织

❶ 单个技能练习

（1）两人原地脚背传接球练习

【练习目的】提高沟通与传球的能力，巩固传球技术动作。

【练习方法】两人一组，面对面相距3—5米，运用多种传球动作进行传球练习。

【场地器材】五体球场地；五体球、标志碟若干。

【练习要求】传球时注意用力方向，接球时注意缓冲来球的力量。

【拓展建议】逐渐增加距离。

（2）对墙自传自接球练习

【练习目的】巩固技术动作，提高传接球的能力。

【练习方法】一人一球，对墙站立，人与墙相距3米，做双手传接球练习。

【场地器材】五体球场地；五体球、标志碟若干。

【练习要求】传球时注意用力大小，接球时注意缓冲来球的力量。

【拓展建议】拉开传球距离，提高难度。

### （3）两人抛接空中球练习

【练习目的】熟悉动作，掌握技术。

【练习方法】两人间隔3—5米的距离，一人用手抛空中球，另一人用手接球，互换练习。

【场地器材】五体球场地；五体球、标志碟若干。

【练习要求】注意根据两人距离控制抛球力度和高度。

【拓展建议】逐渐增大两人距离。

### （4）篮下原地双手胸前投篮练习

【练习目的】提升投篮准度及上下肢协调用力的能力。

【练习方法】站在篮下不同位置，进行原地双手胸前投篮练习。

【场地器材】五体球场地；五体球、标志碟若干。

【练习要求】动作正确、舒展，命中率高。

【拓展建议】在消极干扰下进行投篮练习。

## ❷ 组合技能练习

### （1）脚停球+俯身捡球+传球练习

【练习目的】熟悉技术及技术组合，提高运用能力。

【练习方法】两人一组，一人手抛地滚球开始，另一人用脚停球后俯身捡球，再用手抛球给对方，重复练习。

【场地器材】五体球场地；五体球、标志碟若干。

【练习要求】在五体转换区停球，然后俯身捡球。

【拓展建议】尝试不断拉开传球距离。

### （2）手接空中球+传球练习

【练习目的】加强来球的方向判断，提高传接球的能力。

【练习方法】两人一组，原地进行，一人传空中球，另一人接球后传回，重复练习。

【场地器材】五体球场地；五体球、标志碟若干。

【练习要求】控制传球力度，让接球人舒服地接到球，传球方向指向接球人。

【拓展建议】尝试不同距离、不同方向的传接球。

### （3）手接传球+双手胸前投篮练习

【练习目的】加强技术衔接能力，提高投篮命中率。

【练习方法】两人一组，原地进行，一人传球，另一人接球后立即进行双手胸前
　　　　　　投篮。

【场地器材】五体球场地；五体球、标志碟若干。

【练习要求】注意传球的方向和力度，投篮准。

【拓展建议】要求完成一定的假动作后再进行投篮练习。

### （4）传射配合战术演练

【练习目的】锻炼传接球和射门的技能配合。

【练习方法】两人一组，一人手抛地滚球，另一人接球后直接射门。

【场地器材】五体球场地；五体球、标志碟若干。

【练习要求】注意传球的方向、力度、距离，利用脚内侧射门。

【拓展建议】手抛传球换成脚部传球，增加配合难度。

## 三 赛

### （一）教学比赛设计思路

教学比赛的设计目的是检验学生对所学技能的掌握程度，通过比赛来促教促学。可以设计五体球抛准、传球进圈、行进间传接球接力、手抛接球接力等不同形式的游戏赛，让学生在比赛中运用学过的单个技能和组合技能，体验五体球运动的乐趣。

### （二）教学比赛方法与组织

#### ❶ 单个技能比赛

#### （1）五体球抛准比赛

【比赛目的】提升技能，巩固手抛球的技术动作。

【比赛方法】全班同学分成若干组，分别站在指定地点，将球抛到指定区域，每人
　　　　　　有5次机会，抛进指定区域次数多者获胜。

【场地器材】五体球场地；五体球、标志桶、标志碟若干。

【注意事项】动作规范，使用五体球手抛球技术，抛球方向对准目标。

【拓展建议】拉大抛球距离或缩小得分区域。

#### （2）传球进圈比赛

【比赛目的】巩固原地双手胸前传球技术动作。

【比赛方法】两人一组，面对面传球过圈，在规定时间内计算成功次数。

【场地器材】五体球场地；五体球、标志桶、标志碟、呼啦圈若干。

【注意事项】动作规范，使用五体球手部传球技术，传球姿势正确。

【拓展建议】拉开传球距离。

❷ 组合技能比赛

**（1）行进间传接球接力比赛**

【比赛目的】巩固行进间双手胸前传接球技术动作。

【比赛方法】两人一组，相距4—5米，从一端球门线开始，在直线跑动中传接球，到另一端球门线返回，计算完成时间。

【场地器材】五体球场地；五体球、标志碟若干。

【注意事项】传球动作规范，传球要给出提前量。

【拓展建议】增加难度，三人一组，交叉跑动传接球。

**（2）手抛接球接力比赛**

【比赛目的】提升技能，巩固手抛球的技术动作。

【比赛方法】每组10人，分成两个小组，呈两路纵队面对面站立，相距5米，排头开始传球，传球后跑到队尾；对面排头接球后回传球，也跑到本队队尾；依次轮流进行，计算规定时间内的成功次数。

【场地器材】五体球场地；五体球、标志碟若干。

【注意事项】动作规范，方向准确。

【拓展建议】安排一人在两队中间位置干扰。

## 四 评

**（一）知识技能学习评价**

学生能阐述五体球防护知识；基本掌握双手传接球与手抛空中球的动作方法和要领，在游戏和比赛中有一定的位置感。

**（二）体能素质锻炼评价**

学生会两种体能锻炼方法，协调性、灵敏性、柔韧性和速度素质得到提升。

**（三）情感品格培养评价**

学生积极参与五体球练习和比赛活动，遵纪守律，不怕苦累，勇敢顽强，自信乐观，有配合意识。

## 第三节　单元三教学策略

本单元主要学习五体球的基础知识和基本技能，通过设计的技能动作，提升练习的趣味性和教学比赛的游戏性。按照学、练、赛、评的设计思路，各部分练习内容相互联系，层层递进，有助于教师更好地开展五体球教学。

 **单元目标**

① **知识技能学习目标** 学生基本掌握五体球的基础知识；初步掌握胯下运球及单手投篮的动作方法和要领，在游戏和比赛中有一定的位置感。

② **体能素质锻炼目标** 学生的协调性、灵敏性、柔韧性和力量、速度素质增强。

③ **情感品格培养目标** 学生能积极参加五体球锻炼，不怕苦累，勇敢顽强，自信乐观，有团队精神。

## 一 学

### ① 胯下运球技术

动作要领：胯下运球前，两脚前后开立，前腿呈弓步，后腿呈半蹲姿势，两臂自然张开于身体两侧，重心降低，上体前倾。运球时，五指分开，上臂放松，用手指、手腕力量按压球侧上部位，使球落点在胯下身体重心投影点附近，并经胯下反弹过渡到身体另一侧，另一手积极迎接来球，并换手运球，两腿一前一后分开。身体稍稍蹲下，接近半蹲。上身挺直，不要低头。球的落点要合适，应该在大腿的正下方。（详见图2-2-5）

图2-2-5 胯下运球

### ② 单手肩上投篮技术

动作要领：以右手投篮为例。右手持球于肩上，左手扶在球的左侧，右臂屈肘，上臂与地面近于平行。两脚前后或左右开立，两膝微屈，重心落在两脚之间。投篮时，下肢蹬地发力，右臂向前上方伸直，手腕前屈，食指、中指用力拨球，通过指端将球投出。球出手时，身体随投篮出手方向自然伸展。（详见图2-2-6）

图2-2-6　单手肩上投篮

**3** 传投配合战术

动作要领：一名队员把球传到空当，另一名同伴有意识地用手接住五体球并紧接着择机进行投篮的战术配合。队员也可以借助五体球挡板配合完成，以达到最终得分目的。传投配合中的双方要心领神会同伴意图。

## 二 练

### （一）练习方法设计思路

练习方法设计遵循循序渐进原则，从原地胯下运球、单手肩上投篮到传投组合技能，从无球练习到有球练习，从个人练习到分组团队配合，练习内容由易到难，以提升学生练习的积极性。练习的前半部分以掌握正确技术动作为主，后半部分以组织竞赛形式进行，以提升学生的练习兴趣。

### （二）练习方法与组织

**1** 单个技能练习

**（1）原地胯下运球练习**

【练习目的】体验动作，建立概念。

【练习方法】一人一球，原地进行重复练习。

【场地器材】五体球场地；五体球、标志碟若干。

【练习要求】腿前后开立，由慢到快，反复练习。

【拓展建议】教师用掌声控制运球频率变化。

**（2）两人持球模拟投篮练习**

【练习目的】掌握投篮技能，巩固技术动作，提高投篮运用能力。

【练习方法】两人一球，设置4米、5米等不同间距进行模拟投篮练习。

【场地器材】五体球场地；五体球、标志碟若干。

【练习要求】投篮力度、角度、线路准确，投篮手势稳定。

【拓展建议】两人中间安排一人干扰投篮。

### （3）定点一球单手投篮练习

【练习目的】掌握标准投篮技能，提高投篮命中率。

【练习方法】一人一球，在罚球线上进行定点投篮，重复练习，固定投篮动作。

【场地器材】五体球场地；五体球若干。

【练习要求】保证投篮的命中率，投篮手势标准且稳定。

【拓展建议】由原地定点正向投篮练习过渡到不同角度的定点投篮练习。

### （4）定点多球单手投篮练习

【练习目的】掌握标准投篮技术，提高投篮命中率。

【练习方法】每人5球，在罚球线上进行定点投篮，由其他成员收球，轮换练习。

【场地器材】五体球场地；五体球若干。

【练习要求】投篮手势标准且稳定。

【拓展建议】由原地定点正向投篮练习过渡到个同角度的定点投篮练习。

## ❷ 组合技能练习

### （1）运球急停单手投篮练习

【练习目的】掌握运球急停投篮的技能组合。

【练习方法】设置投篮点，快速运球至投篮点急停后立即出手投篮。

【场地器材】五体球场地；五体球、标志碟若干。

【练习要求】动作连贯，出手快。

【拓展建议】增加防守队员进行干扰。

### （2）接球转身单手投篮练习

【练习目的】提高接球后转身并稳定投球的能力。

【练习方法】一人传球，另一人站在投篮点原地接球后转身投篮。

【场地器材】五体球场地；五体球、标志碟若干。

【练习要求】接球准，转身快，出手稳。

【拓展建议】尝试跑到投篮点接球后转身投篮。

### （3）胯下运球+单手投篮练习

【练习目的】提高运球与投篮衔接技能。

【练习方法】运球到标志点后做胯下运球，突然出手投篮。

【场地器材】五体球场地；五体球、标志碟若干。

【练习要求】胯下运球与投篮衔接流畅。

【拓展建议】在消极防守下完成练习。

**（4）原地传投配合练习**

【练习目的】提升传投配合能力。

【练习方法】一人站在罚球线上，队友站在篮下，接队友传球后立即进行投篮。

【场地器材】五体球场地；五体球、标志碟若干。

【练习要求】接球稳，出手快，命中率高。

【拓展建议】移动中传接球投篮练习。

 赛

## （一）教学比赛设计思路

通过比赛检查五体球基本移动步法、动作转换及胯下运球的掌握程度。比赛主要是比拼投篮和射门次数及组合技能的测试。每节课在后半段进行趣味性教学比赛。

## （二）教学比赛方法与组织

**❶ 单个技能比赛**

**（1）定点计时单手投篮比赛**

【比赛目的】巩固单手投篮技能，提高命中率。

【比赛方法】在投篮点投篮后自抢篮板球回到投篮点投篮，规定时间内进球最多者获胜。

【场地器材】五体球场地；五体球、标志碟若干。

【注意事项】动作规范，投篮精准。

【拓展建议】有消极防守下的定点投篮。

**（2）胯下运球接力比赛**

【比赛目的】锻炼脚步移动与落球点相结合，提升球感。

【比赛方法】每次两组进行比赛，人数相同，距离相同，排头从出发线开始向前进行一步一胯下运球到终止线，折返采用手运球快速返回交给下一位队友接力，先完成组为胜方。

【场地器材】五体球场地；五体球、标志碟若干。

【注意事项】上步和换手运球要协调，球的落点在两腿间。

【拓展建议】要求每一步做多次胯下运球。

**❷ 组合技能比赛**

**（1）胯下运球+单手投篮比赛**

【比赛目的】增强组合技巧，提升实战能力。

【比赛方法】设置若干投篮点，学生在投篮点做5次胯下运球后，立即进行投篮。自抢篮板球后重复动作，时间为1分钟，累计进球数多者获胜。

【场地器材】五体球场地；五体球、标志碟若干。

【注意事项】胯下运球次数要够，必须在投篮点出手。

【拓展建议】在消极防守情境下进行比赛。

**（2）传投比赛**

【比赛目的】提高传投战术配合的能力。

【比赛方法】两人一球，一人传一人投，传球者负责抢篮板球。规定时间内进球最多者获胜。

【场地器材】五体球场地；五体球、标志碟若干。

【注意事项】注意不要相互干扰，专心致志，做到手、眼、耳协调配合。

【拓展建议】可以安排干扰队员进行消极防守。

## 四 评

### （一）知识技能学习评价

学生能说出并在练习中运用五体球的防护知识；初步掌握胯下运球及单手投篮的动作技能方法和要领，位置感增强。

### （二）体能素质锻炼评价

学生会两种体能锻炼方法，其协调性、灵敏性、柔韧性和力量、速度素质逐步提升。

### （三）情感品格培养评价

学生能积极参加五体球锻炼，不怕苦累，勇敢顽强，自信乐观，有团队精神。

## 第四节　单元四教学策略

本单元主要学习五体球组合技能，包括"脚运球—脚手转换—手运球—投篮"和"手运球—手脚转换—脚运球—射门"。学习方法以观察、体验为主，从分解到完整练习，掌握动作后逐步加入五体转换区的手与脚技能变换组合，先易后难，循序渐进，精讲多练，帮助学生更好地掌握五体球技战术。通过比赛巩固技能，鼓励学生在实战中灵活运用，形成运动能力，达成单元学习目标。

## 单元目标

① **知识技能学习目标** 学生掌握常见损伤的简单处理方法；基本掌握单个技能和组合技能，有能力参加校级联赛，达到五体球课程学生运动能力二级达标要求。

② **体能素质锻炼目标** 学生的协调性、灵敏性、柔韧性提高，速度素质和身体对抗能力增强。

③ **情感品格培养目标** 学生能积极参加五体球锻炼，意志顽强，抗挫折能力增强，有良好的团队配合意识和团队精神。

## 一 学

① **模块二组合技能1：脚运球—脚手转换—手运球—投篮**

准备工作：在一边半场罚球线、内转换线、中线分别放置标志物，另一边半场脚部区放置三个标志桶，球门侧边1米处放置标志桶作为起点。

动作要领：起动前，球员上体前倾，一脚在前，一脚在后，重心在前脚上。起动，球员从球门侧起点出发，快速跑"三线"折返：第一线至罚球线返回球门线，第二线至内转换线返回球门线，第三线至中线返回球门线。然后快跑至中线边角脚运球出发，过障碍物至五体转换区转换为手运球，至投篮点投篮。球员要注意出发迅速敏捷，按顺序跑完折返，快速手脚转换，准确投球进筐。（详见图2-2-7）

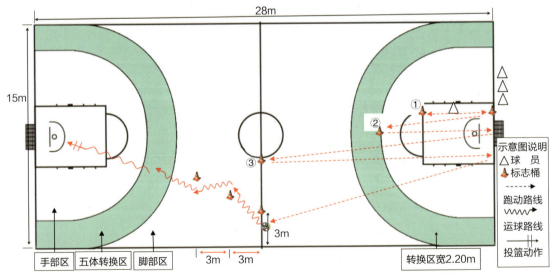

图2-2-7 模块二组合技能1示意图：脚运球—脚手转换—手运球—投篮

**❷ 模块二组合技能2：手运球—手脚转换—脚运球—射门**

准备工作：在一边半场罚球线、内转换线、中线分别放置标志物，内转换线与中线区间放置三个标志桶，中圈放置标志桶，在转换区设置射门点，球门侧边1米处放置标志桶作为起点。

动作要领：起动前，球员上体前倾，一脚在前，一脚在后，重心在前脚上。起动，球员从球门侧起点出发，快速跑"三线"折返：第一线至罚球线返回球门线，第二线至内转换线返回球门线，第三线至中线返回球门线。然后从球门线跑到中线绕过③号标志桶后，返回右侧球门线有球的标志桶前，捡起球，手运球出发至五体转换区转换为脚运球，过障碍物，绕过中圈标志物，向前至射门点射门。球员要注意出发迅速敏捷，按顺序跑完折返，快速手脚转换，准确踢球进门。（详见图2-2-8）

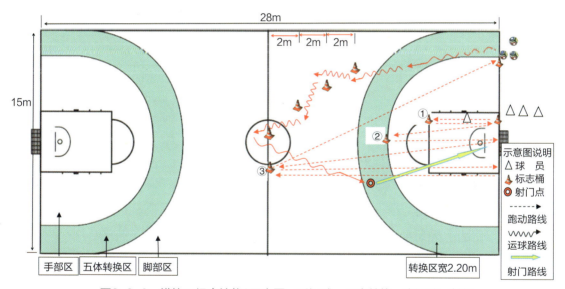

图2-2-8　模块二组合技能2示意图：手运球—手脚转换—脚运球—射门

##  练

### （一）练习方法设计思路

练习方法设计思路应本着循序渐进、由易到难的原则，从脚运球和手运球技能练习到手转换脚和脚转换手的组合技能练习，从个人练习到分组集体练习，以提升学生的练习积极性。在设计中增加练习竞赛性和趣味性，以提升学生的实际运用能力。教师应及时纠正错误动作，讲解与示范相结合，使学生理解并加以运用，更好地掌握本单元的内容。

## （二）练习方法与组织

**1 单个技能练习**

### （1）脚运球练习

【练习目的】提升球性，加强脚部对球的控制。

【练习方法】一人一球，在五体球场内自由运球，不与其他同学的球碰撞。（详见图 2-2-9）

图2-2-9　脚运球

【场地器材】五体球场地；五体球、标志桶、标志碟若干。

【练习要求】将球控制在身体范围内。

【拓展建议】两人一球，一人运球，另一人贴身抢球。

### （2）手运球练习

【练习目的】熟悉手运球技术，提高控球能力。

【练习方法】一人一球，在场地内自由运球，复习多种运球方式。（详见图2-2-10）

图2-2-10　手运球

【场地器材】五体球场地；五体球、标志桶若干。

【练习要求】运球节奏要有变化。

【拓展建议】学生自己运球、护球的同时，尝试破坏其他人的运球。

### （3）双手胸前投篮练习

【练习目的】通过练习使学生掌握正确的投篮技术动作。

【练习方法】学生排成纵队，一人一球，在篮下多点依次进行投篮练习。

【场地器材】五体球场地；五体球、标志碟若干。

【练习要求】手臂放松，用手腕与手指的力将球拨出去，要求双手力度一致。

【拓展建议】一人多球练习，在篮下多点进行投篮练习。

### （4）射门练习

【练习目的】巩固技术动作，提高射门得分能力。

【练习方法】学生排成纵队，一人一球，放置好球，进行射门练习。

【场地器材】五体球场地；五体球、标志碟若干。

【练习要求】射门方向准，力量大。

【拓展建议】一人多球射门，轮换练习。

## ❷ 组合技能练习

### （1）手运球+投篮练习

【练习目的】正确掌握手运球与投篮动作的衔接技能。

【练习方法】从五体转换区运球到手部区进行自由投篮练习。

【场地器材】五体球场地；五体球、标志碟若干。

【练习要求】降低重心，动作连贯。

【拓展建议】两人一组，一人消极防守，另一人完成练习。

### （2）脚运球+射门练习

【练习目的】正确掌握脚运球与射门的技术动作。

【练习方法】在脚部区自由运球后推进到射门范围内进行射门。

【场地器材】五体球场地；五体球、标志碟若干。

【练习要求】运球脚多触球，射门力量大。

【拓展建议】消极防守下的运球射门练习。

### （3）脚运球—脚手转换—手运球—投篮练习

【练习目的】掌握组合技巧，提高得分能力。

【练习方法】从五体转换区开始脚运球，推进到对侧五体转换区，俯身捡球换成手运球，然后进行投篮。

【场地器材】五体球场地；五体球、标志桶、标志碟若干。

【练习要求】组合流畅，无失误。

【拓展建议】根据五体球课程学生运动能力二级测试要求设置场地路线进行练习。

（4）手运球—手脚转换—脚运球—射门练习

【练习目的】掌握组合技巧，提高得分能力。

【练习方法】从篮下开始手运球，到五体转换区换成脚运球推进，到对侧五体转换区前起脚射门。

【场地器材】五体球场地；五体球、标志桶、标志碟若干。

【练习要求】组合流畅，无失误。

【拓展建议】根据五体球课程学生运动能力二级测试要求设置场地路线进行练习。

 **三　赛**

**（一）教学比赛设计思路**

本单元围绕五体球的单个技能，进行双手胸前投篮比赛和射门比赛，围绕组合技能进行组合技能比赛。通过比赛激发学生对五体球的兴趣，使学生更好地掌握五体球运动技能，提升运动能力。

**（二）教学比赛方法与组织**

**❶ 单个技能比赛**

**（1）计时投篮比赛**

【比赛目的】掌握基本的双手胸前投篮技术动作。

【比赛方法】一人一球，1分钟计时投篮，累计进球多者获胜。

【场地器材】五体球场地；五体球、标志碟若干。

【注意事项】投篮时不可以越过投篮线。

【拓展建议】小组赛、团体赛等。

**（2）计时射门比赛**

【比赛目的】掌握基本的脚部射门技术动作。

【比赛方法】单人1分钟射门比赛和集体1分钟射门团体赛。

【场地器材】五体球场地；五体球、标志桶、标志碟若干。

【注意事项】1分钟比赛内不允许进入五体转换区内进行捡球。

【拓展建议】指定射门点，增加难度。

**❷ 组合技能比赛**

**（1）脚运球—脚手转换—手运球—投篮比赛**

【比赛目的】熟练掌握组合技能，通过比赛进行巩固。

【比赛方法】一人一球，在中圈开始运球，到五体转换区进行俯身捡球，转换到手运球，进入罚球线进行投篮。10人为一小组，比较各小组成功进球数。

【场地器材】五体球场地；五体球、标志碟若干。

【注意事项】前一名学生完成后下一名学生才能开始，控球失误者回到起点。

【拓展建议】手运球—手脚转换—脚运球—射门比赛。

### （2）五体球半场3对3测试赛

【比赛目的】提高技术运用能力和实战能力。

【比赛方法】在五体球场半场内进行，学生三三组队进行比赛。比赛采用五体球比赛规则，时间为6分钟。

【场地器材】五体球场地；五体球、号码衣若干。

【注意事项】赛前充分热身，清楚比赛规则，服从裁判，装备符合安全要求，禁止恶性犯规。

【拓展建议】学生熟悉后可以拓展到全场比赛。

## 四 评

### （一）知识技能学习评价

学生基本掌握常见损伤的简单处理方法；基本掌握所学单个技能和组合技能，并能在实战中加以运用，有能力参加校级联赛，达到五体球课程学生运动能力二级达标要求。

### （二）体能素质锻炼评价

学生的协调性、灵敏性、柔韧性提高，速度素质和身体对抗能力增强。

### （三）情感品格培养评价

学生能积极参加课内外的五体球运动，意志顽强，在游戏和比赛中遵纪守规，抗挫折能力增强，有良好的团队配合意识和团队精神。

# 第三章 | 五体球模块三教学策略

模块三共分为4个单元，建议用72节以上课时完成。本模块以五体球手部区、脚部区和五体转换区的一脚防守、传接球、射门、投篮等基本动作技术、组合动作技术、攻防战术和半场3对3比赛为主要学练内容，注重趣味化情境教学，对组合技能和战术配合的要求有所提高，在教学过程中注重培养学生的学练兴趣，促进学生养成良好的锻炼习惯。

## 第一节 单元一教学策略

教师要根据学生的五体球运动认知与运动基础，结合主要学习内容，在活动设计上以多样化学练为主，激发学生对五体球学练的兴趣。在教学过程中，教师应做到讲解言简意赅、示范动作准确。每节课要依据学、练、赛、评一体化设计思路，注重发展学生体能。在新的动作技术学习阶段，课中练习的比重应大一些。在"学习"环节要帮助学生学对动作技术，学会练习方法；在"练习"和"比赛"的环节教师应根据学生接受程度，采用小组化、结构化、情境化、问题化的学练策略与组织教学思路，使学生能够完整体验五体球运动，激发学生参加五体球运动的内驱力；在"评价"环节应积极开展自我评价、同伴评价、小组评价、教师评价等多样化评价，发挥评价的反思和改进、激励和促进的积极导向作用。

### 🎯 单元目标

❶ **知识技能学习目标** 学生了解五体球半场3对3比赛规则，基本掌握脚背内侧踢球、手挡（接）球、脚背内侧接球、单手投篮的动作方法和要领。

❷ **体能素质锻炼目标** 学生的协调性、灵敏性、柔韧性有所提高，反应、起动快，身体对抗能力增强。

❸ **情感品格培养目标** 学生对五体球运动感兴趣，积极进取，相互尊重，有正确的胜负观和良好的团队精神。

**学**

**❶ 五体球半场3对3比赛规则**

知识要点：在3对3比赛中，全队犯规累计达5次后，该队进入罚球状态。若进攻队员在脚部区或五体转换区内使用脚运控球时防守队员犯规，进攻队执行任意球；若进攻队员在手部区或五体转换区内用手运控球时防守队员犯规，由该进攻队员执行2次罚篮；手部区内的投篮动作犯规判2次罚篮，五体转换区内的投篮动作犯规判3次罚篮，若投球得分，追加1次罚篮。

**❷ 一脚防守技术**

动作要领：在五体球运动中，当对方球员在脚部区或五体转换区朝球门方向进行射门时，防守球员可在手部区距离球门1—2.5米区域进行一脚防守，根据来球方向及角度，球员迅速用脚将五体球挡出或接住，运用一脚防守动作后，在手部区仅允许手部控球。挡球时，球员要以一只脚支撑，另一只脚伸出，击球后保持重心稳定，便于做出防守动作。

**❸ 手挡（接）球技术**

动作要领：在五体球运动中，球速过快的射门不宜采用直接接球技术，应使用挡球技术，手掌张开或握拳将五体球击出。挡球时保持肌肉紧张状态，根据来球方向，使用手部将五体球挡出。接球时眼睛要注视球，肩臂放松，手臂要半屈迎向球，手指自然分开、放松。当手指触球时，手臂立即随球后引缓冲来球力量，将五体球握于胸前，保持身体平衡。（详见图2-3-1）

图2-3-1　手挡（接）球

 **练**

**（一）练习方法设计思路**

练习方法设计原则是由脚背内侧踢固定球练习到助跑脚背内侧踢固定球练习，在练

习的基础上，进行针对性的技术动作纠正和辅导。在分组传接球练习中，应控制场域大小，注意安全；在手挡（接）球技术练习中，应强调安全要求，防止受伤；在运球过障碍物+脚背内侧射门等组合技能练习中，应根据场地大小合理分组，以便提高练习数量和负荷强度。最后将上述技能通过竞赛形式进行运用，在增强趣味性的同时促进技术技能的掌握。

## （二）练习方法与组织

### ❶ 单个技能练习

#### （1）脚背内侧踢固定球练习

【练习目的】体会动作过程，建立动作概念。

【练习方法】两人一组，一人踩住球，另一人相对站立，用脚背内侧重复做轻踢球动作。

【场地器材】五体球场地；五体球、标志碟若干。

【练习要求】脚型正确，击球后中部。

【拓展建议】由原地摆踢过渡到上步踢球。

#### （2）脚背内侧对墙踢球练习

【练习目的】掌握踢球技术，提高踢准能力。

【练习方法】距离墙面5米，用脚背内侧对墙踢球。

【场地器材】五体球场地；五体球、标志碟若干。

【练习要求】动作连贯，发力顺达，踢球部位准确，触球稳，保持平衡。

【拓展建议】逐渐加大人与墙的距离，加大踢球力量。

#### （3）两人抛挡（接）练习

【练习目的】体会动作过程，掌握手挡（接）球技术。

【练习方法】两人一组，一人抛球，另一人用手挡（接），轮换练习。

【场地器材】五体球场地；五体球、标志碟若干。

【练习要求】注意力集中，判断准确。

【拓展建议】多人轮流抛球，一人守门，提高反应要求。

#### （4）两人踢挡（接）练习

【练习目的】巩固挡接技术，提高守门能力。

【练习方法】两人一组，一人在脚部区射门，另一人守门挡接。

【场地器材】五体球场地；五体球、标志桶、标志碟若干。

【练习要求】注意力集中，判断准确。

【拓展建议】三人轮射，一人挡接。

**❷ 组合技能练习**

**（1）两人踢、接球练习**

【练习目的】掌握踢、接球技能。

【练习方法】两人一组，相距6米，进行踢、接球练习。

【场地器材】五体球场地；五体球、标志碟若干。

【练习要求】踢球力度、角度、线路准确，接球稳定。

【拓展建议】从踢地滚球到踢空中球，距离也可逐渐增加。

**（2）运球过障碍物+脚背内侧射门练习**

【练习目的】强化带球射门的组合技能。

【练习方法】设置若干障碍物，运球绕过障碍物后射门。

【场地器材】五体球场地；五体球、标志桶、标志碟若干。

【练习要求】在有消极防守的情况下进行练习。

【拓展建议】增加障碍物数量和距离。

**（3）手挡球+快速抢球练习**

【练习目的】提高挡球后的反应能力。

【练习方法】一人在五体转换区射门，另一人用手挡球后，快速向球运行方向跑动控制球。

【场地器材】五体球场地；五体球、标志碟若干。

【练习要求】挡球后反应快，注意所在的球场区域，使用合理的身体部位控制球。

【拓展建议】安排多名进攻队员连续射门，一人做挡球练习。

**（4）手接球+手抛球发动快攻练习**

【练习目的】提高防守队员发动快攻的意识和能力。

【练习方法】一人射门，另一人接球后快速把球抛到对方半场内预设的标志桶位置。

【场地器材】五体球场地；五体球、标志桶、标志碟若干。

【练习要求】接球要稳，抛球路线和落点要准。

【拓展建议】在积极防守下进行手抛球发动快攻练习。

 **赛**

**（一）教学比赛设计思路**

　　本单元的教学比赛有脚背内侧踢准、脚背内侧定点射门比赛等。要把本单元学习的技战术要领融入模拟对抗演练中，让学生在比赛情景下运用技战术动作，巩固、提升并检验学生的五体球技能和专项运动能力。

## （二）教学比赛方法与组织

**❶ 单个技能比赛**

**（1）脚背内侧踢准比赛**

【比赛目的】提高传球准确性，提高练习趣味性。

【比赛方法】在地上画直径从小到大四个同心圆，分别代表4、3、2、1分，比赛者从15米外进行脚背内侧踢球，球从空中掉入对应的圈内获得相应分数，每人有5次机会，累计得分多者获胜。

【场地器材】五体球场地；五体球、标志碟若干。

【注意事项】不能踢地滚球，必须使用脚背内侧踢球技术。

【拓展建议】增加距离，提高难度。

**（2）脚背内侧定点射门比赛**

【比赛目的】提高脚背内侧射门得分能力。

【比赛方法】比赛者站在指定位置进行射门，累计得分多者获胜。

【场地器材】五体球场地；五体球、标志碟若干。

【注意事项】射门力量大，球速快，方向准。

【拓展建议】逐步过渡到有人把守球门，也可以逐渐拉开射门距离。

**❷ 组合技能比赛**

**（1）运球过障碍物+脚背内侧射门比赛**

【比赛目的】检验运球突破射门的能力，提升进攻意识。

【比赛方法】比赛者运球过障碍物后在对方半场内进行脚背内侧大力射门，用时最少者获胜。

【场地器材】五体球场地；五体球、标志桶、标志碟若干。

【注意事项】充分热身，避免受伤，射门时不能进入手部区。

【拓展建议】由绕过障碍物改为突破防守队员，也可以安排守门员，增加对抗难度。

**（2）守门大战**

【比赛目的】增强快速反应能力，提升一脚防守和挡球技术。

【比赛方法】一人持多球连续射门，另一人守门，计算规定时间内成功防守次数。

【场地器材】五体球场地；五体球、标志碟若干。

【注意事项】充分热身，避免受伤。

【拓展建议】多人进行多点连续射门，防守队员守门。

## 四 评

### （一）知识技能学习评价

学生在游戏和比赛中能初步运用五体球半场3对3比赛规则；合理使用脚背内侧踢球、脚背内侧接球、手挡（接）球和单手投篮的动作技术。

### （二）体能素质锻炼评价

学生的协调性、灵敏性、柔韧性增强，反应、起动和冲刺速度快，身体对抗能力得到提升。

### （三）情感品格培养评价

学生在比赛和学练活动中遵守规则、尊重对手，能正确对待比赛结果，有良好的团队配合精神。

## 第二节 单元二教学策略

本单元主要学习运球急停急起、运球上篮技术及围抢战术等内容；在学法指导上以指导学生学会观察教师示范、模仿体验所学技术动作为主，练习从模拟和分解到完整练习，逐渐增加情境设置难度，帮助学生更好地掌握技战术要领。通过比赛应用环节，巩固提高五体球运动技能，鼓励学生在实战中运用所学技战术，提升五体球课程学生运动能力，达成学习目标。

### 单元目标

❶ **知识技能学习目标** 学生进一步了解五体球半场3对3比赛规则，能够判断同学的犯规动作；基本掌握一脚防守、急停急起运球、运球上篮的动作方法和要领，并能在比赛中运用。

❷ **体能素质锻炼目标** 学生的协调性、灵敏性、柔韧性得到提升，反应、起动和移动速度快，身体对抗能力增强。

❸ **情感品格培养目标** 学生表现出积极进取、坚持到底、遵守规则、自尊自信等体育品德。

 学

**1 五体球半场3对3比赛规则**

知识要点：违例的规定有3秒违例、5秒违例、20秒违例、非法运球、带球走、二次触球、使球出界等违反规则的行为。其判罚则是将球判给对方队员，在球权交换区的半圆内开球。

**2 急停急起运球技术**

动作要领：运球急停急起包括原地运球与移动运球两个技术环节，应控制运球节奏。（详见图2-3-2）

图2-3-2　急停急起运球

**3 围抢战术**

动作要领：围抢战术是指两个以上队员从多方位夹击对方控球队员，把球抢夺回来或破坏掉的一种防守战术配合。应通过眼神或信号召集周围同伴，同时从多个方向进行围抢。

 练

**（一）练习方法设计思路**

练习方法设计思路应按照循序渐进原则，先进行一脚防守、运球急停急起与运球上篮技能练习，再进行组合技能练习，然后进行围抢战术练习，最后将上述技能练习和比赛运用结合起来，以增加趣味性。通过重复练习，促进技能的掌握。

**（二）练习方法与组织**

**1 单个技能练习**

**（1）一脚防守练习**

【练习目的】掌握一脚防守技术动作。

【练习方法】两人一球，一人用手抛球攻门，另一人用一脚防守技术保护球门。

【场地器材】五体球场地；五体球、标志桶、标志碟若干。

【练习要求】尽量一脚接住球或踢向有利于防守方位置。

【拓展建议】手抛球攻门改成在脚部区用脚射门。

### （2）脚运球急停急起连贯练习

【练习目的】熟悉技巧，初步掌握脚部运控球技术。

【练习方法】随机设置3个标志杆，学生进行脚部快速直线运球，遇到标志杆时做急停急起练习。

【场地器材】五体球场地；五体球、标志杆、标志碟若干。

【练习要求】动作连贯，球在可控制范围内。

【拓展建议】标志杆数量增加，提高难度。

### （3）运球上篮连贯练习

【练习目的】掌握运球上篮技能，提高得分能力。

【练习方法】在五体转换区放置一个标志桶作为起点，从起点开始运球到篮下上篮得分。如学生对动作不熟悉，可先从行进间运球上篮分解练习开始。（详见图2-3-3）

图2-3-3　运球上篮连贯练习

【场地器材】五体球场地；五体球、标志桶、标志碟若干。

【练习要求】动作连贯，脚步正确，上篮投进。

【拓展建议】加大运球距离练习。

### （4）围抢练习

【练习目的】强化围抢、协防的能力。

【练习方法】三人一组，一人运球，两人进行围抢。

【场地器材】五体球场地；五体球、标志碟若干。

【练习要求】围抢迅速，反应快，配合默契。

【拓展建议】变化练习形式，围抢成功后转换成运球进攻。

**❷ 组合技能练习**

**（1）行进间手运球听哨音急停急起练习**

【练习目的】提高反应能力和技术运用能力。

【练习方法】一人一球，在手运球过程中听到哨音立即做急停急起动作。

【场地器材】五体球场地；五体球、标志桶、标志碟若干。

【练习要求】反应迅速。

【拓展建议】加快哨音频率。

**（2）运球急停急起+投篮练习**

【练习目的】强化投篮、急停急起的组合技能运用能力。

【练习方法】从五体转换区向篮下运球，到达标志杆处做急停急起动作，立即进行投篮。

【场地器材】五体球场地；五体球、标志杆、标志碟若干。

【练习要求】运球迅速，反应快，动作完成流畅，运投结合流畅。

【拓展建议】设置多个投篮点，运球到各个点急停急起投篮。

**（3）运球急停急起+运球上篮练习**

【练习目的】强化上篮、急停急起的组合技能运用能力。

【练习方法】从五体转换区开始运球急停急起，在罚球线上急停急起运球上篮。

【场地器材】五体球场地；五体球、标志碟若干。

【练习要求】运球迅速，反应快，动作完成流畅。

【拓展建议】在篮下设置多点练习上篮。

**（4）脚运球+俯身捡球+运球上篮练习**

【练习目的】强化运球、捡球、运球上篮的组合技能运用能力。

【练习方法】从中场开始脚运球，在五体转换区俯身捡球后开始运球上篮。

【场地器材】五体球场地；五体球、标志碟若干。

【练习要求】运球迅速，反应快，动作完成流畅。

【拓展建议】用消极防守增加难度进行练习。

## 三 赛

### （一）教学比赛设计思路

比赛能检验学生对所学技能的掌握程度，也可以反馈教与学需改进的方法。教学比赛包括一脚防守、运球急停急起等单个技能比赛和运球折返上篮、守门比稳等组合技能比赛，让学生在比赛中学以致用，不断突破自我，提升自主学习的热情。

### （二）教学比赛方法与组织

**❶ 单个技能比赛**

**（1）一脚防守比赛**

【比赛目的】提高学生一脚防守的能力。

【比赛方法】一人守门，另一人在脚部区连续踢地滚球射门，计算成功防守次数。

【场地器材】五体球场地；五体球、标志桶、标志碟若干。

【注意事项】只能用一脚防守，不能使用双手守门。

【拓展建议】3个人在五体转换区内分散轮流射门，增加防守难度。

**（2）直线运球急停折返比赛**

【比赛目的】提高学生的手部快速运球能力。

【比赛方法】从一侧五体转换区弧顶手部快速运球至对侧弧顶急停折返，计算时间，用时最少省获胜。

【场地器材】五体球场地；五体球、标志桶、标志碟若干。

【注意事项】充分热身，避免受伤。

【拓展建议】从一次折返增加到多次折返。

**❷ 组合技能比赛**

**（1）运球折返上篮比赛**

【比赛目的】检验运球能力，培养进攻意识。

【比赛方法】在五体转换区内（罚球线左右延长线与内转换线的交点外的0.03米处）左右各放置一个标志杆，从左侧标志杆开始运球上篮，若上篮不进，须补篮至进球方可进行下一个动作，拿球后运球到另一侧标志杆，折返后再次上篮，往返一个来回计算时间，用时最少者获胜。

【场地器材】五体球场地；五体球、标志杆、标志碟若干。

【注意事项】充分热身，避免受伤，运球不能违例。

【拓展建议】增加折返次数，增加难度和趣味。

**（2）守门比稳比赛**

【比赛目的】增强防守意识和快速反应能力，提升守门技能。

【比赛方法】一人在脚部区连续射门，另一人一脚防守守门，定时计算成功防守次数。

【场地器材】五体球场地；五体球、标志桶、标志碟若干。

【注意事项】充分热身，避免受伤。

【拓展建议】多人进行轮流射门，防守队员守门。

## 四 评

### （一）知识技能学习评价

学生能够依据五体球半场3对3比赛规则，判断同学的犯规动作；基本掌握一脚防守、急停急起运球、运球上篮的动作方法和要领，并能熟练运用；空间感强，与同伴配合默契。

### （二）体能素质锻炼评价

学生的协调性、灵敏性、柔韧性得到发展，反应、起动和移动速度得到提升，身体对抗能力增强。

### （三）情感品格培养评价

学生在比赛中能够积极进取、坚持到底、遵守规则、公平竞争、自尊自信，有正确的胜负观和团队精神。

## 第三节 单元三教学策略

本单元主要学习脚背外侧运球、换手变向运球、传切配合二过一战术，通过小组练习和比赛，提升脚背外侧直线运球、脚背外侧运球过障碍、行进间换手变向运球等五体球技能；引导学生学会聆听动作要领，学会观察教师示范动作。分组练习时采用自主学练与合作学习相结合的方式，为学生创设不同难度的学练情境。通过组间对抗和即时评价，帮助学生学会反思与寻找差距，发挥教师评价的导向作用与学生评价的激励与反馈作用，助力学生养成主动参与五体球运动的好习惯。

### 🎯 单元目标

❶ **知识技能学习目标** 学生了解五体球常见损伤及防护知识，能预防五体球运动中的常见运动性损伤；正确掌握手运球、脚运球、脚背外侧运球、手脚变换控球以及换手变向运球的动作方法和要领，掌握传切配合战术。

❷ **体能素质锻炼目标** 学生的协调性、灵敏性、柔韧性得到提升，反应、起动和位移速度快，耐力和身体对抗能力增强。

❸ **情感品格培养目标** 学生不怕困难、乐观自信，能享受运动乐趣，正确对待比赛结果，有良好的团队配合精神和集体荣誉感。

学

**❶ 脚背外侧运球技术**

动作要领：运球跑动时身体自然放松，上体稍前倾，两臂屈肘自然摆动，步幅稍小。运球脚提起，膝关节微屈，脚跟提起，脚尖稍内转。在迈步前伸着地前，用脚背外侧推拨球。注意变换运球方向和调整奔跑速度。（详见图2-3-4）

图2-3-4　脚背外侧运球

**❷ 换手变向运球技术**

动作要领：球员在快速行进间运球过程中，当对手堵截运球前进的路线时，突然向左或向右改变运球方向，借以摆脱防守。以右手运球为例，运球队员从防守队员左侧变向突破时，先向其右侧做变向运球假动作，当对手移动堵截运球时，突然用右手拍按球的右侧后上方，使五体球经球员体前向左侧前方反弹。同时左脚迅速随球向左侧前方跨步，上体同时向左扭转，身体重心要降低，侧肩贴近防守者，将五体球压低。当球反弹至腹部高度时，右脚蹬地迅速前迈，左手拍球的后侧上方，超越防守。注意变换方向，把握运球变换时机，加强运球保护，防止对手抢断。

**❸ 传切配合战术**

动作要领：切入队员要根据情况掌握切入时机，果断、快速摆脱对手，切入球篮下，并接住同伴的传球。传球队员要利用瞄篮、突破、运球和假动作吸引、牵制对手，当切入队员摆脱对手处于有利位置时，应及时而准确地将五体球传给切入队员。

 练

**（一）练习方法设计思路**

练习方法设计思路应按照循序渐进原则，先徒手练习后持球练习，先进行模拟脚背外侧运球练习，后进行脚背外侧直线运球练习，然后进行换手变向运球技能练习，最后

进行传切配合战术练习。教师在练习过程中应通过讲解和示范及时纠正学生存在的错误动作，同时，将单个技能练习、组合技能练习和战术练习与教学比赛有机结合，使练习兼具竞争性和趣味性。

（二）练习方法与组织

**① 单个技能练习**

**（1）模拟脚背外侧运球练习**

【练习目的】体验动作过程，初步形成动作概念。

【练习方法】从一侧边线开始，往前跑动中脚背外侧模拟推拨球，到另一侧边线返回。

【场地器材】五体球场地；五体球、标志碟若干。

【练习要求】动作要协调、有节奏。

【拓展建议】跑动中听哨音做推拨球练习。

**（2）脚背外侧直线运球练习**

【练习目的】掌握、巩固技术动作。

【练习方法】从一侧边线开始，往前跑动中脚背外侧推拨球，到另一侧边线返回。

【场地器材】五体球场地；五体球、标志碟若干。

【练习要求】动作协调，球不能离开身体可控制范围。

【拓展建议】要求三步一推拨球。

**（3）原地换手变向运球练习**

【练习目的】掌握换手变向运球技术，提高突破能力。

【练习方法】一人一球，学生在场地散开，间距2米，先从左手拍球开始，听哨音后变换成右手运球，同时上左脚占位，右脚跟进；左右手交替进行。

【场地器材】五体球场地；五体球、标志桶、标志碟若干。

【练习要求】换手时降低重心，抬头。

【拓展建议】两人面对面，一人消极防守，另一人换手变向运球突破。

**（4）行进间换手变向运球练习**

【练习目的】掌握换手变向运球技术，提高突破能力。

【练习方法】学生排成纵队，从排头开始，依次运球到标志杆换手变向突破。（详见图2-3-5）

【场地器材】五体球场地；五体球、标志杆、标志碟若干。

【练习要求】换手时降低重心，抬头，拍球与跑动要协调。

【拓展建议】用消极防守队员代替标志杆进行练习，提高实战感。

图2-3-5 行进间换手变向运球

❷ 组合技能练习

▌（1）运球换手变向突破+投篮练习 ▸

【练习目的】 提高运球突破能力以及组合投篮能力。

【练习方法】 在罚球线中点往篮下1米处放置一个标志杆，一人一球，从五体转换区弧顶运球到标志杆前做换手变向突破，再接投篮练习。

【场地器材】 五体球场地；五体球、标志杆、标志碟若干。

【练习要求】 变向快，运球衔接投篮的动作流畅。

【拓展建议】 用消极防守队员代替标志杆进行练习。

▌（2）运球换手变向突破+上篮练习 ▸

【练习目的】 提高组合技能运用能力。

【练习方法】 在罚球线中点往篮下1米处放置一个标志杆，一人一球，从五体转换区弧顶运球到标志杆前做换手变向突破，再接上篮练习。

【场地器材】 五体球场地；五体球、标志杆、标志碟若干。

【练习要求】 变向快，运球衔接上篮的动作流畅。

【拓展建议】 用消极防守队员代替标志杆进行练习。

▌（3）脚背外侧运球+五体转换区射门练习 ▸

【练习目的】 提高脚运球及射门的能力。

【练习方法】 在五体转换区弧顶中点往外1米处放置一个标志杆，一人一球，从中圈开始脚外侧运球到标志杆前变向射门。

【场地器材】 五体球场地；五体球、标志杆、标志碟若干。

【练习要求】 变向突然，起脚迅速。

【拓展建议】 变化练习形式，变脚绕杆运球。

▌（4）传切配合二过一战术演练 ▸

【练习目的】 传切的配合能力。

【练习方法】两人一组，一人站在手部区标志桶旁边2米处准备接同伴传球，另一人
从五体转换区开始运球，逼近罚球线后的标志桶，传球给同伴，快速
绕过标志桶后接同伴回传球完成上篮。

【场地器材】五体球场地；五体球、标志桶若干。

【练习要求】准确把握时机，配合默契。

【拓展建议】用消极防守队员代替标志桶进行练习。

 赛

### （一）教学比赛设计思路

本单元的教学比赛主要围绕脚背外侧运球、换手变向运球去设计。通过不同形式的
运球、射门或投篮等比赛，让学生在比赛中运用学过的技战术，体验比赛的乐趣。从单
个技能到组合技能比赛，层层递进，从而切实提高五体球课程学生运动能力。

### （二）教学比赛方法与组织

❶ 单个技能比赛

**（1）换手变向运球过杆比赛**

【比赛目的】提高学生的运球变向能力。

【比赛方法】随机设置若干标志杆，学生随机运球，遇标志杆换手变向过杆，中途失误
者淘汰。

【场地器材】五体球场地；五体球、标志杆、标志碟若干。

【注意事项】充分热身，避免受伤。

【拓展建议】增加标志杆的个数，提高难度和增加趣味性。

**（2）脚背外侧运球比赛**

【比赛目的】提高学生的全场运球跑动能力，巩固快速运球能力。

【比赛方法】开始站于出发点，按指定路线快速运球到达终点结束。

【场地器材】五体球场地；五体球、标志桶、标志碟若干。

【注意事项】充分热身，避免受伤。

【拓展建议】增加活动难度，绕障碍物运球。

❷ 组合技能比赛

**（1）运球绕杆+射门比赛**

【比赛目的】检验运球、射门的综合能力，提高实战能力。

【比赛方法】小组成员依次脚背外侧运球绕过预设的5个标志杆，进行射门，中途失
误者退出，计算小组进球个数。

【场地器材】五体球场地；五体球、标志杆、标志碟若干。

【注意事项】规定射门脚法，提高射门难度。

【拓展建议】射门的距离加长，增加难度。

### （2）脚背外侧运球+俯身捡球+换手变向运球+运球上篮比赛

【比赛目的】提升脚运球转换为手运球的变换能力。

【比赛方法】将学生分成若干队，队员依次在后场五体转换区开始脚背外侧运球，到达前场五体转换区后捡起球，在罚球线上的标志杆前变向运球再接运球上篮，由进球数来决胜负。

【场地器材】五体球场地；五体球、标志杆、标志碟若干。

【注意事项】动作衔接流畅，无失误。

【拓展建议】增加消极防守，提高难度和增加趣味性。

## 四 评

### （一）知识技能学习评价

学生基本掌握五体球常见损伤及防护知识，能预防五体球运动中的常见运动性损伤；正确掌握手运球、脚运球、脚背外侧运球及换手变向运球的动作方法和要领，在游戏和比赛中能运用传切配合战术，与同伴配合默契。

### （二）体能素质锻炼评价

学生会3种以上专项体能练习方法，其协调性、灵敏性、柔韧性得到发展，反应、起动和冲刺速度快，耐力增强，有一定的身体对抗能力。

### （三）情感品格培养评价

学生在游戏和比赛活动中不怕困难、乐观自信，能享受运动乐趣，正确对待比赛结果，有良好的团队合作精神，集体荣誉感较强。

## 第四节 单元四教学策略

本单元主要学习五体球运动各区域基础技术与相互合理转换的组合技术。同时安排了巩固提升手运球、脚运球、射门和投篮等单个技能与简单的手运球+行进间上篮和脚运球+射门等同区域组合技术练习。通过强化练习不断提升学生的五体球运动技能，通过组合技能比赛和半场3对3教学比赛，评价学生在技术、战术、体能和心智能力等方面的综合进步情况，有利于学生明确下阶段个人学习应努力的方向，让体育与健康核心素养内化于心、外显于行。

## 单元目标

1. **知识技能学习目标**　学生进一步熟悉所学的单个技能和组合技能，提升临场应变能力，并能够在团队战术配合中加以运用，达到五体球课程学生运动能力三级达标要求。

2. **体能素质锻炼目标**　学生的协调性、灵敏性强，柔韧性得到发展，反应、起动和冲刺速度快，耐力和力量素质增强。

3. **情感品格培养目标**　学生不怕困难、乐观自信，能享受运动乐趣，正确对待比赛结果，有良好的团队合作精神，初步形成锻炼习惯。

## 一　学

**1 模块三组合技能1：手运球—手脚转换—脚运球—脚手转换—手运球—三步上篮**

准备工作：在一边半场的内转换线两侧各放置一个标志桶，标志桶距离边线2米，距离球门线2米，内转换线弧顶中心位置放置一个标志桶；在另一边半场，中线至外转换线放置3个标志桶，标志桶之间的距离为2米。球门侧边1米处放置标志桶，作为起点。

动作要领：起动前，球员手持球，一脚在前，一脚在后，重心在前脚上；起动，球员从起点手运球出发，先绕左标志桶，再绕右标志桶，最后至中间标志桶后，运球至五体转换区转换为脚运球，过障碍物至另一半场五体转换区，转换为手运球，三步上篮，球进筐后停表。球员要注意快速运球，按顺序绕标志桶，手脚合理转换，准确三步上篮。（详见图2-3-6）

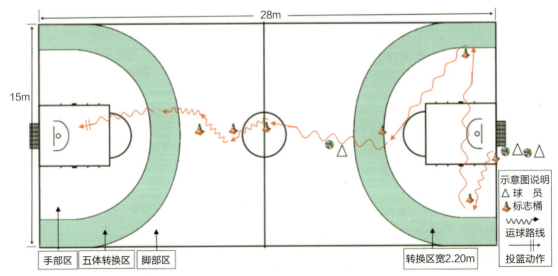

图2-3-6　模块三组合技能1示意图：手运球—手脚转换—脚运球—脚手转换—手运球—三步上篮

**❷ 模块三组合技能2：手运球—手脚转换—脚运球—射门**

准备工作：在一侧半场的手部区与五体转换区放置3个标志桶，标志桶摆成一条直线，第一个标志桶距边线2米，每个桶间距2米。在脚部区放置3个标志桶，呈V形摆放，第一个标志桶距外转换线2米；第二个标志桶放至左边中线，距边线2米；第三个标志桶放置在另一半场，距外转换线2米。五体转换区内设置一个射门点。

动作要领：起动前，球员手持球，一脚在前，一脚在后，重心在前脚上；起动，球员从起点手运球出发，S形绕过标志桶，至五体转换区转换为脚运球，绕过三个标志桶，至射门点射门，球进门后停表。球员要注意快速运球，按顺序绕标志桶，手脚合理转换，快速准确射门。（详见图2-3-7）

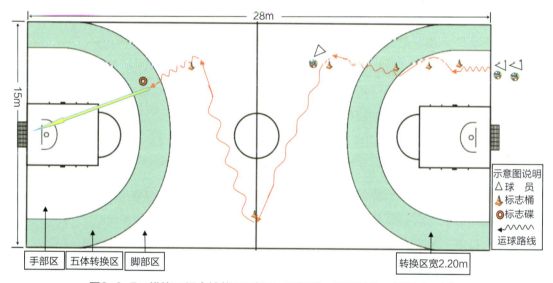

**图2-3-7　模块三组合技能2示意图：手运球—手脚转换—脚运球—射门**

## 二　练

### （一）练习方法设计思路

本单元练习方法应重点针对五体球课程学生运动能力三级达标要求动作进行设计，通过重复练习促进技能巩固。分组练习便于学生间互帮互助，相互借鉴，取长补短，增强团队合作精神。教师应对每个学生进行技术指导，记录完成测试时间。通过模拟练习，让学生加强对动作的理解和掌握。

（二）练习方法与组织

**❶ 单个技能练习**

**（1）手运球急停急起练习**

【练习目的】熟悉手运球急停急起技术，提高控球能力。

【练习方法】一人一球，在场地内自由运球，同时尝试干扰其他人的运球。

【场地器材】五体球场地；五体球、标志桶、标志碟若干。

【练习要求】手运球必须使球在自己身体可控制范围内。

【拓展建议】运球过程中听哨音做换手、变向、急停急起等动作。

**（2）脚背外侧运球练习**

【练习目的】提升脚背外侧运控球能力。

【练习方法】一人一球，在五体球半场内进行脚背外侧运球练习，方向和路线自由，形式多变。

【场地器材】五体球场地；五体球、标志桶、标志碟若干。

【练习要求】降低重心，控制球速。

【拓展建议】运球中听哨音做变向、变速等动作。

**（3）射门练习**

【练习目的】熟悉和提高射门技巧，提高得分能力。

【练习方法】学生排成纵队，一人一球，放置好球，进行射门练习。

【场地器材】五体球场地；五体球、标志碟若干。

【练习要求】射门方向准，力量大。

【拓展建议】一人多球射门，轮换练习。

**❷ 组合技能练习**

**（1）手运球+行进间上篮练习**

【练习目的】提高手运球及上篮的能力。

【练习方法】学生排队按指定路线进行手运球+行进间上篮练习。

【场地器材】五体球场地；五体球、标志杆若干。

【练习要求】手运球要迅速，上篮要稳定。

【拓展建议】由无障碍物变成绕杆上篮。

**（2）脚运球+射门练习**

【练习目的】提高脚运球及射门的能力。

【练习方法】一人一球，按指定路线进行脚运球+射门练习。

【场地器材】五体球场地；五体球、标志杆、标志碟若干。

【练习要求】运球接射门动作要流畅。

【拓展建议】由无障碍物变成绕杆射门。

### （3）手运球—手脚转换—脚运球—脚手转换—手运球—三步上篮练习

【练习目的】提高手运球、脚运球及上篮的综合能力。

【练习方法】从篮下开始手运球，到五体转换区换成脚运球，推进到另一半五休转换区，俯身捡球换成手运球，到罚球线做三步上篮。

【场地器材】五体球场地；五体球、标志碟若干。

【练习要求】组合熟练、流畅，上篮要进。

【拓展建议】根据五体球课程学生运动能力三级测试要求设置场地路线进行练习。

### （4）手运球—手脚转换—脚运球—射门练习

【练习目的】提高手运球、脚运球及射门的综合能力。

【练习方法】从篮下开始手运球，在五体转换区掷球换成脚运球推进，在对方半场脚部区射门。

【场地器材】五体球场地；五体球、标志碟若干。

【练习要求】组合熟练、流畅，射门要进。

【拓展建议】根据五体球课程学生运动能力三级测试要求设置场地路线进行练习。

## 三 赛

### （一）教学比赛设计思路

比赛是激发学生学习兴趣最好的老师，本比赛环节侧重安排定点投篮和定点射门两种得分办法的单个技能比赛，也安排个人组合技能计时赛与半场3对3教学比赛，旨在提升学生单个技能、组合技能水平和比赛中的技战术、体能和心智综合运用能力。

### （二）教学比赛方法与组织

**❶ 单个技能比赛**

### （1）定点投篮比赛

【比赛目的】提高学生的投篮命中率。

【比赛方法】计时进行定点投篮，多进为胜。

【场地器材】五体球场地；五体球、标志碟若干。

【注意事项】充分热身，避免受伤。

【拓展建议】增加投篮距离，增加难度。

### （2）定点射门比赛

【比赛目的】提高射门的命中率。

【比赛方法】在五体转换区内设置8个标志桶，每个标志桶处放置一个球，从第一个标志桶开始，依次射门，计算进球数。

【场地器材】五体球场地；五体球、标志桶、标志碟若干。

【注意事项】射门力量大，速度快。

【拓展建议】安排专人守门，增加难度。

**❷ 组合技能比赛**

**（1）组合技能计时赛：手运球—手脚转换—脚运球—脚手转换—手运球—三步上篮**

【比赛目的】检验组合技能的掌握情况，增强实战能力。

【比赛方法】在一边球门线手运球开始，在一侧五体转换区手掷球转换成脚运球推进，到另一侧五体转换区俯身捡球，再次转换成手运球，然后上篮。计算完成时间。

【场地器材】五体球场地；五体球若干。

【注意事项】按照规定技术串联和完成，投篮不进可以补。

【拓展建议】手运球—手脚转换—脚运球—射门比赛。

**（2）五体球半场3对3比赛**

【比赛目的】提升实战能力。

【比赛方法】根据五体球半场3对3比赛的规则及裁判法，组织学生进行班内比赛。

【场地器材】五体球场地；五体球、号码衣若干。

【注意事项】充分热身，清楚比赛方法，服从裁判，装备符合要求，禁止恶性犯规。

【拓展建议】学生熟悉后可以拓展到全场比赛。

## 四 评

**（一）知识技能学习评价**

学生掌握所学的单个技能和组合技能，有一定的临场应变能力，并能够在团队战术配合中加以运用，达到五体球课程学生运动能力三级达标要求。

**（二）体能素质锻炼评价**

学生能用3种以上专项体能锻炼方法发展体能，其协调性、灵敏性、柔韧性强，反应、起动和移动速度快，耐力素质增强，有较强的身体对抗能力。

**（三）情感品格培养评价**

学生能坚持课内外锻炼，在游戏和比赛中不怕困难、乐观自信，能享受运动乐趣，正确对待比赛结果，有良好的团队合作精神，集体荣誉感较强，初步形成锻炼习惯。

# 第四章│五体球模块四教学策略

模块四共分为4个单元，建议用不少于72课时完成。本模块基于核心素养构建结构化内容体系，在内容安排上体现了符合学生学练与比赛需求的、有一定难度的五体球基本技术、战术，强调将各种新学单个技术在组合技能与全场5对5比赛的实际情境中进行运用，引导学生逐步形成自主学习、合作学习意识，养成良好的锻炼习惯。

## 第一节　单元一教学策略

本单元主要学习五体球全场5对5比赛规则和脚背外侧踢球、脚背外侧接球、运球转身、五体转换区投篮，以及基本技术在回传反切战术中的运用等五体球知识、技战术进阶内容。通过分组合作学练单个技术和组合技术，逐步形成运动技能。采用单个技能、组合技能比赛和5对5教学比赛，使专项运动技能得到运用与巩固，不断提升五体球课程学生运动能力，达成单元学习目标。

### 🎯 单元目标

❶ **知识技能学习目标**　学生了解五体球全场比赛规则；掌握脚背外侧踢、接球与运球转身的动作方法和要领，掌握回传反切战术配合并能熟练运用，有初步的战术执行意识。

❷ **体能素质锻炼目标**　学生的柔韧性、协调性、灵敏性、速度、耐力素质良好，对抗能力得到提高。

❸ **情感品格培养目标**　学生能积极参与课内外的训练和比赛，能吃苦耐劳和正确应对挫折。

一 学

**① 五体球全场5对5比赛规则**

知识要点：常规比赛时间为40分钟。比赛应由四节组成，每节10分钟。一、二节和三、四节之间休息2分钟，二、三节之间休息不超过10分钟。如果在第四节比赛时间结束时比分相等，比赛须通过一个或几个时长为5分钟的加时赛来打破平局。

**② 脚背外侧踢球技术**

动作要领：预摆动作小、出脚快，能利用膝、踝关节的灵活变化改变出球方向和性质。（详见图2-4-1）

图2-4-1　脚背外侧踢球

**③ 脚背外侧接球技术**

动作要领：脚背外侧接球后的动作衔接速度相对较慢。因此，支撑脚与接球脚的蹬摆动作要协调连贯，保证接球后身体重心随球快速跟进，缩短动作衔接时间，加快后续动作速度。（详见图2-4-2）

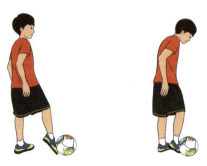

图2-4-2　脚背外侧接球

**④ 胸部接球技术**

动作要领：当球员传出高于胸部的下落球时，接球者要迅速移动，使用挺胸式接球；当球员传出与胸部高度一致的平直球时，接球者要使用收胸式接球。进行挺胸接球时，收下颌，双臂自然张开，身体重心落于两脚之间，膝微屈，胸部接球的刹那，两脚蹬地，胸部稍上挺，同时展腹，上体稍后仰，以胸部触击球后接球到位；进行收胸接球时，手臂自然下垂，使胸部对准来球，触球时迅速收胸收腹以缓冲来球，使五体球落在身体可控制范围内，接球后有跟进动作。

**❺ 五体转换区投篮技术**

动作要领：在五体转换区，主要有原地跳起单手投篮和双手投篮等。球员在进行原地跳起单手投篮时，两手持球于胸前，两脚前后或左右站立，两腿微屈，重心在两脚之间。起跳时两腿迅速屈膝，前脚掌用力蹬地向上起跳，同时迅速举球于头侧上方，用右手托球，手腕后屈，左手扶球。当身体接近最高点时，左手离开球，右臂伸向前上方，前臂即将伸直时，手腕用力前屈，食指、中指拨球，通过指端将五体球投出，手臂向出球方向自然伸直。落地时屈膝缓冲，保持身体重心稳定。注意起跳和举球动作要协调一致，整体动作连贯，一气呵成。其他动作要领根据球员所处状态、出手方式和所在球场区域的不同而相应变化。

**❻ 回传反切战术**

动作要领：两名进攻队员通过两次连续传球配合，越过一名防守队员，进攻队员将球回传给同伴后迅速由传球路线反方向切入球篮下。注意把握时机，判断准确，传球到位，防止抢断。

# 二 练

## （一）练习方法设计思路

本单元练习方法设计思路是先进行固定踢球练习，后进行移动踢球练习。脚背外侧踢、接球与五体转换区投篮技能练习主要通过重复练习法，帮助学生快速掌握动作技能。组合技能练习主要通过同伴合作练习方法进行。在练习过程中教师应讲解与示范相结合，及时纠正学生存在的错误动作。在控制合理运动负荷的同时，增加脚背外侧踢、接球技能和五体转换区投篮技能教学比赛。

## （二）练习方法与组织

**❶ 单个技能练习**

**（1）脚背外侧踢固定球练习**

【练习目的】 掌握正确的击球脚型和踢摆方式。

【练习方法】 一人踩住球，另一人迎面使用脚背外侧踢球的方式进行反复轻触球
　　　　　　练习。

【场地器材】 五体球场地；五体球、标志碟若干。

【练习要求】脚型对、部位准，摆踢协调。

【拓展建议】跑动踢球和踢移动的球。

### （2）脚背外侧对墙踢球练习

【练习目的】提高踢准能力，锻炼心理素质。

【练习方法】离墙面4—6米，进行脚背外侧对墙踢球练习。

【场地器材】五体球场地；五体球、标志碟若干。

【练习要求】脚型正确，摆腿有力，击球后重心随着前移。

【拓展建议】原地踢球变为上步踢球、助跑踢球。

### （3）原地运球转身练习

【练习目的】掌握运球转身技术。

【练习方法】原地运球听哨音后进行左转身练习，重复一定数量后再进行右转身练习。（详见图2-4-3）

图2-4-3　原地运球转身

【场地器材】五体球场地；五体球、标志碟若干。

【练习要求】转身时控制好重心，手掌要柔和地把球包住。

【拓展建议】移动中运球转身。

### （4）五体转换区投篮练习

【练习目的】提高投篮得分能力，增强进攻意识。

【练习方法】在五体转换区设置5个投篮点，在各投篮点进行定点投篮。

【场地器材】五体球场地；五体球、标志碟若干。

【练习要求】投篮动作放松自然，投篮命中率高。

【拓展建议】一人在五体转换区内沿线进行消极防守，另一人进行投篮练习。

❷ 组合技能练习

### （1）两人脚背外侧踢、接球练习

【练习目的】掌握巩固技术动作。

【练习方法】两人一球，间隔6米，一人用脚背外侧踢球给同伴，另一人先接球再踢回。

【场地器材】五体球场地；五体球、标志碟若干。

【练习要求】踢球力度、角度、线路准确，接球方式有利于做回传球。

【拓展建议】间距拉大，从接球再踢过渡到直接对踢。

**（2）脚运球过障碍物+脚背外侧踢球射门练习** ▶

【练习目的】强化运球射门的组合技能。

【练习方法】脚运球绕过预先设置的障碍后，用脚背外侧射门。学生排队轮换练习。

【场地器材】五体球场地；五体球、标志桶、标志碟若干。

【练习要求】动作流畅，射门力量大、球速快。

【拓展建议】在采取消极防守的情况下完成练习。

**（3）手运球转身+五体转换区投篮练习** ▶

【练习目的】提高组合技能的运用能力。

【练习方法】手运球推进到五体转换区预设好的标志杆前做运球转身动作，然后出手投篮。

【场地器材】五体球场地；五体球、标志杆、标志碟若干。

【练习要求】动作连贯，投篮稳，左右转身均可使用。

【拓展建议】安排防守队员代替标志杆进行消极防守。

**（4）回传反切配合战术演练** ▶

【练习目的】掌握回传反切的二过一配合战术。

【练习方法】中圈设置一个标志桶，桶前站一人，另一人站于同侧五体转换区弧顶控球。控球人把球传给同伴，同伴回传给控球人后立即转身绕过标志桶，切入对方半场，再接控球人的回传球。

【场地器材】五体球场地；五体球、标志桶、标志碟若干。

【练习要求】传切时机把握好，配合默契。

【拓展建议】安排防守队员代替标志桶，增加战术练习的真实感。

## 三 赛

### （一）教学比赛设计思路

在比赛环节，依据本单元所学的单个技术先设计了近距离脚背外侧踢准和五体转换区投篮比赛，随后安排了脚背外侧运球+射门比赛、急停急起+运球转身过杆+五体转换区投篮比赛。比赛难度的不断进阶，有利于帮助学生理解单个技术在较为复杂情境中的综合运用常识，培养学生举一反三的思考能力。

## （二）教学比赛方法与组织

**❶ 单个技能比赛**

**（1）脚背外侧踢准比赛**

【比赛目的】 提高学生的踢准能力、比赛适应能力。

【比赛方法】 在墙上画若干个半径不同的同心圆代表不同的分数，学生离墙4—5米用脚背外侧踢球进入圆圈，踢进不同的圆圈获得不同的分数，每人有5次机会，累计积分多者获胜。

【场地器材】 五体球场地；五体球、标志碟若干。

【注意事项】 踢球动作流畅，脚型正确，击球点准确。

【拓展建议】 拉大离墙距离，增加难度。

**（2）五体转换区投篮比赛**

【比赛目的】 提高投篮稳定性和投篮得分能力。

【比赛方法】 在五体转换区设置五个投篮点，一人多球，计时一分钟，分别依次在1—5号投篮点轮流出手投篮，累计进球个数多者获胜。

【场地器材】 五体球场地；五体球、标志碟若干。

【注意事项】 充分热身，避免受伤。

【拓展建议】 安排一名防守队员，贴近投篮者进行干扰。

**❷ 组合技能比赛**

**（1）脚背外侧运球+射门比赛**

【比赛目的】 检验运球、射门的综合能力。

【比赛方法】 从己方五体转换区内开始运球，到对方五体转换区外用脚背外侧射门，计算小组所有成员完成的时间和进球数。

【场地器材】 五体球场地；五体球、标志桶、标志碟若干。

【注意事项】 充分热身，动作流畅，射门准，力量大。

【拓展建议】 预先放置好标志桶，限制路线，加大难度。

**（2）急停急起+运球转身过杆+五体转换区投篮比赛**

【比赛目的】 提升运、接、运、转、投的综合能力。

【比赛方法】 在罚球线中点设置一个标志杆，从罚球区运球到标志杆处急停急起，然后运球转身过杆，进入五体转换区后立即转身出手投篮，每人连续做3次，计算进球个数。

【场地器材】 五体球场地；五体球、标志杆若干。

【注意事项】 运球推进快，转身连贯自然，动作衔接无失误。

【拓展建议】用防守队员代替标志杆进行比赛。

 四 评

### （一）知识技能学习评价

学生理解并运用五体球全场比赛规则进行执裁；掌握脚背外侧踢、接球与运球转身的动作方法和要领，掌握回传反切战术配合并能熟练运用，有初步的战术执行意识，能自行组织课余比赛。

### （二）体能素质锻炼评价

学生的柔韧性、协调性、灵敏性、速度、爆发力和耐力素质得到提升，对抗能力增强。

### （三）情感品格培养评价

学生能积极参与课内外的训练和比赛，能吃苦耐劳和正确面对挫折，既有竞争意识，又具备较强的集体荣誉感。

## 第二节　单元二教学策略

本单元主要学习五体球规则知识和五体球裁判法，以及大腿接球、跳投技术和下底传射战术。通过模仿练习、分组两人合作学练单个技术和组合技术，逐步形成运动技能；采用简单情境的单个技能、组合技能比赛和复杂情境下的5对5教学比赛，使专项运动技能得到运用与巩固，提升五体球课程学生运动能力，达成单元学习目标。

### 单元目标

❶ **知识技能学习目标**　学生了解五体球全场比赛规则，能够担当五体球全场比赛的裁判，正确掌握大腿接球与跳投技术动作要领。

❷ **体能素质锻炼目标**　学生的柔韧性、协调性、灵敏性、速度、力量和耐力素质得到发展。

❸ **情感品格培养目标**　学生能积极参与课内外的训练和比赛，勇敢顽强，抗挫折能力强，有集体主义精神。

## 一 学

**1 五体球裁判法**

知识要点：在每一节比赛中，全队犯规累计达4次后该队进入罚球状态。若进攻队员在脚部区或五体转换区内使用脚运控球时防守队员犯规，由进攻队执行任意球；若进攻队员在手部区或五体转换区内用手运控球时防守队员犯规，由该进攻队员执行2次罚篮；手部区内的投篮动作犯规判2次罚篮，五体转换区内的投篮动作犯规判3次罚篮，若投球得分，追加1次罚篮。

**2 大腿接球技术**

动作要领：当判断五体球下落至大腿附近时，及时将大腿抬起，主动迎接来球，触球后适当缓冲球的冲击力，将五体球控制在自己可以掌握的范围内，以便完成后续动作。大腿接球主要是把球控制在接下来需要的位置，适用于接住有一定弧度的高球。（详见图2-4-4）

图2-4-4　大腿接球

**3 跳投技术**

动作要领：单手肩上投篮，两膝微屈，自下而上发力，跳起至最高点时将五体球投出，动作协调连贯，五体球离手后，身体下落，腿部做缓冲动作着地。注意持球动作正确，跳起至最高点时将五体球投向球篮，动作放松。（详见图2-4-5）

图2-4-5　跳投

**❹ 下底传射战术**

动作要领：下底传射是指边路突破后沿五体转换区下底角的线路推进，在防守者封堵之前采用回传至五体转换区与脚部区的方式来制造得分机会的一种进攻战术。下底传射的时机至关重要，过早或过晚都达不到预期的目的，最佳时机应是：守方队员与攻方队员同时面向五体球球门跑动时；突破面对的防守者且补防的队员尚未封堵住射门路线时；对方防守队员与球门、球篮之间有较大空当，本方队员有可能切入时；本方队员已插上时。

 **练**

**（一）练习方法设计思路**

本单元练习方法的设计思路是通过单个技能的重复练习，帮助学生快速掌握单一技能动作；通过组合技能练习，采用分组练习，促进学生间互帮互助，在提高练习密度的同时，增强学生的合作精神。

**（二）练习方法与组织**

**❶ 单个技能练习**

**▌（1）两人一抛一接练习▶**

【练习目的】提高接球能力，增强实践运用能力。

【练习方法】两人一球，一人抛球，另一人用大腿接球。

【场地器材】五体球场地；五体球、标志桶、标志碟若干。

【练习要求】接球部位正确，接球后把球控制在所需位置上。

【拓展建议】加大抛球力量，增加抛球距离。

**▌（2）模拟跳投练习▶**

【练习目的】体验动作过程和发力过程，建立跳投的正确动作概念。

【练习方法】徒手，听哨音或者指示，进行原地模拟跳投练习。

【场地器材】五体球场地；五体球、标志碟若干。

【练习要求】要求跳投动作协调，跳起至最高点时将球投出。

【拓展建议】从徒手模拟变成两人一组，持球模拟投篮，一人投，另一人接。

**▌（3）定点跳投练习▶**

【练习目的】掌握跳投技术，提高得分能力。

【练习方法】设置若干个投篮点，分别在每个投篮点进行定点跳投练习。

【场地器材】五体球场地；五体球、标志碟若干。

【练习要求】控制重心，动作协调，落地后要做好缓冲。

【拓展建议】在防守队员的干扰下进行定点跳投练习。

**（4）两人互抛胸部接球练习**

【练习目的】熟练掌握胸部接球技术动作。

【练习方法】两人一组，一人抛球，另一人利用胸部位置进行接球练习。（详见图2-4-6）

图2-4-6　两人互抛胸部接球

【场地器材】五体球场地；五体球、标志碟若干。

【练习要求】接球部位正确，将球接在身体可控制范围内。

【拓展建议】加大传球距离进行练习。

**❷ 组合技能练习**

**（1）下底传射练习**

【练习目的】提高下底传射配合的熟练度。

【练习方法】两人一球，一人在脚部区带球沿边线路线下底，再把球回传到五体转换区弧顶一带，另一人在中圈快速跑出接应传球进行射门。

【场地器材】五体球场地；五体球、标志桶、标志碟若干。

【练习要求】传球和接应要到位，射门准，力量大。

【拓展建议】2对2，两人进攻，两人防守，完成以上练习。

**（2）大腿接球+运球过障碍物练习**

【练习目的】提高组合技能的熟练度。

【练习方法】一人抛球，另一人用大腿接球后，运球绕过预先设置好的标志桶。

【场地器材】五体球场地；五体球、标志桶、标志碟若干。

【练习要求】将球接在身体可控制范围内。

【拓展建议】加大来球难度，让接球者适应。

**（3）原地双手接球+跳投练习**

【练习目的】强化接球与跳投技术组合运用能力。

【练习方法】在篮下2米的范围内双手接同伴的传球后进行跳投练习。

【场地器材】 五体球场地；五体球、标志碟若干。

【练习要求】 身体上升到最高点时出手投篮，空中投篮动作稳定。

【拓展建议】 安排消极防守，加大投篮距离。

#### （4）手运球转身+跳投组合练习

【练习目的】 提高组合技能的运用能力。

【练习方法】 手运球前进到标志杆后转身，立即进行跳投。

【场地器材】 五体球场地；五体球、标志杆若干。

【练习要求】 动作连贯，跳投稳定。

【拓展建议】 安排干扰队员，增加难度。

 **三 赛**

### （一）教学比赛设计思路

在比赛环节中，创设了由简单到较为复杂的测试难度与情境内容，设置了单个技能的大腿接球比赛、计时定点跳投比赛，安排了五体球技能进阶组合技能比赛。也可以安排五体球全场教学比赛，让比赛在每一节课中得到体现，让学生所学的单个技能和组合技能在比赛中得到运用。

### （二）教学比赛方法与组织

**1 单个技能比赛**

#### （1）大腿接球比赛

【比赛目的】 提高学生的大腿接球能力。

【比赛方法】 学生分组，每组围成一圈，使用脚颠球、大腿接球的组合技能，在保证球不落地的前提下，每人都用大腿接球两次，用时最短、不失误的队伍获胜。

【场地器材】 五体球场地；五体球、标志碟若干。

【注意事项】 充分热身，避免受伤。

【拓展建议】 变化活动形式，由每人颠球1次变成2次。

#### （2）计时定点跳投比赛

【比赛目的】 提高跳投技术，锻炼学生的弹跳能力。

【比赛方法】 设置定点投篮路线和距离，学生分组，依次进行5次定点跳投，每次每人在每个点必须投进方可到下一个点，5个点全部投进后轮到下一个同学，直至本小组全部同学五个点全部投进比赛结束，总用时最少的队伍获胜。

【场地器材】五体球场地；五体球、标志碟若干。

【注意事项】充分热身，避免受伤。

【拓展建议】变化活动形式，由同伴传球的定点跳投变成自投自抢篮板球的定点跳投。

❷ 组合技能比赛

**（1）大腿接球+运球过障碍物+射门比赛**

【比赛目的】检验腿部接球、脚运球及射门的综合能力，提升个人进攻能力。

【比赛方法】分组，依次从后场五体转换区用大腿接同伴手抛的下落球，接着脚运球绕过3个标志桶，到达前场的五体转换区弧顶后进行射门。若射门不进，可补射至球进方可轮到下一个同学，用时最少的队伍获胜。

【场地器材】五体球场地；五体球、标志桶、标志碟若干。

【注意事项】充分热身，避免受伤，组织有序，安排学生当裁判。

【拓展建议】变化射门难度，射门位置由弧顶变成两侧45°，增加射门的难度。

**（2）脚运球+俯身捡球+运球急停急起+跳投比赛**

【比赛目的】检验运、捡、急停急起、跳投的综合能力。

【比赛方法】分组，从后场五体转换区开始脚运球，到前场五体转换区后脚踩球的顶部停球并将球捡起，然后做两次急停急起的手运球，到达最后一个标志桶后定点跳投。

【场地器材】五体球场地；五体球、标志桶若干。

【注意事项】充分热身，避免受伤，组织有序，安排学生当裁判。

【拓展建议】设置不同距离的投篮点。

# 四 评

## （一）知识技能学习评价

学生能理解五体球全场比赛规则，并能执裁班内五体球全场比赛；正确掌握大腿接球与跳投技能方法和要领，能与同伴配合完成"下底传中"的配合，预判能力和空间感较强，能理解简单的局部战术。

## （二）体能素质锻炼评价

学生会4种以上的体能锻炼方法，其柔韧性、协调性、灵敏性、速度、爆发力和耐力素质得到提升，有一定的对抗能力。

## （三）情感品格培养评价

学生能积极参与课内外的训练和比赛，勇敢顽强、积极进取，能正确面对胜负，抗挫折能力强，既有竞争意识，又具备较强的集体荣誉感。

## 第三节　单元三教学策略

本单元主要学习内容包括五体球小型比赛组织常识、挑球、头球、篮板球技术及挑投配合战术。通过教师讲解示范与集体练习、分组学练相结合，以及个人自主学练与组内比赛相结合，助力学生掌握所学单个技术和组合技术，逐步形成运动技能；采用简单情境的单个技能、组合技能比赛和复杂情境下的5对5教学比赛，使专项运动技能得到运用与巩固，帮助学生完整体验五体球运动，达成单元学习目标。

### 🎯 单元目标

❶ **知识技能学习目标**　学生了解五体球小型比赛组织方法；基本掌握挑球、头球与篮板球的动作方法和要领；掌握局部的战术应用策略。

❷ **体能素质锻炼目标**　学生的柔韧性、协调性、灵敏性、速度、爆发力和耐力素质得到发展。

❸ **情感品格培养目标**　学生能积极参与课内外的训练和比赛，遵纪守规、自信专注，抗挫折能力强，具备正确的胜负观。

### 一　学

❶ **小型比赛组织（包括年级间、校际的各类五体球比赛）**

知识要点：竞赛组织工作是有目的地组织、指挥、控制和调节竞赛工作的过程，一般分为竞赛前的准备工作、建立竞赛组织机构、确定组织方案和执行竞赛组织方案等主要阶段。

❷ **五体球竞赛方法（淘汰法和循环法）**

知识要点：

（1）单淘汰的编排法：先根据报名参加的队数来确定比赛的场数、轮数和号码位置数，然后由参赛队抽签，确定参赛队在比赛中的号码位置，再按顺序将号码两两相连，列出单淘汰的轮次表。

（2）循环的编排法：使参加比赛的队在整个竞赛中或在同一组的竞赛中，都能够有机会相遇比赛，最后根据各队在比赛中的胜负场数，按一定的计分规定排列名次。

❸ **挑球技术**

动作要领：挑球是用脚尖上跷或用脚背上撩的动作，使五体球向上改变方向，从对

手的身侧或头上越过。一般用在对手过来争抢空中球，或对手正面冲过来抢反弹球或是跳动的五体球时。注意判断来球方向，控制用力程度，把握出球方向和角度。（详见图2-4-7）

图2-4-7 挑球

❹ 头球技术

动作要领：头球是指运动员有目的地用头将五体球击向预定目标的动作。实践证明，头球的击球位置高，是争取时间和空间的主要技术手段。（详见图2-4-8）

图2-4-8 头球

❺ 篮板球技术

动作要领：准确判断投篮后五体球的反弹方向，迅速抢占有利位置，及时跳起争抢篮板球。

❻ 挑投配合战术

动作要领：挑投是指通过脚法将五体球挑起传递至同伴的手中，以实现脚手转换动作。应将五体球控制在脚前合适位置，判断同伴的位置和距离，用脚尖靠近五体球底部，用力提起脚尖将五体球挑出。挑投配合战术中，控球队员做挑球动作，将五体球传给队友进行投篮，应结合力度并判断五体球的路线，将五体球准确地传给队友，从而完成投篮的技战术配合。

## 二 练

### （一）练习方法设计思路

本单元练习方法的设计思路是先进行挑球技能练习，然后分组进行强化技能练习，最后进行篮板球卡位战术练习。挑球练习安排两人一组交换进行，利用竞赛形式挑选学生进行示范与技能评比。篮板球卡位战术练习可以合理分组进行，教师进行技术指导，纠正学生存在的错误，通过正确讲解和示范加以引导。

### （二）练习方法与组织

**1 单个技能练习**

**（1）挑球过头练习**

【练习目的】提高挑球能力。

【练习方法】两人一组，一人挑一人防，将球挑高越过防守队员头顶。

【场地器材】五体球场地；五体球、标志碟若干。

【练习要求】脚型正确，动作协调，球飞行高度高于头顶。

【拓展建议】增加难度，用非惯用脚进行练习。

**（2）两人一抛一顶头球练习**

【练习目的】掌握头球的动作技巧。

【练习方法】两人一组，原地一抛一顶头球练习。（详见图2-4-9）

图2-4-9 两人一抛一顶头球

【场地器材】五体球场地；五体球、标志碟若干。

【练习要求】抛球高度适当，头顶球前有预判选位。

【拓展建议】原地头顶球变成跳起顶球或转身顶球。

**（3）篮板球卡位战术演练**

【练习目的】掌握正确的卡位战术。

【练习方法】两人一组，卡位的学生通过上步、撤步和转身等把进攻队员挡在身后。（详见图2-4-10）

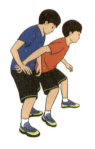

图2-4-10　篮板球卡位战术

【场地器材】五体球场地；五体球、标志碟若干。

【练习要求】卡位时控制好重心及身体姿势，保持最有利的起跳姿势。

【拓展建议】多人卡位战术练习。

❷ 组合技能练习

▎（1）抢篮板球+传球练习▗

【练习目的】提高抢篮板球的能力。

【练习方法】三人一组，一人在罚球线投篮，另两人站于篮下，进行一对一抢篮板球练习。

【场地器材】五体球场地；五体球、标志碟若干。

【练习要求】提前预判卡位，合理利用身体，不能犯规。

【拓展建议】两人站在罚球线后区域进行冲抢篮板练习。

▎（2）头球对传练习▗

【练习目的】强化头顶球的技术。

【练习方法】两人一组，间隔2—3米，用头来回把球进行对传。

【场地器材】五体球场地；五体球、标志碟若干。

【练习要求】蹬地、摆动协调，顶球时颈部保持适度紧张，不能闭眼。

【拓展建议】逐渐拉开练习距离。

▎（3）头球射门练习▗

【练习目的】提高头球的顶远、顶准能力。

【练习方法】两人一组，一人站在边线处抛球，另一人站在五体转换区用头顶球射门。

【场地器材】五体球场地；五体球、标志桶、标志碟若干。

【练习要求】 找准时机，触球部位准，顶球力量大。

【拓展建议】 手抛球改为脚传球，提高难度。

### （4）挑投配合战术演练

【练习目的】 促进学生掌握挑接投的五体球组合技能。

【练习方法】 两人一组，一人站在脚部区挑传，另一人在五体转换区接球后立即
投篮。

【场地器材】 五体球场地；五体球、标志碟若干。

【练习要求】 脚挑球时要快、要准，配合默契。

【拓展建议】 在挑投配合的两人中间安排防守队员做干扰动作。

## 三 赛

### （一）教学比赛设计思路

通过比赛环节方能使所学知识、技能得到综合应用，每节课都应安排比赛内容。可
以是单个技能比赛，也可以是组合技能比拼，还可以是结合所学内容的半场3对3比赛或
全场5对5比赛。本环节的比赛可以提高学生的挑球、跳投、头球射门能力和抢篮板球战
术意识，提升学生的竞赛能力与团队配合意识，帮助学生增强技能的实践运用能力，不
断积累比赛经验，树立良好的比赛胜负观。

### （二）教学比赛方法与组织

#### ❶ 单个技能比赛

#### （1）挑球比赛

【比赛目的】 提高学生的挑球能力，加强对挑球力度和线路的控制。

【比赛方法】 在地面上画一个半径为50厘米的圆圈，学生站在距离圆圈3米处进行挑
球。可以进行小组集体比赛，也可以进行个人积分赛。比较相同时间
内挑球进圈的个数。

【场地器材】 五体球场地；五体球、标志碟若干。

【注意事项】 第一落点有效，反弹无效。

【拓展建议】 逐步增加挑球的距离，提高难度。

#### （2）围圈头顶球比赛

【比赛目的】 提高头球技术，提升球性和球感，增强头部对球的控制能力。

【比赛方法】 学生6人一组，围成半径为3米的小圈。比赛开始后，小组一人抛球开
始，其他成员根据球的落点，依次把球用头顶出，比一比哪个小组的
球最后落地。

【场地器材】五体球场地；五体球、标志碟若干。

【注意事项】只能采用头顶球方式完成。

【拓展建议】安排一人在圈中抢球，被抢者轮流到圈中抢球。

**❷ 组合技能比赛**

**（1）五体球半场3对3比赛**

【比赛目的】提高学生的实战能力。

【比赛方法】根据五体球半场3对3比赛规则，分队进行6分钟比赛，得分最高的球队获胜。

【场地器材】五体球场地；五体球、标志碟、号码衣若干。

【注意事项】充分热身，避免受伤，穿戴符合安全标准，服从裁判。

【拓展建议】不计时，获胜队留在场上，输球队下场轮换。

**（2）五体球全场5对5比赛**

【比赛目的】提高学生的全场比赛能力。

【比赛方法】根据五体球全场竞赛规则，分队进行8分钟比赛，得分最高的球队获胜。

【场地器材】五体球场地；五体球、标志碟、号码衣若干。

【注意事项】充分热身，避免受伤，穿戴符合安全标准，服从裁判。

【拓展建议】不计时，获胜队留在场上，输球队下场轮换。

## 四 评

**（一）知识技能学习评价**

学生清楚五体球班级比赛组织方法，能组织小型比赛；掌握挑球、头球与篮板球的动作方法和要领；预判能力和空间感较强，在比赛中能初步执行简单的局部战术。

**（二）体能素质锻炼评价**

学生会4种以上体能锻炼方法，其柔韧性、协调性、灵敏性、速度、耐力素质得到提升，对抗能力得到发展。

**（三）情感品格培养评价**

学生能积极参与课内外的训练和比赛，自信专注、诚信自律，有责任意识和正确的胜负观。

## 第四节　单元四教学策略

　　本单元主要学习常见损伤的简单处理方法、较复杂的各个区域融合的五体球组合技能和掩护战术。通过强化单个技能和分区域的简单组合技能，为高质量完成较复杂的学习内容奠定基础。通过每节课的比赛环节，帮助学生理解单个技能是组合技能的基础，熟练的组合技能又是五体球比赛的支撑。

### 单元目标

❶ **知识技能学习目标**　学生进一步了解五体球全场比赛规则，熟悉五体球常见损伤的处理方法；掌握并能熟练运用五体球组合技能，能理解局部战术，完成掩护战术，达到五体球课程学生运动能力四级达标要求。

❷ **体能素质锻炼目标**　学生掌握体能锻炼方法，五体球运动所需素质得到发展。

❸ **情感品格培养目标**　学生能积极参与课内外的训练和比赛，积极进取、遵守规则、尊重裁判、公平竞争、文明礼貌，有团队精神和正确的胜负观。

一 学

❶ **五体球常见运动损伤的简单处理方法**

　　知识要点：在五体球课程和教学比赛中，学生应学会五体球常见的擦伤、挫伤、关节扭伤和骨折等运动损伤的简单处理方法，当出现运动损伤时应采取正确方法进行处置。

❷ **模块四组合技能：手运球—手脚转换—脚运球—脚手转换—运球跳投—篮板球—手运球—手脚转换—脚运球—射门（10米）**

　　准备工作：按照场地布置尺寸说明，准备8个标志桶、2个标志碟，布置组合技能练习场地。

　　动作要领：起动前，球员手持球，一脚在前，一脚在后，重心在前脚上；起动，球员从①号标志桶外侧用手运球前进，依次绕过②号、③号、④号标志桶，进入五体转换区做手脚转换；再用脚运球依次从⑤号、⑥号、⑦号标志桶间做S形运球绕桶后，接着运球进入五体转换区俯身捡球，用手运球做急停跳投，抓到篮板球后，用手运球到⑧号标志桶处做手脚转换运球；再用脚运球至10米射门点起脚射门。球员要注意快速手、脚运球，手脚合理转换，准确投篮进球，迅速踢球进门。（详见图2-4-11）

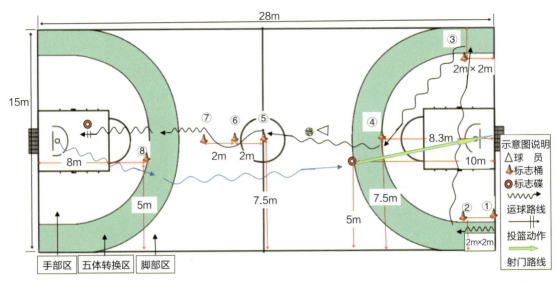

图2-4-11 模块四组合技能示意图：手运球—手脚转换—脚运球—脚手转换—运球跳投—篮板球—
手运球—手脚转换—脚运球—射门（10米）

**❸ 掩护配合战术**

动作要领：在五体球运动中，球员可以自身身体挡住同伴球员的防守者的移动路
线，使同伴借以摆脱防守；反之，球员也可以利用同伴身体和位置使球员自身摆脱防守。

 练

**（一）练习方法设计思路**

本单元练习方法的设计思路是重点进行五体球课程学生运动能力四级动作的练习，分
组进行手运球—手脚转换—脚运球—脚手转换—运球跳投练习，然后进行篮板—手运球—
手脚转换—脚运球—射门练习。在上述练习过程中教师应给予学生技术指导并帮助学生计
时，以便学生能够及时改进技术，提高技能水平。最后分组进行掩护配合战术练习，提高
学生的实战能力。

**（二）练习方法与组织**

**❶ 单个技能练习**

**（1）跳投练习**

【练习目的】强化跳投技术，提高命中率。

【练习方法】在五体转换区内各个位置进行跳投练习。

【场地器材】五体球场地；五体球、标志碟若干。

【练习要求】原地起跳的高度要够，空中保持正确手型，在最高点出手。

【拓展建议】在消极防守下进行练习。

**（2）抢篮板球练习**

【练习目的】加强抢篮板球的技术。

【练习方法】三人一组，一人投篮，另外两人在篮下做抢篮板球练习；三人轮换。

【场地器材】五体球场地；五体球、标志碟若干。

【练习要求】预判及时，卡位准确。

【拓展建议】由原地起跳变成冲抢、单手抢球。

**（3）射门练习**

【练习目的】强化射门的技术动作，提高命中率。

【练习方法】在五体转换区设计10个定点位置，依次进行定位球射门练习。

【场地器材】五体球场地；五体球、标志碟若干。

【练习要求】射门动作协调，摆腿有力，射门准。

【拓展建议】变换成运球射门，提前设置障碍。

**（4）掩护战术演练**

【练习目的】掌握掩护技巧，增强掩护战术的运用能力。

【练习方法】手部区安排一名防守队员、两名进攻队员，进攻的无球队员跑向防守者的一侧做掩护动作，运球的同伴看准时机运球切入。

【场地器材】五体球场地；五体球、标志碟若干。

【练习要求】时机要正确，动作要合理，不能造成犯规。

【拓展建议】由侧掩护变成前掩护和后掩护。

**❷ 组合技能练习**

**（1）手运球+跳投练习**

【练习目的】强化手运球的技术，提高命中率。

【练习方法】预设好若干个投篮点，在五体转换区开始用手运球，到达投篮点后进行跳投。

【场地器材】五体球场地；五体球、标志碟若干。

【练习要求】动作流畅，运球熟练，跳投命中率高。

【拓展建议】增加难度，安排防守队员。

**（2）脚运球+射门练习**

【练习目的】强化脚运球的技术，提高射门的命中率。

【练习方法】在后场五体转换区用脚背正面运球，到达前场的射门点后进行射门练习。

【场地器材】五体球场地；五体球、标志桶、标志碟若干。

【练习要求】动作流畅，运球熟练。

【拓展建议】增加难度，安排防守队员。

**（3）手运球—手脚转换—脚运球—脚手转换—运球跳投—篮板球—手运球—手脚转换—脚运球—射门（10米）**

【练习目的】全面加强运、投、抢、射的综合能力，提高实战能力。

【练习方法】从球门线开始，经过手运球、手脚转换、脚运球、脚手转换、手运球，衔接跳投、自抢篮板球，返回时用手运球转成脚运球推进，回到起点半场脚部区进行射门。

【场地器材】五体球场地；五体球、标志桶、标志碟若干。

【练习要求】组合动作连贯流畅，运球速度快，投篮、射门准。

【拓展建议】根据五体球课程学生运动能力四级测试要求设置场地路线进行练习。

## 三 赛

### （一）教学比赛设计思路

每节课都应安排比赛环节，通过比赛查漏补缺，提高学生的五体球技战术能力。本单元的比赛安排了强化跳投能力的定时跳投计数赛、脚运球绕杆比赛和体现运动能力四级水平的组合技能计时赛，以及考查学生综合技术、战术、体能和心智水平的五体球全场5对5测试赛。当然，教师还可以选择安排用于提高五体球运动技能的其他内容，提升学生的实战运用能力，促进运动习惯的形成。

### （二）教学比赛方法与组织

**❶ 单个技能比赛**

**（1）定时跳投计数赛**

【比赛目的】提高学生的跳投能力。

【比赛方法】在罚球线后进行跳投，自投自抢，计时1分钟，进球最多者获胜。

【场地器材】五体球场地；五体球若干。

【注意事项】出手快、准、稳。

【拓展建议】增加投篮点。

**（2）运球绕杆比赛**

【比赛目的】提高脚运球能力。

【比赛方法】设计一定的行进路线，比赛者按路线完成绕杆，用时最少者获胜。

【场地器材】五体球场地；五体球、标志杆、标志碟若干。

【注意事项】动作流畅，运球速度快，减少失误。

【拓展建议】通过改变标志杆的位置来提高难度。

❷ 组合技能比赛

**（1）组合技能计时赛：手运球—手脚转换—脚运球—脚手转换—运球跳投—篮板球—手运球—手脚转换—脚运球—射门（10米）** ▶

【比赛目的】检验学生的五体球组合技能掌握情况。

【比赛方法】一人一球，按模块四组合技能的路线和要求进行组合技能计时赛，完成时间最少者获胜。

【场地器材】五体球场地；五体球、标志桶、标志碟若干。

【注意事项】技术衔接流畅，速度快，减少失误。

【拓展建议】举行小组赛、团体赛等，提高集体荣誉感。

**（2）五体球全场5对5测试赛** ▶

【比赛目的】提高学生的全场比赛能力。

【比赛方法】根据五体球全场竞赛规则，分队比赛8分钟，得分最高的球队获胜。

【场地器材】五体球场地；五体球、号码衣若干。

【注意事项】充分热身，避免受伤，穿戴符合安全标准，严禁恶意犯规。

【拓展建议】不计时，进行轮换比赛，输的队下场。

## 四 评

### （一）知识技能学习评价

学生能运用五体球全场比赛规则执裁，能够正确处理五体球常见运动损伤；掌握并能熟练运用五体球组合技能，初步有局部战术运用能力，能完成掩护战术，达到五体球课程学生运动能力四级达标要求。

### （二）体能素质锻炼评价

学生掌握4种以上体能锻炼方法，其柔韧性、协调性、灵敏性、速度、爆发力和耐力素质得到提高。

### （三）情感品格培养评价

学生能积极参与课内外的训练和比赛，并能展现出积极进取、坚持到底、团结合作、遵守规则、尊重裁判、公平竞争、文明礼貌和正确的胜负观等体育品德。

# 第五章｜五体球模块五教学策略

模块五共分为4个单元，建议用不少于72课时完成。在单元内容安排上体现了符合学生学练与比赛需求的、有一定难度的五体球基本技术、战术。通过多样化练习内容，帮助学生掌握单元规定知识、技能。要注重将各种新学的单个技术在组合技能与游戏比赛、完整比赛中得到运用，引导学生在比赛情境和竞争环境中，运用所学技战术知识和技能，逐步形成自主学习、合作学习意识，养成良好的锻炼习惯。

## 第一节　单元一教学策略

本单元主要学习五体球竞赛规则、踢反弹球、接反弹球、背后运球及相应的战术配合。通过单个技能与组合技能练习及相关的教学比赛，进一步让学生了解并熟悉五体球规则，在比赛对抗中掌握技能，提高团队配合意识，提升身体素质和心智能力。

### 单元目标

❶ **知识技能学习目标**　学生基本掌握踢、接反弹球与背后运球的动作方法和要领，能够与同伴进行战术配合演练，能合理运用比赛规则。

❷ **体能素质锻炼目标**　学生的灵敏性、协调性、速度、力量、耐力等身体素质得到发展，高强度对抗能力增强。

❸ **情感品格培养目标**　学生能积极参与课内外的训练和比赛，保持参与五体球运动的热情，能吃苦耐劳和正确面对挫折，敢于创造，积极乐观，集体观念强。

## 一　学

### ❶ 五体球竞赛规则

知识要点：学习五体球竞赛规则应用常识，学会在规则允许的范围内，合理进行任意球的快发球、脚手传接球，以及战术配合等内容。建议将规则内容贯穿在游戏比赛或者战术演练中。

**❷ 踢反弹球技术**

动作要领：助跑选位，支撑脚落地，脚尖指向出球方向。踢球脚大腿摆动幅度较小，小腿加速摆动，击球时脚尖稍翘起，人球位置关系与踢定位球相同，且球刚落地未弹起时，脚内侧稍微下压，充分击球后中部，使五体球滚出。击球后重心随着前移，快速衔接下一个动作。注意看准球的着地点，判断弹起适当高度，踢球瞬间以爆发式用力击球的中部。（详见图2-5-1）

图2-5-1　踢反弹球

**❸ 接反弹球技术**

动作要领：根据来球选位，两腿自然开立。支撑脚在五体球落点侧后方，脚尖正对来球，接球脚前脚掌正对来球，五体球落地瞬间触球前中上部。将五体球接在脚下可控距离内，准备衔接下一个动作。注意观察五体球运行路线，支撑脚及时到位，判断五体球反弹高度，接球缓冲。（详见图2-5-2）

图2-5-2　接反弹球

**❹ 背后运球技术**

动作要领：身体呈基本运球姿势，两脚平行站立，重心位于两脚之间，背部挺直，

上体前倾，两臂张开，位于身体侧后方。运球时重心降低，运球高度在腰部以下，用眼睛的余光看五体球，防止五体球砸到脚上，在身体的后方横向运球，五体球击地落点在身体后方、臀部投影点附近。两手交替主动迎送来球，五指包住来球，控制五体球的方向与落点。注意按压球部位准确，观察周边情况，以身体作为保护屏障。（详见图2-5-3）

图2-5-3　背后运球

⑤ 策应配合战术

动作要领：策应队员策应前要注意及时抢占有利位置。在策应过程中，要用转身、跨步及时调整策应的方向和位置，以便协助同伴摆脱防守，增加策应的变化与威胁。传球队员要根据策应者的位置和机会，及时传球给策应队员，争取做到人到球到，传球后要及时摆脱防守，准备接球。

 练

（一）练习方法设计思路

本单元练习方法的思路是先进行个人踢、接反弹球技能练习和背后运球技能练习，然后进行分组练习，教师应适时通过讲解和示范，纠正学生的错误动作。最后进行分组策应配合战术练习。练习过程中，教师要注意合理安排各个技能和战术的练习时间与运动负荷。

（二）练习方法与组织

❶ 单个技能练习

（1）对墙踢、接球练习

【练习目的】使学生掌握踢、接球的基本动作要领。

【练习方法】一人一球，对墙踢、接反弹球。

【场地器材】五体球场地；踢球墙，五体球、标志碟若干。

【练习要求】踢、接球时机正确，部位准。

【拓展建议】拉长距离，加大力量，增加难度。

**（2）自抛自踢、接反弹球练习**

【练习目的】 熟练和巩固技术动作。

【练习方法】 一人一球，自抛自踢、接反弹球。

【场地器材】 五体球场地；五体球、标志碟若干。

【练习要求】 踢、接球部位要准确。

【拓展建议】 两人一组进行踢、接反弹球练习。

**（3）背后运球练习**

【练习目的】 体验动作，提升球感，初步掌握技术。

【练习方法】 先体验无球动作，然后结合球进行练习，右手拍球若干次后换到左手。

【场地器材】 五体球场地；五体球、标志桶、标志碟若干。

【练习要求】 眼睛观察前方，控制好手触球部位、用力大小。

【拓展建议】 两人一组，一人假抢干扰，另一人练习背后运球。

**（4）连贯背后运球练习**

【练习目的】 在五体球比赛中能熟练运用此项技能。

【练习方法】 一人一球，原地练习背后运球连贯动作。

【场地器材】 五体球场地；五体球、标志桶、标志碟若干。

【练习要求】 背后运球的技术动作要准确。

【拓展建议】 行进间背后运球练习、过障碍物练习。

**❷ 组合技能练习**

**（1）小碎步+踢下坠球+踢、接练习**

【练习目的】 熟悉技术动作。

【练习方法】 先练习若干次踢、接反弹球，再练习若干次踢下坠球后对墙踢反弹球。

【场地器材】 五体球场地；五体球、标志碟若干。

【练习要求】 观察落点，脚部的多部位都要使用。

【拓展建议】 自抛高球，当下坠球从地面反弹起来时，立即进行踢球射门。

**（2）背后运球+上篮练习**

【练习目的】 熟悉组合技能，提高进攻能力。

【练习方法】 在罚球线上放置一个标志桶，从五体转换区运球到标志桶处做背后运球上篮动作。

【场地器材】 五体球场地；五体球、标志桶、标志碟若干。

【练习要求】 运球动作放松、连贯，要迅速上篮。

【拓展建议】 用防守队员代替标志桶，加大练习难度。

**（3）背后运球过障碍物+投篮练习**

【练习目的】熟悉组合技能，提高进攻能力。

【练习方法】在罚球线上放置一个标志桶，从五体转换区运球到标志桶处做背后运球跳投动作。

【场地器材】五体球场地；五体球、标志桶、标志碟若干。

【练习要求】快慢结合，要迅速变化节奏。

【拓展建议】用防守队员代替标志桶，加大练习难度。

**（4）策应配合战术演练**

【练习目的】提高配合能力，丰富战术手段。

【练习方法】三人一球，一人持球进攻，一人防守持球人，另一人完成策应配合。

【场地器材】五体球场地；五体球、标志碟若干。

【练习要求】传球的时机要把握好。

【拓展建议】在3对3实战中进行策应配合战术练习。

##  赛

### （一）教学比赛设计思路

本环节安排了踢、接反弹球和定时背后运球的单个技能比赛，以及背后运球过障碍物+投篮与俯身捡球+自抛自接反弹球计时的组合技能比赛。当然也可以安排体能挑战赛、半场2对2、3对3、4对4等形式的比赛，通过比赛使学生所学的知识、技能得到巩固，提升五体球技战术水平，培育学生的体育与健康核心素养。

### （二）教学比赛方法与组织

**❶ 单个技能比赛**

**（1）踢、接反弹球比赛**

【比赛目的】熟悉踢、接反弹球的动作要领，能在比赛中熟练运用。

【比赛方法】两人一组，每人自抛、自接、自踢，失误者被淘汰，看谁坚持到最后。

【场地器材】五体球场地；五体球、标志碟若干。

【注意事项】做到一次把球停控住。

【拓展建议】增加踢接难度，例如要求踢接前摸地、转身、加速跑等。

**（2）定时背后运球比赛**

【比赛目的】熟悉背后运球的技术动作要领，能在比赛中熟练运用。

【比赛方法】在规定时间内，连续进行原地背后运球，计算运球的次数。

【场地器材】五体球场地；五体球、标志桶、标志碟若干。

【注意事项】身体放松，保持好平衡，动作连贯。

【拓展建议】在行进中进行背后运球过障碍物淘汰赛。

❷ 组合技能比赛

**（1）背后运球过障碍物+投篮比赛**

【比赛目的】熟悉组合技能，提高进攻能力。

【比赛方法】从一侧五体转换区到另一侧五体转换区放置4个标志杆，从一侧底线开始运球，在通过每个标志杆前，连续做3次背后运球，过完4个标志杆后在对侧手部区投篮。计算完成时间。

【场地器材】五体球场地；五体球、标志杆、号码衣若干。

【注意事项】快慢结合，要迅速变化节奏。

【拓展建议】用防守队员代替最后一个标志杆，加大练习难度。

**（2）俯身捡球+自抛自接反弹球计时赛**

【比赛目的】熟悉接反弹球的技术动作要领，能在比赛中熟练运用。

【比赛方法】在规定区域内，俯身捡球，进行自抛自接反弹球练习，看谁的动作又快又好。计算规定时间内成功接球次数。

【场地器材】五体球场地；五体球、标志碟若干。

【注意事项】接球后，变成地滚球，且球要在身体可控制范围内。

【拓展建议】两人一组，一抛一接反弹球比赛。

## 四 评

**（一）知识技能学习评价**

学生能做出踢、接反弹球与背后运球的技术动作，能够与同伴进行战术配合，能运用比赛规则参与五体球比赛。

**（二）体能素质锻炼评价**

学生身体的灵敏性、协调性、速度、耐力等体能能跟上快速比赛节奏，能完成高强度对抗。

**（三）情感品格培养评价**

学生能积极参与课内外的训练和比赛，保持参与五体球运动的热情，能吃苦耐劳和正确面对挫折，敢于创造，积极乐观，集体观念强。

## 第二节　单元二教学策略

本单元主要学习五体球裁判法、扫抢、远射、手运球突破与突分配合战术。通过进行徒手扫抢、扫抢静止球、定点远射、对墙远射、变向突破假人、变速突破假人等练习以及远射打靶得分游戏、创意突破比赛，引导学生掌握技能，提高配合意识，学会运用突分配合战术，提升相应的身体素质和心智能力。

### 单元目标

❶ **知识技能学习目标**　学生理解五体球全场比赛规则和裁判法，能合理运用规则；正确掌握扫抢、远射与手运球突破动作方法和要领，具备一定的远射能力，能够与同伴配合进行攻防的战术运用。

❷ **体能素质锻炼目标**　学生的灵敏性、协调性、速度、力量、耐力等身体素质得到发展，能完成高强度对抗。

❸ **情感品格培养目标**　学生能积极参与课内外的训练和比赛，具备不怕困难、尊重对手、公平竞争、责任意识和正确的胜负观等体育品德。

### 一　学

#### ❶ 五体球裁判法

知识要点：学习五体球规则，掌握五体球裁判法，观看五体球比赛视频，了解五体球执裁的注意事项。

#### ❷ 扫抢技术

动作要领：屈膝降低重心，两脚前后开立或左右开立。伸脚快，在对手触球前把五体球扫走，不踢到对方的脚。手脚快，不被对手踩到。以支撑脚为轴，抢球脚侧向伸出，脚沿地面横向扫抢，注意防止动作犯规。

#### ❸ 远射技术

动作要领：斜线助跑，助跑方向与出球方向约呈45°，最后一步稍大，支撑脚积极着地，脚尖指向出球方向，距球内侧方20—25厘米，膝关节微屈。同时，踢球脚完成后摆，并开始以膝关节为轴大腿带动小腿由后向前摆动，当大腿摆至与支撑脚接近同一平面时，小腿做爆发式摆动，踝关节绷紧，脚背绷直，以脚背正面部位触击球的中下方。击球后踢球脚及身体继续随五体球向前。注意判断射门距离，把握踢球方向，控制击球

力度。（详见图2-5-4）

图2-5-4 远射

❹ 手运球突破技术

动作要领：以右脚做中枢脚为例。两脚左右开立，两膝微屈，身体重心降低，持五体球于胸腹之间。突破时，左脚前脚掌内侧迅速蹬地，身体梢右转，左肩向前下压，重心向右前方移动，左脚向右侧前方跨出，将五体球引于右侧，接着手运球向前，中枢脚蹬地向前跨出，迅速超越防守。注意腿的蹬跨要积极，转体探肩保护五体球。（详见图2-5-5）

图2-5-5 手运球突破

❺ 突分配合战术

动作要领：在突破过程中既要做好投篮的准备，又要随时观察场上攻守队员的位置和行动，以便及时、准确地传球；突破动作要突然、快速；其他进攻队员要掌握时机，及时跑到有利的进攻位置上接球，抓住空当，判断准确，及时传递，迅速果断，配合默契。

 练

（一）练习方法设计思路

本单元练习方法的设计思路是先进行扫抢练习，然后进行远射技能练习，通过分组

练习达到练习密度，教师讲解、示范，及时纠正学生的错误动作。最后分组进行突破战术和突分战术练习，练习过程中逐渐增加练习难度，并以竞赛形式进行练习。

（二）练习方法与组织

**1 单个技能练习**

**（1）扫抢静止球练习**

【练习目的】掌握扫抢的基本动作要领。

【练习方法】两人一组，一人踩球，另一人进行扫抢练习。

【场地器材】五体球场地；五体球、标志碟若干。

【练习要求】扫抢脚不能离地，扫抢到球后，立即起身把球控制好。

【拓展建议】练习者可以慢跑几步进行铲球练习。

**（2）定点远射练习**

【练习目的】在五体球比赛中能熟练运用此项技能。

【练习方法】由近至远各部位定点射门。

【场地器材】五体球场地；五体球、标志碟若干。

【练习要求】尝试使用不同的踢球技术进行射门。

【拓展建议】练习者在消极防守下进行练习。

**（3）变向突破假人练习**

【练习目的】提高运球过人的熟练性，增加成功率。

【练习方法】运球贴近假人，通过体前、体后换手等各种技术动作，变换方向突破假人。

【场地器材】五体球场地；五体球、标志桶、假人若干。

【练习要求】变向突然，隐蔽性强。

【拓展建议】变向突破真人练习。

**（4）变速突破假人练习**

【练习目的】提高运球过人的熟练性，增加成功率。

【练习方法】运球贴近假人，通过运球速度的改变突破假人。

【场地器材】五体球场地；五体球、标志桶、标志碟、假人若干。

【练习要求】变速突然、隐蔽。

【拓展建议】变速突破真人练习。

**2 组合技能练习**

**（1）一对一扫抢与护球练习**

【练习目的】熟练掌握扫抢技能，提高实战能力。

【练习方法】两人一组，一人运球，另一人进行扫抢，抢到球后交换。

【场地器材】五体球场地；五体球、标志碟若干。

【练习要求】放低重心，在合理范围内冲撞，不得采用犯规动作。

【拓展建议】2对2扫抢与护球练习，可结合传球进行。

**（2）手抛地滚球+远射练习**

【练习目的】提高组合技能运用能力。

【练习方法】一人一球，手抛地滚球后，脚步跟上球进行远射动作。

【场地器材】五体球场地；五体球、标志碟若干。

【练习要求】手抛球力度适中，抛球后跟进速度快，射门快、狠、准。

【拓展建议】手抛反弹球远射练习。

**（3）突破+跳投练习**

【练习目的】熟悉动作组合，提高进攻能力和得分能力。

【练习方法】在罚球线上放置一个标志杆，通过变向、变速等技术突破标志杆后跳投。

【场地器材】五体球场地；五体球、标志杆若干。

【练习要求】把握好节奏变化、突破时机。

【拓展建议】突破后上篮、分球等，也可突破真人练习。

**（4）突分配合战术演练**

【练习目的】增加配合手段，提高配合得分能力。

【练习方法】一人运球突破障碍物后分球给同伴，给同伴创造射门或者投篮得分机会。

【场地器材】五体球场地；五体球、标志桶、标志碟若干。

【练习要求】传球的时机要把握好。

【拓展建议】在3对3实战中进行突分配合练习。

 **三 赛**

**（一）教学比赛设计思路**

本单元主要学习五体球的裁判法，学生通过学习五体球裁判方法组织竞赛，对所学知识进行巩固。通过教学比赛，对学生技能动作的掌握情况进行考核。

**（二）教学比赛方法与组织**

❶ 单个技能比赛

**（1）远射打靶得分比赛**

【比赛目的】熟悉远射的技术动作要领，并能在比赛中熟练运用。

【比赛方法】定点进行远射，远射打靶目标为九宫格（1—9分），射到相应的格子获得相应的分数。

【场地器材】五体球场地；九宫格，五体球、标志碟若干。

【注意事项】不能超过犯规线进行远射。

【拓展建议】把九宫格缩小进行练习。

**（2）创意突破比赛**

【比赛目的】熟悉突破的技术动作要领，并能在比赛中熟练运用。

【比赛方法】在规定时间内，计算面对障碍物时正确地进行变向、变速突破的次数。

【场地器材】五体球场地；五体球、标志桶、标志碟若干。

【注意事项】重点观察身体姿态、运球的熟练度。

【拓展建议】把障碍物换成人进行练习。

**❷ 组合技能比赛**

**（1）突破+投篮+篮板球+传球接力比赛**

【比赛目的】熟悉组合技能，提高运用能力。

【比赛方法】在罚球线上摆放一个标志杆，学生平均分组，每一组在障碍物前排成纵队。每个队员依次进行各个技术的练习，进行接力，先完成的组获胜。

【场地器材】五体球场地；五体球、标志杆、标志碟若干。

【注意事项】失误者从起点开始，投篮必须要进。

【拓展建议】把障碍物换成真人防守进行练习。

**（2）手抛地滚球+运球绕杆+远射比赛**

【比赛目的】熟悉技术动作要领，并能在比赛中熟练运用。

【比赛方法】在两个弧顶间摆放5个标志桶，学生平均分组，从五体转换区手抛球开始，运球绕杆和远射，不用捡球。前一个学生返回起点完成击掌，后一个学生才能运球出发，看哪组完成的时间短。

【场地器材】五体球场地；五体球、标志杆、标志碟、号码衣若干。

【注意事项】失误者从起点开始，球不进者要排回队尾重来。

【拓展建议】把障碍物换成人进行练习。

# 四  评

## （一）知识技能学习评价

学生基本掌握五体球全场比赛规则和裁判法，能合理运用规则执裁；掌握正确的扫抢、远射与手运球突破动作方法和要领，具备一定的远射能力，能够与同伴合作完成攻防配合。

### （二）体能素质锻炼评价

学生的灵敏性、协调性、速度、耐力等体能能跟上快速比赛节奏，能完成高强度对抗。

### （三）情感品格培养评价

学生能积极参与课内外的训练和比赛，保持参与五体球运动的热情，在活动中展现出不怕困难、尊重对手、公平竞争、责任意识和正确的胜负观等体育品德。

## 第三节　单元三教学策略

本单元主要通过各种比赛让学生更加熟悉五体球运动，通过进行脚跟对墙踢静止球、脚跟踢球打靶、原地勾手投篮、行进间勾手投篮等练习以及脚跟踢准等比赛，让学生了解并熟练掌握动作方法，提高配合意识，提升相应的身体素质和心智能力。

### 🎯 单元目标

❶ **知识技能学习目标**　学生了解五体球联赛知识；掌握脚跟踢球与勾手投篮的动作方法和要领，能够进行团队战术配合。

❷ **体能素质锻炼目标**　学生的灵敏性、协调性、速度、力量、耐力等身体素质得到发展，高强度对抗能力增强。

❸ **情感品格培养目标**　学生能积极参与课内外的训练和比赛，在比赛中培养积极进取、勇敢顽强、自尊自信、诚信自律和文明礼貌等体育品德。

### 一　学

❶ **五体球联赛**

知识要点：五体球联赛是指班内小组间、班级间、年级间及学校间的联赛。

❷ **脚跟踢球技术**

动作要领：支撑脚落在五体球侧约15厘米处。踢球脚向前摆动，使脚后跟对着球，再后摆踢球。踢球和发力隐蔽，幅度小。（详见图2-5-6）

图2-5-6 脚跟踢球

**❸ 勾手投篮技术**

动作要领：球员要用肩膀靠住对方球员，用身体压制住对方球员。向限制区里面大步迈左腿（一般背向球篮进攻时都是在球篮的右边，这是习惯用右手投篮的球员所用的方式）。朝球篮转身，同时高高跳起，用右手把球高高举过头顶，最好是直臂。当跳到最高点时，用手腕轻轻拨球投向球篮。注意准确判断距离，把握投篮方向，控制投篮力度。（详见图2-5-7）

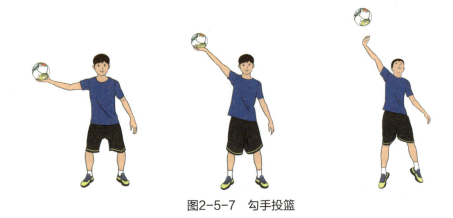

图2-5-7 勾手投篮

**❹ 踢挡板反弹球技术**

动作要领：把五体球踢向挡板，利用挡板的反弹突破过人。

练

**（一）练习方法设计思路**

本单元练习方法的设计思路是先进行扫抢和远射的个人技能练习；然后进行分组练习，教师针对学生的错误动作，通过讲解和示范进行纠正；最后进行分组的各种突破练习，提高个人战术与团队配合意识。练习过程中教师注意控制各类练习的时间与运动负荷。

## （二）练习方法与组织

**❶ 单个技能练习**

### （1）脚跟对墙踢静止球练习

【练习目的】体验脚跟踢球的动作过程和动作要领。

【练习方法】一人一球，把球放在固定点上，背对墙用脚跟踢球。

【场地器材】五体球场地；踢球墙，五体球、标志碟若干。

【练习要求】支撑脚站位准确，踢球脚触球部位准确。

【拓展建议】熟悉后可尝试连贯脚跟对墙踢球练习。

### （2）原地勾手投篮练习

【练习目的】掌握勾手投篮动作，丰富投篮得分手段。

【练习方法】站在篮下进行原地左右手勾手投篮练习。

【场地器材】五体球场地；五体球、标志碟若干。

【练习要求】手腕、手指头用力拨球，异侧肩膀要护球。

【拓展建议】在练习者前面设置障碍物或防守队员。

### （3）行进间勾手投篮练习

【练习目的】在五体球比赛中能熟练运用此项技能。

【练习方法】从五体转换区运球到篮下起跳后进行勾手投篮。

【场地器材】五体球场地；五体球、标志桶、标志碟若干。

【练习要求】起跳后身体要保持平衡，出手时要有护球动作。

【拓展建议】在练习者前面设置障碍物或防守队员。

**❷ 组合技能练习**

### （1）接球+后转身+脚跟踢球练习

【练习目的】熟悉组合动作，丰富踢球手段。

【练习方法】一人传球，另一人接球后转身，再用脚跟踢球给传球者，依次进行。

【场地器材】五体球场地；五体球、标志桶、标志碟若干。

【练习要求】练习者在规定区域内进行练习，动作技术要准确。

【拓展建议】两个练习者之间连续用脚后跟对踢。

### （2）两人对抗勾手投篮练习

【练习目的】在五体球比赛中能熟练运用此项技能。

【练习方法】一人运球，另一人防守，运球至适当位置处进行勾手投篮。

【场地器材】五体球场地；五体球、标志桶、标志碟若干。

【练习要求】勾手投篮的动作要准确。

【拓展建议】两人防守，突破一人后，与另一人对抗，然后进行勾手投篮。

**（3）踢挡板反弹球过人练习**

【练习目的】丰富突破手段，提升突破技能。

【练习方法】一人一球，在挡板边2—3米处放置一个标志桶作为防守队员，练习者正对标志桶运球，推进至标志桶前时把球踢向挡板，利用挡板反弹，使球越过标志桶。

【场地器材】五体球场地；五体球、标志桶、挡板若干。

【练习要求】踢挡板点准确，力度适中，球反弹后能继续控球。

【拓展建议】两人一组，一人防守，另一人进行踢挡板反弹球练习。

 **赛**

**（一）教学比赛设计思路**

本单元要掌握五体球联赛的组织知识，为接下来参加五体球比赛奠定基础。应结合教学比赛进行动作技能测试，对学生动作技能的掌握情况进行考核。

**（二）教学比赛方法与组织**

**❶ 单个技能比赛**

**（1）踢挡板反弹球打靶比赛**

【比赛目的】巩固踢挡板反弹球技术，提升突破能力。

【比赛方法】站于边线上，先把球踢向挡板或墙壁，反弹后再击中预先摆好的标志桶。击中得1分，没击中不得分，每人有10次机会，累计得分多者获胜。

【场地器材】五体球场地；五体球、标志桶、挡板若干。

【注意事项】控制反弹角度和踢球力度，顺利地击中标志桶。

【拓展建议】增加距离，提高难度。

**（2）脚跟踢准比赛**

【比赛目的】熟悉技术动作要领，并能在比赛中熟练运用。

【比赛方法】一人一球，球放置在固定点，练习者利用脚跟踢球至规定区域记1分。

【场地器材】五体球场地；五体球、标志桶、标志碟若干。

【注意事项】不得越过犯规线，脚跟踢球动作要准确。

【拓展建议】加大距离进行比赛。

**❷ 组合技能比赛**

**（1）连续踢挡板反弹球过障碍物比赛**

【比赛目的】掌握踢挡板反弹球突破技术，提升突破能力。

【比赛方法】在距离挡板2—3米处与左侧挡板平行放置5个标志桶，标志桶间距4米。一人一球，从正对标志桶的球门线开始运球，到标志桶前踢挡板或墙壁反弹球，使球反弹后越过标志桶，然后跟上运球继续向前推进，在后面几个标志桶前重复以上动作。按照规定要求完成组合技术动作，用时最少者获胜。

【场地器材】五体球场地；五体球、标志桶、挡板若干。

【注意事项】把握好反弹角度和踢球力度。

【拓展建议】增加标志桶，缩短标志桶距离，提高难度。

**（2）勾手投篮计时赛**

【比赛目的】熟悉技术动作要领，并能在比赛中熟练运用。

【比赛方法】一人一球，在规定时间内勾手投篮，看命中的次数。

【场地器材】五体球场地；五体球若干。

【注意事项】重点看技术动作及效果。

【拓展建议】设置障碍物或在消极防守下进行比赛。

## 四 评

### （一）知识技能学习评价

学生能运用五体球联赛知识组织班内比赛；掌握脚跟踢球与勾手投篮的动作方法和要领，能够在实战中与同伴完成战术配合。

### （二）体能素质锻炼评价

学生身体的灵敏性、协调性、速度、耐力等体能能跟上快速比赛节奏，能完成高强度对抗。

### （三）情感品格培养评价

学生能积极参与课内外的训练和比赛，并在比赛中展示出积极进取、勇敢顽强、自尊自信、诚信自律和文明礼貌等体育品德，逐步形成五体球锻炼爱好和习惯。

## 第四节 单元四教学策略

本单元主要进行组合技能教学，通过教学比赛让学生更加熟悉五体球比赛。通过进行手运球、脚运球、投篮、远射、抢篮板、转换等练习以及组合计时赛，让学生掌握组合技能和区域联防的方法和要领，并能在实践中运用。

### 单元目标

1. **知识技能学习目标** 学生基本掌握常用急救方法，能够熟练运用组合技能及区域联防战术，有较好的战术运用能力，达到五体球课程学生运动能力五级达标要求。

2. **体能素质锻炼目标** 学生的灵敏性、协调性、速度、力量、耐力等身体素质得到提升。

3. **情感品格培养目标** 学生能积极参与课内外的训练和比赛，在比赛中培养积极进取、不畏对手、遵守规则、公平竞争、自尊自信和文明礼貌等体育品德。

## 一 学

**1** 模块五组合技能：手运球—手脚转换—脚运球—脚手转换—手运球—投篮—篮板球—手运球—手脚转换—脚运球—射门（11米）

准备工作：按照场地布置尺寸说明，准备9个标志桶、2个标志碟，布置组合技术学练场地。

动作要领：起动前，球员持球，一脚在前，一脚在后，重心在前脚上；起动，球员从①号标志桶外侧用手运球前进，依次绕过②号、③号、④号标志桶，进入五体转换区做手脚转换；用脚运球按照路线图依次从⑤号、⑥号、⑦号、⑧号标志桶绕过后，进入五体转换区俯身捡球，用手运球至罚球线后做投篮，抓到篮板球后，用手运球到⑨号标志桶处做手脚转换运球；再用脚运球至11米射门点起脚射门结束。球员要注意快速运球，准确绕标，迅速转换，投篮命中，抢篮板球，运球过障碍物，精准射门，合理分配体能，确保全程流畅。（详见图2-5-8）

**2** 区域联防快攻战术

动作要领：准确判断进攻意图，选择合理的防守策略，加强防守之间的协同配合。

## 二 练

### （一）练习方法设计思路

本单元练习方法的设计思路是先进行个人各种运球技能练习，然后进行分组运球、投篮与射门组合技能练习，最后以团队分组形式进行区域联防战术练习。教师通过讲解和示范及时纠正学生的错误动作，把握各类练习时间分配，控制好整体课的负荷强度。

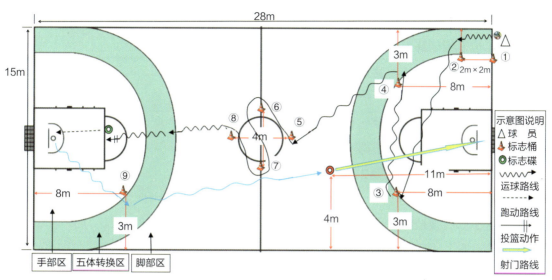

图2-5-8　模块五组合技能示意图：手运球—手脚转换—脚运球—脚手转换—手运球—投篮—篮板球—手运球—手脚转换—脚运球--射门（11米）

## （二）练习方法与组织

### ❶ 单个技能练习

#### ▌（1）运球练习 ▟

【练习目的】巩固运球的熟练性和稳定性。

【练习方法】一人一球，交替进行手运球和脚运球。

【场地器材】五体球场地；五体球、标志桶、标志碟若干。

【练习要求】运球节奏好，衔接连贯，动作正确。

【拓展建议】按规定线路进行运球练习。

#### ▌（2）投篮练习 ▟

【练习目的】巩固投篮技术，提高得分能力。

【练习方法】一人一球，分小组练习，练习者定点进行投篮练习。

【场地器材】五体球场地；五体球、标志碟若干。

【练习要求】投篮动作规范，命中率高。

【拓展建议】在练习者前面设置障碍物。

#### ▌（3）远射练习 ▟

【练习目的】巩固远射技术，提高射门能力。

【练习方法】从后场五体转换区开始运球，过半场后立即起脚远射。

【场地器材】五体球场地；五体球、标志桶、标志碟若干。

【练习要求】脚面各个部位都要敢用，都要熟练。

【拓展建议】增加消极防守队员进行干扰。

### （4）抢篮板球练习

【练习目的】提高练习者抢篮板球的意识和技术。

【练习方法】三人一组，一人投篮，另两人抢篮板球。

【场地器材】五体球场地；五体球、标志碟若干。

【练习要求】卡位动作不得犯规。

【拓展建议】在3对3比赛中练习。

### ❷ 组合技能练习

### （1）手脚转换技能练习

【练习目的】提高手脚转换的反应速度。

【练习方法】在两条球门线之间重复运球往返，经过五体转换区时做转换练习。

【场地器材】五体球场地；五体球、标志桶、标志碟若干。

【练习要求】转换快，连接流畅。

【拓展建议】在五体转换区增加防守队员进行干扰。

### （2）投篮+篮板球练习

【练习目的】提高抢篮板球和投篮得分能力。

【练习方法】两人一组，一人投篮后立即到篮下与另一人抢篮板球。

【场地器材】五体球场地；五体球、标志碟若干。

【练习要求】卡位动作不得犯规。

【拓展建议】在3对3比赛中练习。

### （3）手运球—手脚转换—脚运球—脚手转换—手运球—投篮—篮板球—手运球—手脚转换—脚运球—射门（11米）

【练习目的】熟悉组合技能，提高实战能力。

【练习方法】从一侧球门线开始手运球，在五体转换区转换为脚运球，推进到另一侧五体转换区二次转换到手运球，在罚球线上投篮，自抢篮板球后按规定动作返回，手运球转换为脚运球，过半场后进行射门。射门结束后快速跑回出发点排队，再重复一次以上练习。

【场地器材】五体球场地；五体球、标志桶、标志碟若干。

【练习要求】动作流程无失误、无违例。

【拓展建议】根据五体球课程学生运动能力五级测试要求设置场地路线进行练习。

### （4）区域联防快攻战术演练

【练习目的】在五体球比赛中能熟练运用区域联防快攻战术。

【练习方法】"2-1-2"联防演练、"3-2"联防演练、"2-3"联防演练、"1-3-1"联防演练。

【场地器材】五体球场地；五体球若干。

【练习要求】各司其职，配合默契。

【拓展建议】在教学比赛中使用演练的防守战术。

 三 赛

**（一）教学比赛设计思路**

本单元通过单个技能定点远射、计时跳投和组合技能的测试赛，结合五体球课程学生运动能力五级达标要求进行考核，检查学生对动作技能的掌握情况。

**（二）教学比赛方法与组织**

❶ 单个技能比赛

**（1）定点远射比赛**

【比赛目的】巩固和提高动作质量及射门成功率。

【比赛方法】在脚部区设置5个远射点，学生在每个点进行两次射门，进球最多者获胜。

【场地器材】五体球场地；五体球、标志碟若干。

【注意事项】必须大力射门，不能让球滚进球门。

【拓展建议】增加射门距离进行比赛。

**（2）计时跳投比赛**

【比赛目的】巩固技术，提高跳投成功率。

【比赛方法】在五体转换区画5个标志圈，学生依次在5个圈内计时跳投，进球最多者获胜。

【场地器材】五体球场地；五体球、标志碟若干。

【注意事项】跳投需在圈内完成，不能超出范围。

【拓展建议】两人一组，一人跳投，另一人进行消极干扰。

❷ 组合技能比赛

**（1）组合技能计时赛：手运球—手脚转换—脚运球—脚手转换—手运球—投篮—篮板球—手运球—手脚转换—脚运球—射门（11米）**

【比赛目的】巩固组合技能，提高运用能力。

【比赛方法】按照五体球组合技能的要求、路线和技术组合进行计时比赛，用时最少者获胜。

【场地器材】五体球场地；五体球、标志桶、标志碟若干。

【注意事项】按规定的路线和方法完成有效，否则视为没完成比赛。

【拓展建议】举行分组赛、团体赛等，提高趣味性。

**（2）五体球全场5对5测试赛**

【比赛目的】提高实战能力，培养信心。

【比赛方法】按照五体球全场比赛规则，分队进行10分钟比赛，得分最高的队伍获胜。

【场地器材】五体球场地；五体球、号码衣若干。

【注意事项】鼓励学生多使用本模块技术。

【拓展建议】为提高远射和跳投技术使用率，可将规定动作得分改为加倍得分。

## 四 评

### （一）知识技能学习评价

学生基本掌握常用急救方法，能够熟练运用组合技能及区域联防快攻战术，有较强的战术运用能力，达到五体球课程学生运动能力五级达标要求。

### （二）体能素质锻炼评价

学生身体的灵敏性、协调性、速度、耐力等体能能跟上快速比赛节奏，能完成高强度对抗。

### （三）情感品格培养评价

学生能积极参与课内外的训练和比赛，在比赛中展现出积极进取、不畏对手、遵守规则、公平竞争、自尊自信和文明礼貌等体育品德，基本形成五体球锻炼爱好和习惯。

# 第六章 | 五体球模块六教学策略

模块六共分为4个单元，建议用不少于72课时完成。模块六的教学策略是根据教学目标、内容，在单个技能、组合技能练习中，多采用以标志物为障碍的简单情境；在进攻和防守阵型演练中宜采用以设限防守为主的较为复杂的情境来鼓励学生应用单个技能和组合技能；通过五体球全场比赛这种真实的复杂情境，让学生完整体验五体球运动的基本知识、规则常识，发展学生体能，助力学生将技能升华为运动能力。通过单个技能、组合技能和教学比赛，不断培养学生的健康行为和团结协作、沟通交流、遵纪守规、顽强拼搏等良好品格。

## 第一节 单元一教学策略

本单元主要学习的技战术内容为踢凌空球、头部接球和进攻阵型。踢凌空球是前场射门得分的主要手段之一。头部接球能丰富学生的接球技术，以处理和应对多种形式的来球。进攻阵型是为了达到进攻目的而进行的战术位置搭配，以便明确每个队员的位置和在进攻中所承担的任务。学习进攻阵型，队员可以更好地施展进攻能力，便于发挥个人的创造性。练习时可以从模拟和分解到完整练习，难度递增，循序渐进，从单个技能到组合技能练习，精讲多练，帮助学生更好地掌握技战术。通过教学比赛，让学生巩固提高技能水平，鼓励学生在实战中灵活运用，提升五体球课程学生运动能力，达成单元学习目标。

### 单元目标

❶ **知识技能学习目标** 学生熟练掌握五体球全场5对5比赛规则；掌握本单元所学的踢凌空球、头部接球的动作方法和要领，能与同伴合作完成进攻阵型的战术运用。

❷ **体能素质锻炼目标** 学生的灵敏性、协调性、速度、力量、耐力等身体素质符合高强度比赛要求。

❸ **情感品格培养目标** 学生能自觉养成五体球锻炼习惯，为终身体育打好基础；敢于挑战自我，敢于创新实践，有集体主义精神。

# 一　学

## ❶ 踢凌空球技术

动作要领：根据来球助跑选位，支撑脚落地，脚尖指向出球方向；踢球脚屈膝，小腿稍外展，大腿带动小腿抬起，重心稳。五体球接近时踢球脚爆发式前摆，用脚背充分击球后中部，通过小腿限制上摆幅度，膝关节向前平移，压住出球高度；踢球脚随球继续提膝前摆，保持重心稳定。注意准确判断来球方向，及时做好预备姿势，出脚迅速，准确击球，控制力度。（详见图2-6-1）

图2-6-1　踢凌空球

## ❷ 头部接球技术

动作要领：在进行前额正面头顶球时，移动选位，面对来球，两脚前后或左右开立，手臂自然张开，保持平衡，两腿用力蹬地，迅速收腹向前摆体，收颌，用前额正面顶球后中部或中下部，顶球过程中颈部肌肉保持适度紧张，将五体球向前顶到预定范围。在进行前额侧面头顶球时，移动选位，正对来球，两脚前后开立，手臂侧前后张开，两腿用力蹬地，迅速转体甩头，用前额侧面顶球后中部或后中下部，顶球过程中颈部肌肉保持紧张，触球后上体随球前摆，随即跟上进行控球。（详见图2-6-2）

图2-6-2　头部接球

**❸ 进攻阵型战术**

动作要领：在五体球运动中，进攻方利用己方优势和各区（手部区、脚部区和五体转换区）的位置布局进行射门或投篮得分。具体阵型分为"1-2-2"进攻阵型（详见图2-6-3）和"1-1-3"进攻阵型（详见图2-6-4）。

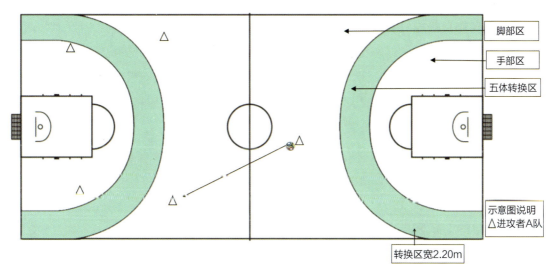

图2-6-3 "1-2-2"进攻阵型站位示意图

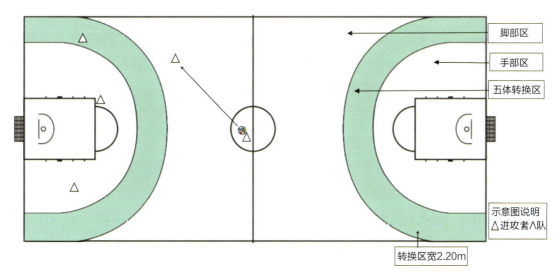

图2-6-4 "1-1-3"进攻阵型站位示意图

 **二 练**

**（一）练习方法设计思路**

本单元练习方法的设计思路是先进行个人踢凌空球与头部接球技能练习，然后通过分

组形式进行各类技能练习，教师通过讲解和示范及时纠正学生的错误动作。最后进行分组的"1-2-2"和"1-1-3"进攻阵型战术练习。教师应注意单个技能与组合技能及战术练习的时间分配和整体课的运动负荷控制。

（二）练习方法与组织

**❶ 单个技能练习**

**（1）自抛自踢练习**

【练习目的】 体验触球感觉，提升肌肉感觉，熟悉技术动作，减少踢空失误。

【练习方法】 正对墙面，原地将球向前上方轻轻抛出，调整选位支撑，摆动腿直接踢凌空球；侧对墙面，将球向上轻轻抛出，支撑转胯踢凌空球。

【场地器材】 五体球场地；踢球墙，五体球、标志碟若干。

【练习要求】 压住出球高度。

【拓展建议】 跟守门员搭配，进行自抛射门练习。

**（2）一抛一踢练习**

【练习目的】 巩固技术动作，提高踢球质量，减少踢空失误。

【练习方法】 一人持球站于踢球者侧方，两人相距3—4米，一人抛球，另一人踢球。

【场地器材】 五体球场地；五体球、标志碟若干。

【练习要求】 抛球力度、高度适宜，压住出球高度。

【拓展建议】 逐步拉开两人距离，也可以一人用脚传高球，另一人踢凌空球。

**（3）自抛自接练习**

【练习目的】 增加头部前额触球次数，提高球感，初步形成动力定型。

【练习方法】 先抛球到稍高于头部的位置，熟悉后再慢慢增加抛球的高度。

【场地器材】 五体球场地；五体球、标志桶、标志碟若干。

【练习要求】 颈部保持紧张，双眼紧盯来球，用额头触球，卸力动作明显。

【拓展建议】 在原地起跳中完成模拟动作。

**（4）用头接抛来的空中球练习**

【练习目的】 巩固技术动作，发展头部接高球的能力。

【练习方法】 两人一球，相距3米，一人抛球，另一人用头部接球。

【场地器材】 五体球场地；五体球、标志碟若干。

【练习要求】 颈部紧张，双眼紧盯来球，用额头触球。

【拓展建议】 同伴对墙抛球，练习接回弹球。

**②** 组合技能练习

**（1）挑球+踢凌空球练习**

【练习目的】 熟悉挑球和踢凌空球技术，提高组合能力。

【练习方法】 正对墙面，回拉球，将球挑起后，小碎步调整，然后用脚背正面向前
踢凌空球打墙。

【场地器材】 五体球场地；踢球墙，五体球、标志碟若干。

【练习要求】 人球距离合适，充分发力，控制球的高度。

【拓展建议】 侧对墙面练习，踢球时有支撑转胯动作。

**（2）接空中球+踢凌空球练习**

【练习目的】 提高技术衔接能力。

【练习方法】 侧对墙面，先用身体接同伴抛来的空中球，不等球落地，支撑转胯，
用脚背向前踢凌空球打墙。

【场地器材】 五体球场地；踢球墙，五体球、标志桶、标志碟若干。

【练习要求】 人球距离合适，充分发力，控制球的高度。

【拓展建议】 三人搭档练习，一人守门，一人抛球，另一人踢凌空球射门。

**（3）"1-2-2"进攻阵型战术演练**

【练习目的】 掌握"1-2-2"进攻阵型，提高阵型进攻和战术执行能力。

【练习方法】 围圈慢跑，听到哨音后快速到位，散开为"1-2-2"阵型。

【场地器材】 五体球场地；五体球、标志碟若干。

【练习要求】 落位快且准，队员之间保持相互呼应。

【拓展建议】 在比赛中尝试使用"1-2-2"阵型。

**（4）"1-1-3"进攻阵型战术演练**

【练习目的】 掌握"1-1-3"进攻阵型，提高阵型进攻和战术执行能力。

【练习方法】 围圈慢跑，听到哨音后快速到位，散开为"1-1-3"阵型。

【场地器材】 五体球场地；五体球、标志碟若干。

【练习要求】 落位快且准，队员之间保持相互呼应。

【拓展建议】 在比赛中尝试使用"1-1-3"阵型。

 **赛**

**（一）教学比赛设计思路**

本单元主要学习五体球踢凌空球技术、头部接球技术、进攻阵型战术。比赛主要是
让学生以赛代练，单个技能比赛围绕学习的技能设计，组合技能比赛主要是实战演练，

使比赛更加有针对性、趣味性和竞技性。从单个技能比赛到组合技能比赛，层层递进，从而提高五体球课程学生运动能力。

### （二）教学比赛方法与组织

**❶ 单个技能比赛**

**（1）踢凌空球比准赛**

【比赛目的】巩固和提高踢凌空球的动作质量。

【比赛方法】学生站在脚部区，接同伴抛球后进行踢凌空球射门，每人5次，进球最多者获胜。

【场地器材】五体球场地；五体球、标志碟若干。

【注意事项】不能进入手部区踢球。

【拓展建议】同伴用脚在边线处传球进行比赛。

**（2）头颠球比赛**

【比赛目的】增强头部的球感。

【比赛方法】学生在练习场地散开，连续用头顶球，单次成功次数最多者获胜。

【场地器材】五体球场地；五体球、标志碟若干。

【注意事项】可以使用其他部位进行调整。

【拓展建议】两人头部对头部颠球比赛。

**❷ 组合技能比赛**

**（1）五体球半场3对3比赛**

【比赛目的】提高实战能力，增强信心。

【比赛方法】采用半场比赛规则进行组队比赛，6分钟内得分最多的队获胜。

【场地器材】五体球场地；五体球、号码衣若干。

【注意事项】服从裁判，多运用本单元所学技能。

【拓展建议】为增加踢凌空球和头部接球的使用次数，进行头部接球+踢凌空球附加赛。

**（2）五体球全场5对5比赛**

【比赛目的】检查学生的技战术掌握情况及技战术实际运用能力。

【比赛方法】按照五体球比赛规则，组队进行比赛，时间为10分钟，得分最多的队获胜。

【场地器材】五体球场地；五体球、号码衣若干。

【注意事项】服从裁判，采用本单元的进攻阵型。

【拓展建议】为增加踢凌空球和头部接球的使用次数，比赛中一方犯规可改为判罚对方在脚部区进行头部接球+踢凌空球特殊任意球，进球计入总比分。

## 四 评

### （一）知识技能学习评价

学生能运用五体球全场比赛规则参与或组织班级比赛；掌握本单元所学的踢凌空球、头部接球的动作方法和要领，能与同伴合作完成进攻阵型的战术运用，有初步的技战术创新意识和个人风格。

### （二）体能素质锻炼评价

学生掌握多种单人体能锻炼方法，其身体的灵敏性、协调性、速度、耐力和力量素质符合高强度比赛要求。

### （三）情感品格培养评价

学生能自觉养成五体球锻炼习惯，在练习或比赛中积极进取、坚持到底、遵守规则、尊重裁判、公平竞争，具有正确的胜负观。

## 第二节　单元二教学策略

本单元主要学习的技战术内容为远投、弹踢和防守阵型。远投和弹踢可以丰富学生在五体球比赛时的进攻手段，提高得分能力。防守阵型可以明确队员的相对位置和在防守中所承担的任务。学习防守阵型可以更好地发挥团队的协防能力，增进团队配合的默契程度。学习方法以观察和练习体验为主，通过模拟和分解及完整练习，循序渐进，精讲多练，帮助学生更好地掌握技战术。本单元同样设计了比赛来巩固提高学生的技能水平以及在实战中灵活运用的能力，以达成单元学习目标。

### 单元目标

❶ **知识技能学习目标**　学生了解五体球运动的未来发展趋势；能灵活运用远投、弹踢等技能，并运用防守阵型，与同伴合作完成攻防任务。

❷ **体能素质锻炼目标**　学生的灵敏性、协调性、速度、力量、耐力等身体素质符合高强度比赛要求。

❸ **情感品格培养目标**　学生能自觉养成五体球锻炼习惯，为终身体育打好基础；敢于挑战自我，敢于创新实践，有集体主义精神，有荣誉追求。

 学

### ❶ 远投技术

动作要领：该技术是球员在五体转换区内可采用的投篮技能之一。动作要领与单手肩上投篮或双手胸前投篮技术相同。技术动作可参照模块四单元一中有关"五体转换区投篮技术"的描述内容，具体要随球员状态、出手方式和所在区域的不同而做相应变化。

### ❷ 弹踢技术

动作要领：踢球时，摆腿方式是以膝关节为轴的小腿爆发式弹摆，摆动方向为前摆、侧前摆、侧摆，用脚背正面踢球后中部，击球后踢球脚迅速收回。弹踢的踢球脚摆幅小，并且以小腿摆动为主，故完成动作快，隐蔽性强，多用于快速运球中的传球和射门，也常用于抢先于对手将五体球踢出。注意准确判断来球方向，果断摆动小腿，选择正确的踢球方式，控制踢球力度。（详见图2-6-5）

图2-6-5 弹踢

### ❸ 防守阵型战术

动作要领：防守方利用己方个人与团队协防优势，根据对方进攻的阵型和意图，采取相应的防守方式，以求破坏进攻方的意图。具体阵型分为"2-2-1"防守阵型（详见图2-6-6）和"1-1-2-1"防守阵型（详见图2-6-7）。

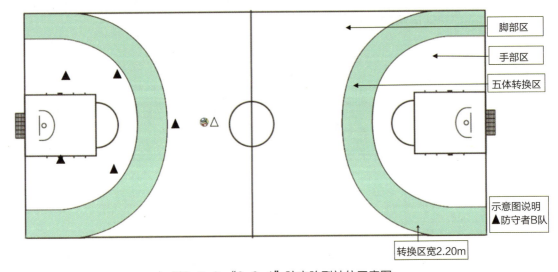

图2-6-6 "2-2-1"防守阵型站位示意图

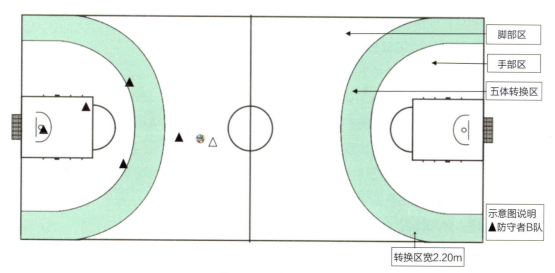

图2-6-7 "1-1-2-1"防守阵型站位示意图

## 二 练

### （一）练习方法设计思路

本单元练习方法的设计思路是先进行个人远投与弹踢球技能练习，然后以分组形式进行组合技能练习，教师通过讲解和示范及时纠正学生的错误动作，最后进行团队的"2-2-1"和"1-1-2-1"联合防守阵型战术练习。教师应注意把控上述技能及团队战术配合练习的时间及课的负荷节奏。

### （二）练习方法与组织

 单个技能练习

#### （1）两人远投练习

【练习目的】加强肌肉感觉，巩固技术动作。

【练习方法】两人分别站在两个手部区顶端，相互进行远投。

【场地器材】五体球场地；五体球、标志碟若干。

【练习要求】主要体验投篮的发力过程，发力由下至上，出手流畅。

【拓展建议】熟悉后可逐步拉开距离进行练习。

#### （2）定点远投练习

【练习目的】加强肌肉感觉，提高命中率。

【练习方法】一人多球，在五体转换区的不同区域进行定点远投练习。

【场地器材】五体球场地；五体球、标志碟若干。

【练习要求】投篮距离符合练习者能力，投篮准确度相对较高。

【拓展建议】安排另一名学生进行模拟干扰，提高投篮难度。

### （3）弹踢固定空中球练习

【练习目的】体验触球感觉和发力过程，减少踢空。

【练习方法】用网兜把球装好，固定在横杠上，使球下垂，离地面30—40厘米。面
对球站立，支撑脚稳住重心，保持平衡，踢球脚进行反复弹踢练习。

【场地器材】五体球场地；双杠，五体球、标志碟若干。

【练习要求】配合者要把球固定住并且留出足够踢球空间给练习者，避免损伤。

【拓展建议】熟悉后可以尝试上步或者助跑弹踢。

### （4）两人弹踢练习

【练习目的】巩固技术动作，提高运用能力。

【练习方法】两人相对5—8米站立，一人持球于胸前，让球自由落地，等球弹起
30—40厘米时弹踢，另一人用手接球后重复练习，依次进行。

【场地器材】五体球场地；五体球、标志碟若干。

【练习要求】弹踢动作幅度小、频率快。

【拓展建议】与胸部接球技术相结合进行练习。

## ❷ 组合技能练习

### （1）运球至五体转换区+远投练习

【练习目的】提高技术运用能力和远投命中率。

【练习方法】从球门线开始用手运球到五体转换区弧顶进行远投练习。

【场地器材】五体球场地；五体球、标志碟若干。

【练习要求】发力充分，球运行平稳，命中率较高。

【拓展建议】安排一名防守队员进行干扰，增加练习的真实感和难度。

### （2）抢篮板球+运球+远投练习

【练习目的】增强远投意识，提高技术衔接能力。

【练习方法】抢到篮板球后，立即向五体转换区运球，到适宜角度出手远投。

【场地器材】五体球场地；五体球、标志碟若干。

【练习要求】动作果断，出手坚决，命中率较高。

【拓展建议】安排一名防守队员进行贴身干扰，加大出手难度。

### （3）"2-2-1"防守阵型战术演练

【练习目的】掌握"2-2-1"防守阵型，提高阵地防守能力。

【练习方法】在对方手部区慢跑，听到哨音后快速退防为"2-2-1"阵型。

【场地器材】五体球场地；五体球、标志碟若干。

【练习要求】落位快，队员之间保持相互呼应。

【拓展建议】使用"2-2-1"阵型进行模拟演练。

### （4）"1-1-2-1"防守阵型战术演练

【练习目的】掌握"1-1-2-1"防守阵型，提高阵地防守能力。

【练习方法】在对方手部区慢跑，听到哨音后快速退防为"1-1-2-1"阵型。

【场地器材】五体球场地；五体球、标志碟若干。

【练习要求】落位快，队员之间保持相互呼应。

【拓展建议】使用"1-1-2-1"阵型进行模拟演练。

 **三 赛**

#### （一）教学比赛设计思路

本单元的"赛"是针对单个技能、组合技能及团队防守战术等内容设计的游戏化教学比赛。通过组织单个技能的远投比赛、弹踢比赛，不断巩固提高单个技能水平；采用半场比赛和全场比赛形式，进一步提高学生的技战术运用能力，以达到以赛代练的目的。教学比赛竞技性强，趣味多样，从单个技能比赛到组合技能比赛，层层递进，从而提高五体球课程学生运动能力。

#### （二）教学比赛方法与组织

**1 单个技能比赛**

### （1）远投比赛

【比赛目的】巩固和提高远投动作质量。

【比赛方法】学生在五体转换区进行远投，一分钟内投进球的个数最多者获胜。

【场地器材】五体球场地；五体球、标志碟若干。

【注意事项】必须在设置的三个出手点依次轮流出手，不能随意选择出手点。

【拓展建议】在五体转换区移动，在固定点接传球进行3分远投。

### （2）弹踢比赛

【比赛目的】巩固和提高弹踢动作质量。

【比赛方法】学生在五体转换区自抛自踢，进行弹踢射门比赛，一共踢球5次，进球最多者获胜。

【场地器材】五体球场地；五体球、标志碟若干。

【注意事项】不能进入手部区踢球。

【拓展建议】自抛改为同伴抛球，增加难度。

**❷ 组合技能比赛**

**（1）五体球半场3对3联赛**

【比赛目的】 提高实战能力，培养信心。

【比赛方法】 采用半场比赛规则进行组队比赛，6分钟内得分最多的队获胜。

【场地器材】 五体球场地；五体球、标志碟、号码衣若干。

【注意事项】 进攻和防守时采用本模块学习的攻、守技能。

【拓展建议】 为增加远投和弹踢技术的使用频率，比赛结束后可由双方在手部区进行远投比赛或者在脚部区进行弹踢比赛，得分计入总比分。

**（2）五体球全场5对5联赛**

【比赛目的】 检查学生的技战术掌握情况及技战术实际运用能力。

【比赛方法】 按照五体球比赛规则，组队进行比赛，时间为8分钟，得分最多的队获胜。

【场地器材】 五体球场地；五体球、标志碟、号码衣若干。

【注意事项】 进攻和防守时采用本模块学习的阵型。

【拓展建议】 为增加远投和弹踢技术的使用频率，比赛中凡采用远投、弹踢射门技术多加1分，即远投、弹踢射门均得4分。

## 四 评

**（一）知识技能学习评价**

学生能描述五体球运动的未来发展趋势；能灵活运用远投、弹踢等技能，并运用防守阵型，创新技战术，有个人风格。

**（二）体能素质锻炼评价**

学生会多种单人体能锻炼方法，其身体的灵敏性、协调性、速度、耐力和力量素质符合高强度比赛要求。

**（三）情感品格培养评价**

学生能自觉养成五体球锻炼习惯，在练习或比赛中积极进取、顽强拼搏、坚持到底、遵守规则、尊重裁判、公平竞争，有荣誉追求，具有正确的胜负观。

## 第三节　单元三教学策略

本单元主要学习的技战术内容为捅射、吊篮和阵型切换战术。捅射与吊篮是五体球运动的得分手段，其中吊篮是最具挑战和难度、单次得分最高的得分技术，搭配阵型切换和半场及全场比赛规则学习，可以培养学生比赛实战的能力。本单元的教学中，教师要注意将技术从分解过渡到连贯，帮助学生更快更好地掌握。课堂上，注意充分利用得分的吸引力，运用多样化、趣味化的练习手段，调动学生学习的积极性和主动性，精讲多练，提高课堂的密度和强度。同时，把本单元在整个五体球运动学习中的重要性跟学生讲清楚、讲透彻，引导学生通过认真主动地参与本单元的学、练、赛、评，达成单元学习目标。

## 🎯 单元目标

❶ **知识技能学习目标** 学生能合理利用五体球全场比赛规则，了解五体球联赛基本知识；能在游戏和比赛中运用捅射与吊篮技能，在比赛中能与同伴合作完成攻防任务。

❷ **体能素质锻炼目标** 学生的灵敏性、协调性、速度、力量、耐力等身体素质得到提升。

❸ **情感品格培养目标** 学生能自觉养成五体球锻炼习惯，为终身体育打好基础；敢于挑战自我，敢于创新实践，有团队精神。

## 一 学

### ❶ 捅射技术

动作要领：支撑脚上步，踢球脚屈膝前摆，髋关节尽量前送，小腿前伸，在踢球脚落地前用脚尖捅球的后中部将五体球踢出，进行射门。根据来球助跑选位，支撑脚落地，脚尖指向出球方向，重心稳；踢球脚以膝关节为轴摆动，动作幅度小，脚尖绷紧，踢球后中部；踢球脚触球后急停制动，踢球力量贯穿球心。（详见图2-6-8）

图2-6-8 捅射

❷ 吊篮技术

动作要领：支撑脚上步，踢球脚屈膝前摆，髋关节尽量前送，小腿前伸，在踢球脚落地前用脚背垫球的中下部将五体球踢向球篮方向。脚背击球中下部，出球方向指向球篮，控制力度和方向。（详见图2-6-9）

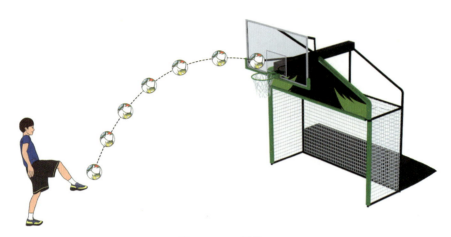

图2-6-9　吊篮

❸ 阵型切换战术

动作要领：阵型切换是指在五体球比赛中，进攻方失误丢掉球权后立刻由进攻方转为防守方，或防守方在抢断球成功后迅速由防守方转换成进攻方的过程。此时，进攻阵型立即改变为防守阵型，或防守阵型立即改变为进攻阵型。

## 二 练

### （一）练习方法设计思路

练习方法设计思路是先进行个人捅射和吊篮技能练习，然后以分组形式进行组合技能练习，教师在练习过程中通过讲解和示范及时纠正学生的错误动作，最后以团队形式进行阵型切换战术练习。教师注意对各类技能练习的时间分配与运动负荷进行控制。

### （二）练习方法与组织

❶ 单个技能练习

（1）对墙捅射练习

【练习目的】提升肌肉感觉，熟悉动作，减少捅偏、捅失误的情况。

【练习方法】摆好球，正对墙面，支撑脚不移动，踢球脚直接捅射。

【场地器材】五体球场地；踢球墙，五体球、标志碟若干。

【练习要求】捅球的后中部，出球方向对准目标。

【拓展建议】熟悉之后，可以尝试上一步、上三步捅射。

## （2）对球门捅射练习

【练习目的】熟练运用技术动作，提高动作质量。

【练习方法】在五体转换区摆好球，支撑脚不动，踢球脚直接捅射。

【场地器材】五体球场地；五体球、标志碟若干。

【练习要求】练习者用脚尖捅射球后中部，力贯球心，双手做好保护动作。

【拓展建议】上步捅射、助跑捅射。

## （3）两人模拟吊篮练习

【练习目的】加强空间感觉和肌肉感觉，提高吊篮的准确度。

【练习方法】两人相距3—5米，一人持球模拟吊篮，另一人把球接住；依次交替进行。

【场地器材】五体球场地；五体球、标志碟若干。

【练习要求】可以使用脚面的各个部位，踢出球的高度高于篮筐。

【拓展建议】小组进行吊篮团体赛。

## （4）吊篮练习

【练习目的】掌握技术动作，提高吊篮的命中率。

【练习方法】原地持球，距篮下2—3米，自抛自踢，进行吊篮练习。

【场地器材】五体球场地；五体球、标志碟若干。

【练习要求】使用个人最熟悉、最有把握的部位踢球。

【拓展建议】逐渐加长吊篮距离。

## ❷ 组合技能练习

### （1）向前助跑+捅射滚动球练习

【练习目的】巩固捅射技术，提高技术衔接能力。

【练习方法】一人在边线用脚内侧横传球到脚部区，另一人向前助跑，捅射滚动球。

【场地器材】五体球场地；五体球、标志桶、标志碟若干。

【练习要求】预判来球位置，避免踢空，双手做好保护动作。

【拓展建议】甩开消极防守队员后进行捅射。

### （2）脚运球+捅射练习

【练习目的】熟悉脚运球与捅射技术，提高技术衔接能力。

【练习方法】一人一球，从中线向五体转换区脚运球，到五体转换区后用脚尖捅射。

【场地器材】五体球场地；五体球、标志桶、标志碟若干。

【练习要求】捅射时要用脚尖触球的后中部。

【拓展建议】运球突破消极防守队员后进行捅射。

### ┃（3）俯身捡球+吊篮练习 ┃

【练习目的】巩固技术组合，提高技术衔接能力。

【练习方法】站在五体转换区内俯身捡球后，将球抛出进行吊篮。

【场地器材】五体球场地；五体球、标志碟若干。

【练习要求】动作衔接迅速、干净，不能进入手部区进行吊篮。

【拓展建议】一人进行吊篮练习，另一人进行适当干扰。

### ┃（4）阵型切换（防守—进攻）战术演练 ┃

【练习目的】熟练掌握阵型切换，提高阵型变化和战术执行能力。

【练习方法】听到哨音后从"1-1-2-1"防守阵型切换成"1-2-2"进攻阵型；听到哨音后从"1-1-2-1"防守阵型切换成"1-1-3"进攻阵型。

【场地器材】五体球场地；战术板，五体球若干。

【练习要求】落位快，队员之间保持相互呼应，进攻时拉开，防守时收拢。

【拓展建议】用1、2、3、4各代表一种阵型，学生听到相应数字立即变阵。

## 三 赛

### （一）教学比赛设计思路

本单元主要学习五体球赛事组织基础知识、五体球捅射与吊篮技术、阵型切换战术，其中，五体球的赛事组织属于需要学生了解的内容。单个技能比赛主要围绕学习的技术来设计，组合技能比赛主要是实战演练，以赛代练。

### （二）教学比赛方法与组织

#### ❶ 单个技能比赛

#### ┃（1）吊篮技能比赛 ┃

【比赛目的】检验并提高吊篮技术的掌握程度。

【比赛方法】分别在手部区预设的5个点处吊篮，每个点有两次机会，计算吊球进篮个数。

【场地器材】五体球场地；五体球、标志碟若干。

【注意事项】用最有把握的部位踢球。

【拓展建议】两人一组，在有消极防守情况下进行比赛。

#### ┃（2）捅射技能比赛 ┃

【比赛目的】检验学生对捅射技术的掌握情况，巩固和提高动作质量。

【比赛方法】在五体转换区画5个圈，圈内各放置1个球，学生依次助跑捅射，射进一球得1分。

【场地器材】 五体球场地；五体球、标志碟若干。

【注意事项】 捅射需在圈内完成，不能超出范围。

【拓展建议】 甩开消极防守队员，快速跑到标志圈内进行捅射。

❷ 组合技能比赛

**（1）五体球半场3对3教学赛**

【比赛目的】 检验学生的比赛水平，提高实战能力，增强信心。

【比赛方法】 采用半场比赛规则进行组队比赛，6分钟内得分最多的队获胜。

【场地器材】 五体球场地；五体球、标志碟、号码衣若干。

【注意事项】 进攻和防守时采用本模块学习的技能。

【拓展建议】 为增加捅射和吊篮技术的使用频率，比赛结束后可由双方在五体转换
区进行捅射或者吊篮比赛，得分计入总比分。

**（2）五体球全场5对5教学赛**

【比赛目的】 检查学生的技战术掌握情况及技战术实际运用能力。

【比赛方法】 按照五体球比赛规则组队进行比赛，时间为10分钟，得分最多的队获胜。

【场地器材】 五体球场地；五体球、标志碟、号码衣若干。

【注意事项】 进攻和防守时采用本模块学习的阵型。

【拓展建议】 为增加捅射和吊篮技术的使用频率，比赛中一方犯规，可根据犯规地
点，判罚对方在五体转换区进行捅射或者吊篮等特殊任意球，进球计
入总比分。

## 四 评

### （一）知识技能学习评价

学生能合理运用五体球全场比赛规则和联赛基本知识组织或参与比赛；能运用捅射
与吊篮技能，并在比赛中快速完成攻防阵型切换，有创新能力和个人风格。

### （二）体能素质锻炼评价

学生会多种双人合作体能锻炼方法，其身体的灵敏性、协调性、速度、耐力和力量
素质符合高强度比赛要求。

### （三）情感品格培养评价

学生能自觉养成五体球锻炼习惯，在练习或比赛中积极进取、顽强拼搏、坚持到
底、遵守规则、文明礼貌、公平竞争，具有责任意识和正确的胜负观。

## 第四节 单元四教学策略

本单元主要学习的技战术内容为组合技能和攻防阵型切换。教学中，教师要注意将技术从单一技能或者组合技能过渡到连贯技能和战术运用，并激发学生创新运用所学技战术，提高实战能力，提升运动技能。注意充分利用所学的组合技能，激发学生的兴趣，并运用多样化、趣味化的练习手段，调动学生学习的主动性，精讲多练，提高课堂的密度、强度，引导学生通过认真主动地参与学、练、赛、评一体化的单元学习，达成单元学习目标。

### 单元目标

**❶ 知识技能学习目标** 学生能运用五体球比赛规则组织班级比赛；掌握五体球组合技能，能灵活进行阵型的切换，具备一定的战术素养，达到五体球课程学生运动能力六级达标要求。

**❷ 体能素质锻炼目标** 学生的灵敏性、协调性、速度、力量、耐力等身体素质符合高强度比赛要求。

**❸ 情感品格培养目标** 学生能自觉养成五体球锻炼习惯；敢于挑战自我，敢于创新实践，不断追求新目标。

### 一 学

**模块六组合技能：手运球—手脚转换—脚运球—脚手转换—投篮—篮板球—手运球—手脚转换—脚运球—射门（12米）**

准备工作：按照场地布置尺寸说明，准备9个标准桶、2个标志碟来布置组合技能学练场地。

动作要领：出发前，球员手持球，一脚在前，一脚在后，重心在前脚上；球员从①号标志桶外侧用手运球前进，依次运球绕过②号、③号、④号标志桶后，进入五体转换区做手脚转换；用脚运球按照路线图依次从⑤号、⑥号、⑦号、⑧号标志桶绕过后，继续运球至五体转换区俯身捡球，直接投3分球，抢到篮板球后，用手运球到⑨号标志桶处做手脚转换运球；再用脚运球至12米射门点起脚射门，练习结束。球员要注意快速运球，迅速转换，准确绕标，投篮命中，抢篮板球，运球时手脚转换及时，射门精准，全程动作流畅。（详见图2-6-10）

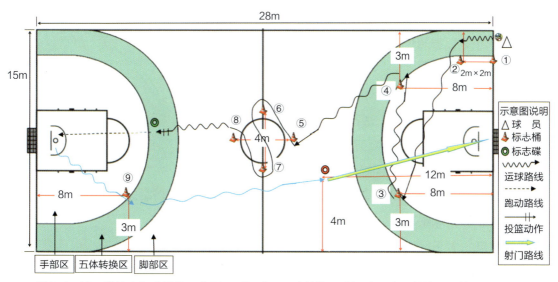

图2-6-10　模块六组合技能示意图：手运球—手脚转换—脚运球—脚手转换—投篮—篮板球—
手运球—手脚转换—脚运球—射门（12米）

 练

### （一）练习方法设计思路

本单元练习方法的设计思路是先将五体球组合技能分成两个部分进行分组练习，再交换练习，之后进行完整的五体球六级组合技能动作练习。教师在练习过程中应及时纠正学生的错误动作，并指出改进建议，通过计时让学生掌握完成的时间，以便使学生达到预期成绩。

### （二）练习方法与组织

**❶ 单个技能练习**

**（1）运球练习**

【练习目的】复习和巩固各种运球技术。

【练习方法】学生散布在五体球场内进行手运球或者脚运球，要求使用各种运球技术。

【场地器材】五体球场地；五体球、标志桶、标志碟若干。

【练习要求】运球不失误，各种运球方法都要复习。

【拓展建议】运球的同时尝试破坏其他人的球。

**（2）投篮练习**

【练习目的】复习巩固投篮技术。

【练习方法】一人一球，练习各种距离的各种投篮技术。

【场地器材】五体球场地；五体球、标志桶、标志碟若干。

【练习要求】出手要稳，提高投篮命中率。

【拓展建议】有消极防守的投篮练习。

### （3）上篮练习

【练习目的】巩固上篮动作技术。

【练习方法】一人一球，进行上篮练习。

【场地器材】五体球场地；五体球、标志桶、标志碟若干。

【练习要求】上篮步伐清晰，节奏感强，不走步违例。

【拓展建议】体会不同情况下（有、无防守队员，消极、积极防守等）的上篮练习。

### （4）抢篮板球练习

【练习目的】巩固提高抢篮板球技术。

【练习方法】两人一球，一人在罚球线投篮，另一人在篮下抢篮板球，交替轮换练习。

【场地器材】五体球场地；五体球、标志碟若干。

【练习要求】提前预判落点，起跳后在高点抢球。

【拓展建议】冲抢篮板球与挡人抢篮板球。

## ❷ 组合技能练习

### （1）手脚转换技能练习

【练习目的】熟练掌握转换技术，提高转换球能力。

【练习方法】手部自由运球，每听一次哨音进行一次手脚转换。

【场地器材】五体球场地；五体球、标志桶、标志碟若干。

【练习要求】各种运球方式都要使用。

【拓展建议】加快哨音频率。

### （2）手运球+投篮+抢篮板球练习

【练习目的】巩固投篮和抢篮板球技术，提高抢篮板球意识。

【练习方法】从五体转换区向篮下运球，到罚球线投篮，然后立即自抢篮板球。

【场地器材】五体球场地；五体球、标志碟若干。

【练习要求】不要原地观望，提前预判和卡位。

【拓展建议】篮下安排防守队员争夺篮板球。

### （3）手运球—手脚转换—脚运球—脚手转换—投篮—篮板球—手运球—手脚转换—脚运球—射门（12米）

【练习目的】巩固投篮和抢篮板球技术，提高抢篮板球意识。

【练习方法】一人一球，从一侧球门线开始手运球，经五体转换区转换到脚运球，推进到另一侧五体转换区，转换到手运球进行投篮，投篮后自抢篮板球，随后向出发半场运球，经五体转换区手抛地滚球转换到脚运球，最后射门结束。

【场地器材】五体球场地；五体球、标志桶、标志碟若干。

【练习要求】快速运球，迅速转换，合理分配体能，确保完成所有规定动作。

【拓展建议】根据五体球课程学生运动能力六级测试要求设置场地路线进行练习。

**（4）阵型切换（进攻—防守）战术演练**

【练习目的】熟练掌握阵型切换，提高阵型变化和战术执行能力。

【练习方法】听到哨音后迅速从"1-2-2"进攻阵型切换成"1-1-2-1"防守阵型；
听到哨音后迅速从"1-2-2"进攻阵型切换成"2-3"防守阵型。

【场地器材】五体球场地；五体球、标志碟若干。

【练习要求】落位快且准，队员之间保持相互呼应，进攻时拉开，防守时收拢。

【拓展建议】用1、2、3、4各代表一种阵型，学生听到相应数字立即变阵。

 **赛**

**（一）教学比赛设计思路**

本单元的教学比赛主要有单个技能比赛和组合技能比赛。单个技能比赛主要是为了巩固和提高学生在比赛中运用技能的能力，丰富得分手段。组合技能比赛有模块六组合技能计时赛和全场比赛，让学生在比赛中巩固和提升综合能力，磨炼学生运用技战术的能力，达到以赛代练的目的。

**（二）教学比赛方法与组织**

**❶ 单个技能比赛**

**（1）两人配合捅射比赛**

【比赛目的】以赛代练，检验和提高捅射技术。

【比赛方法】学生在脚部区向前助跑，接同伴从边线传来的地滚球后进行捅射。每人5次机会，计算成功捅射进球的个数。

【场地器材】五体球场地；五体球、标志桶、标志碟若干。

【注意事项】预先判断，避免射空。

【拓展建议】两人一组，起动甩开消极防守，快速跑到标志碟处进行捅射。

**（2）两人配合吊篮比赛**

【比赛目的】以赛代练，检查和提高吊篮技术。

【比赛方法】学生在五体转换区接同伴抛的空中球后，不停球用脚吊篮。每人5次机会，计算吊球进篮个数。

【场地器材】五体球场地；五体球、标志碟若干。

【注意事项】不能进入手部区踢球。

【拓展建议】三人一组，一人传球，一人吊篮，另一人防守。

❷ 组合技能比赛

**（1）组合技能计时赛：手运球—手脚转换—脚运球—脚手转换—投篮—篮板球—手运球—手脚转换—脚运球—射门（12米）**

【比赛目的】检查学生对模块六组合技能的掌握情况，巩固组合技能。

【比赛方法】按照模块六组合技能的要求、路线和技术组合进行计时比赛，完成时间最少者获胜。

【场地器材】五体球场地；五体球、标志桶、标志碟若干。

【注意事项】按规定的路线和方法完成有效，否则视为没完成比赛。

【拓展建议】进行组合赛、团体赛等，提高学生的集体荣誉感。

**（2）五体球全场5对5测试赛**

【比赛目的】检查学生的技战术掌握情况及技战术实际运用能力。

【比赛方法】按照五体球比赛规则，组队进行比赛，时间为10分钟，得分最多的队获胜。

【场地器材】五体球场地；五体球、标志碟、号码衣若干。

【注意事项】进攻和防守时采用本模块学习的阵型。

【拓展建议】为增加本模块所学技术的使用频率，比赛中一方犯规，可根据犯规地点，判罚对方用捅射、吊篮、远投、弹踢等进行任意球，进球计入总比分。

## 四 评

### （一）知识技能学习评价

学生能运用五体球比赛规则组织3对3、5对5比赛；掌握五体球组合技能，在比赛中能灵活进行阵型的切换，具备一定的战术素养、创新能力，形成个性风格特点，达到五体球课程学生运动能力六级达标要求。

### （二）体能素质锻炼评价

学生会多种体能锻炼方法，其身体的灵敏性、协调性、速度、耐力和力量素质符合高强度比赛要求。

### （三）情感品格培养评价

学生能自觉养成五体球锻炼习惯，在练习或比赛中积极进取、勇敢顽强、不怕困难、遵守规则、尊重对手、文明礼貌、公平竞争，具有责任意识和正确的胜负观。

# 第三部分
# 五体球教学资源

　　本部分包含三章：五体球教学准备及放松活动、五体球专项体能训练和五体球教学规范教案。其主要目的是帮助教师规范五体球教案设计，开拓五体球技术创新思路，丰富五体球教学手段，增加课堂趣味性，提升学生的五体球运动水平，培养学生的五体球运动素养。本章借鉴各项球类的基础和专项训练及创新训练等相关教育资源，以五体球技能一体化为理论指导，按照模块、年龄段提供"菜单式"教学备课资源，注重在实际教学中应用的规范性、便捷性和准确性，使教师在教研备课时方便使用、融会贯通。

# 第一章│五体球教学准备及放松活动

本章主要介绍五体球专项运动需要结合全国大中小（幼）体育课程一体化的特点安排的五体球专门性准备活动和针对性放松活动。在准备活动和放松活动的资源选取过程中，以五体球原创运动为主体，以青少年生长发育规律为基础，紧扣五体球一体化课程特点，结合了大中小学生课堂实际情况进行内容的选择。在典型案例筛选过程中，根据五体球六大模块的顺序性和各个级别的特殊性逐级举例说明。其目的是让教师了解五体球运动，熟悉并掌握五体球专门性准备活动和针对性放松活动的内容与方法，为五体球全国大中小（幼）一体化课程的顺利实施奠定基础。

## 第一节 五体球专门性准备活动

准备活动是通过一系列练习方法和手段调动身体适应和心理适应能力，以便达到五体球主体课程的运动强度要求。准备活动的主要作用是刺激心血管系统，加速血液循环，迅速为运动器官提供养料；激发肌肉活性与延展性，提升各关节的灵活性；激活中枢神经系统，加强动作的反应能力和身体的平衡、协调能力。五体球课程的准备活动分为一般性准备活动和专门性准备活动。通常一般性准备活动包括慢跑、伸展操、拉伸等练习及游戏化的身体练习内容与手段。专门性准备活动是指基于五体球专项运动和与其紧密相关的技术动作或运动形式安排的练习内容与手段。

### 一 五体球专门性准备活动设计思路与方法

#### （一）专门性准备活动的设计意义

五体球作为一项对抗性运动，对身体各项能力要求较高，只进行单一的准备活动不利于课程内容的展开和练习。五体球专门性准备活动从创新实用的角度出发，选择的准备活动内容与五体球项目课程内容密切相连，能帮助学生熟悉五体球的球性，将手部和脚部的传接球、运球等基本技术融入其中，使学生对五体球动作进行巩固练习，降低学习新技术的难度，对课程主要内容的教授有良好的促进意义。

## （二）专门性准备活动的设计原则

【练习时间】 一般性准备活动为3—5分钟，专门性准备活动为5—7分钟。

【练习强度】 从中等至中高强度，心率在120—150次/分。

【练习次数】 根据学生年龄和运动能力进行调整，每个动作4—6次。

【动作选择】 根据学生的年龄、已学习内容和其运动能力进行适当调整，动作内容需和训练课的主体训练内容相联系，动作具有针对性。

## （三）专门性准备活动的设计思路

### ❶ 热身：唤醒肌肉关节组织

通过各种跑、跳、爬等位移动作练习，有效刺激肌肉、筋膜等软组织，消除肌肉紧张，在运动前形成良好的肌肉感觉，有利于身体迅速过渡到训练、比赛状态。

### ❷ 拉伸：增加全身肌肉的张力

通过各种拉伸动作提高肌肉的柔韧性和各关节的灵活性，主要以各种摆、踢、旋等动态拉伸练习提高运动效率，达到预防运动损伤、提升肌肉弹性的目的。

### ❸ 激活：中枢神经系统训练

通过手眼协调、脚眼协调的五体球专项动作转换练习，激活中枢神经系统以及脊柱深层肌肉和臀部肌群，提高手脚的快速转换能力，提高身体运动的反应能力，有利于提高机体稳定性。

### ❹ 五体球专门练习：单个动作模式及组合动作模式训练

通过五体球专项基本动作模式练习，实现对肌肉、关节的伸展和预热，强化学生对五体球专项动作的记忆，有利于巩固和改善动作质量，提高学习效率。

## 二 五体球专门性准备活动案例与解析

### （一）专门性准备活动案例1：手、脚传接球训练课准备

【准备活动的目的】 通过五体球专门练习，使运动器官和内脏器官达到生理适应状态，改善神经系统对肌肉控制的精确程度，提高手传球和脚传球的准确性及转换速度，预防运动损伤。

【准备活动的方法】（1）围绕全身绕环和交替踩球练习：采用五体球围绕全身绕环和交替踩球练习刺激全身各部位肌肉，重点刺激上下肢肌肉和各关节的灵活性。（2）击地传接球练习：利用双人击地传接五体球练习，进行肌肉和神经激活，判断球击地位置，控制击球的力度，把握击球方向，提升手眼协调、脚眼协调及反应能力。（3）激活神经训练：学生在原地进行快速摆臂和碎步跑练习。（4）单个动作模式及组合动作模式训练。①双手对墙传球练习：两脚前后站立，面对墙壁，距墙4—5米，双手向墙上标

志点传球，要求尽量传球准确并增加传球次数。②手传球+脚接球练习：两人一组，学生甲用手传球给学生乙，学生乙用脚接球后用手传球给学生甲，学生甲用脚接球，反复进行；要求传接距离相对固定，传接方向准确，控制传接球力度。

【场地器材】 五体球场地；五体球、标志桶若干。

【练习要求】（1）围绕全身绕环和交替踩球练习：围绕全身绕环要求依次按胸部—腰部—膝部—踝部顺序进行；交替踩球要求双脚依次交换踩球，即一只脚立于地面，另一只脚踩在球上，双脚连续交替进行练习。（2）击地传接球练习：双脚前后自然开立，双手持球于胸前，手臂自然弯曲，脚跟微微抬起；手腕、手指发力，将球击地反弹至对方手中；接球队员姿势基本相同，盯住对方传来的球，脚下保持移动，根据来球路线改变接球位置，身体重心稍微前倾。（3）激活神经训练：每次以30—45秒为宜，进行2—3次。（4）双手对墙传球练习：注意根据水平等级设置人和墙的距离及标志（点）墙的高度。（5）手传球+脚接球练习：注意手传球给脚接球的方式，要求传地滚球，以便双方容易接球。

### （一）专门性准备活动案例2：手运球和脚运球训练课准备

【准备活动的目的】 通过五体球专门练习，使运动器官和内脏器官达到生理适应状态，改善神经系统对肌肉控制的精确程度，提高手运球和脚运球能力及转换速度，预防运动损伤。

【准备活动的方法】（1）跑折返三条线练习。学生从球门侧起点出发，跑"三线"折返：第一线至罚球线返回；第二线至内转换线返回；第三线至中线返回。重点激活上下肢肌肉和动作反应能力。（2）双人行进间交互运球练习：利用双人交互运球和传接五体球练习，按照标志完成运球和传接交换，控制运球速度，把握传球力度，提高手眼协调及反应能力。（3）激活神经训练：学生在原地进行快速摆臂和碎步跑练习。（4）单个动作模式及组合动作模式训练。①绕标志桶手脚转换运球练习：设置距离10—20米的标志桶，去程采用手运球，回程采用脚运球。在手运球过程中统一采用低运球；脚运球统一采用脚内侧运球；运球流畅，手脚转换速度快。②脚运球转换手运球练习：设置距离10—20米的标志桶，两人一组，学生甲用脚运球至标志桶转换成手运球返回起点给学生乙，学生乙用手接球并运球到标志桶转换成脚运球返回起点，反复进行两轮；运球流畅，手脚转换快速，以接力游戏比赛形式进行。

【场地器材】 五体球场地；五体球、标志桶若干。

【练习要求】（1）跑折返三条线练习：要求手触及线上才算合格，也可以多人接力形式进行。（2）双人行进间交互运球练习：根据学生年龄和所学模块设置距离。（3）激活神经训练：每次以30—45秒为宜，进行2—3次。（4）绕标志桶手脚转换运球练习和脚运球转换手运球练习：要求失误少，转换迅速，动作流畅。

**（三）专门性准备活动案例3：手抛球转换为脚控球训练课准备**

【准备活动的目的】 通过五体球专门练习，使运动器官和内脏器官达到生理适应状态，改善神经系统对肌肉控制的精确程度，提高手控球和脚控球能力及转换速度，预防运动损伤。

【准备活动的方法】（1）T型跑练习：用标志碟设置3米×5米大小的区域做T型跑练习，根据学生人数分成若干队伍，每人练习一次，轮流以接力游戏比赛方式进行；设置标志桶，以手触标志桶为准，快速跑步，接力流畅。（2）手抛球练习：两人一组，进行手抛球练习，两人距离4—5米，学生甲以手抛球传给学生乙，学生乙用手接球，回传给学生甲，反复进行；要求手抛球方向正确，高度适中。（3）脚踩接球练习：两人一组，距离4—5米，学生甲手传地滚球给学生乙，学生乙用脚踩接球，反复进行；要求传地滚球时控制球速，两人配合默契。（4）手抛球转换为脚控球练习：两人一组，学生甲做手抛空中球+脚底踩接反弹球练习后，将球传给学生乙，学生乙再进行手抛空中球+脚底踩接反弹球练习，交互进行。

【场地器材】 五体球场地；五体球、标志桶、标志碟若干。

【练习要求】（1）T型跑练习：距离和次数根据学生的年龄和五体球运动能力等级设置，以达到热身和激活肌肉进入状态的目的。（2）手抛球练习：根据学生的年龄和五体球运动能力等级设置合适的距离，控制手抛球高度。（3）脚踩接球练习：必须传地滚球，控制传球方向和力度，掌握练习时间和次数。（4）手抛球转换为脚控球练习：可以接力游戏比赛形式进行，要求按照规则完成。

**（四）专门性准备活动案例4：脚传球转换为手控球训练课准备**

【准备活动的目的】 通过五体球专门练习，使运动器官和内脏器官达到生理适应状态，改善神经系统对肌肉控制的精确程度，提高脚传球和手控球能力及转换速度，预防运动损伤。

【准备活动的方法】（1）绕杆跑练习：设置15—20米的障碍绕杆跑，根据学生人数分成若干队伍，每人练习一次，轮流以接力游戏比赛方式进行；设置1.5米的障碍标志，以身体绕过标志为准，快速跑步，接力流畅。（2）脚传球练习：两人一组，进行脚传球练习，两人距离4—5米，学生甲以脚传球给学生乙，学生乙用脚接停球，然后回传给学生甲，反复进行；要求传球方向正确，传球力度适中。（3）手控球练习：两人一组，距离4—5米，学生甲用手传空中球给学生乙，学生乙用手接空中球，反复进行；要求传球准确，控制球速和方向，两人配合默契。（4）脚传球转换为手控球练习：两人一组，学生甲用脚传空中球给学生乙，学生乙用手接空中球并控制在手中，交互进行。

【场地器材】 五体球场地；五体球、标志杆若干。

【练习要求】（1）绕杆跑练习：根据学生的年龄和五体球运动能力等级设置标志杆的间距和总距离。（2）脚传球练习：听教师口令进行统一传接球，加强动作的规范性。（3）手控球练习：注意空中球的控制，加强动作的流畅性。（4）脚传球转换为手控球练习：注意传球的高度应适宜手接并控制球，把握好传球力度和方向，以利于接球学生进行下一步进攻。

**（五）专门性准备活动案例5：组合技能动作训练课准备**

【准备活动的目的】 通过五体球专门练习，使运动器官和内脏器官达到生理适应状态，改善神经系统对肌肉控制的精确程度，提高组合技能动作的控球能力及转换速度，预防运动损伤。

【准备活动的方法】（1）五体球半场对角线跑练习：将学生根据人数分成四组，分别在场地四角，以顺时针方向进行快速跑练习，以达到热身的目的。（2）四肢肌肉和躯干力量练习：学生分成两队进行蜘蛛人爬行练习，爬行距离为5—15米/组；下蹲侧移5—15米/组。（3）激活神经训练：身体呈运动姿势站立，听教师口令，看教师手势，双脚快速侧向和前后移动；注意反应要快，统一节奏，移动时身体重心保持稳定。（4）单个动作模式及组合动作模式训练。①抛接空中球练习：学生内人一组，在球场上摆放两列前后左右间隔为3米的标志桶，每列摆放10个，学生从起点出发，在行进间抛空中球，在指定的标志点双手接空中球后进行下一次抛空中球。②传地滚球+脚接球+射门练习：学生两人一组，学生甲手传球给学生乙，学生乙脚接球后射门；注意根据学生年龄和五体球运动能力等级设置转换区域的距离和球门。

【场地器材】 五体球场地；五体球、标志桶若干。

【练习要求】（1）五体球半场对角线跑练习：根据学生的年龄和五体球运动能力等级安排练习次数，以达到热身和激活肌肉进入竞技状态的目的。（2）四肢肌肉和躯干力量练习：根据学生的年龄和五体球运动能力等级设置合适的距离，以游戏比赛形式进行，提高趣味性和竞争性。（3）激活神经训练：注意学生的间隔距离，控制练习时间及次数。（4）抛接空中球练习：可以接力游戏比赛形式进行，要求按照规则完成。（5）传地滚球+脚接球+射门练习：注意两人配合和射门的安全距离。

## 第二节 五体球针对性放松活动

五体球运动是上下肢同时参与运动技能展示的对抗性项目，学生在运动后产生疲劳和肌肉酸痛是正常现象。采用正确方法有效地进行针对性放松练习以解除身体疲劳是五体球课程必不可少的环节。同时，合理的放松活动不仅可以解除身体上的疲劳，提升身体的柔韧性和肌肉的弹性，还可以缓解精神上的疲劳，使学生心理上更加愉悦。本节主要介绍五体球的针对性放松活动，旨在为一线教师进行五体球教学提供参考。

### 一、五体球针对性放松活动设计思路与方法

#### （一）针对性放松活动的设计意义

五体球是一种对抗性较强的运动项目，参加运动后体能消耗较大，大多数学生在课后容易产生疲劳感，因此五体球学练的最后需要进行放松活动。针对性放松活动不仅可以使学生的身体机能得到充分放松，避免运动损伤，还可以放松学生的身心，避免学生对运动产生抗拒感。

体育运动后的放松活动是为了让我们的机体得到恢复，这是一个循序渐进的过程。在学习五体球运动之后，手部与脚部都进行了不同程度的锻炼，这就需要进行具有针对性的放松活动。若不及时进行放松活动，很容易出现肌肉疲劳，造成肌肉酸痛、僵硬、痉挛等情况，严重的甚至会使肌肉的黏滞性增加，这不仅达不到原本运动强身健体的目的，反而对身体有损伤。教师在进行放松指导时，不仅需要关注学生的拉伸放松动作，还需要关注调整呼吸的动作（如深呼吸），使呼吸和血液循环畅通，加速代谢，使机体逐渐恢复到相对平静的状态。

#### （二）针对性放松活动的设计原则

根据每节课的运动强度和身体参与运动特点，设置针对性放松时间3—5分钟。

#### （三）针对性放松活动的设计思路（详见图3-1-1）

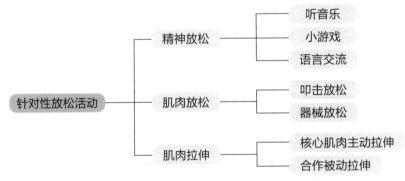

图3-1-1　针对性放松活动的设计思路示意图

针对性放松活动主要根据五体球运动的特点及学生生理及心理放松需求而设计，从精神的放松到肌肉的放松，使学生在学习五体球运动知识的同时身心愉悦。

### 二、五体球针对性放松活动案例与解析

#### （一）针对性放松活动案例1：手、脚传接球训练课放松

【放松活动的方法】　教师组织学生围成一个圈，播放轻松舒缓的音乐，学生与学生

之间相隔30—50厘米，利用数个五体球同时进行慢动作传球放松。传球时，学生先把球举向头顶，拉伸手臂，然后再慢慢放下来，递球时胳膊要最大程度伸展开，同时身体微微向球的一边倾斜，弯曲时肩关节内收牵拉。学生以这样的方式，用3—5分钟传两圈球。学生的颈、腰、上肢会得到放松，这个活动也能帮助学生调整好心态，消除传球带来的紧张和疲惫感。

**（二）针对性放松活动案例2：手运球和脚运球训练课放松**

【**放松活动的方法**】 学生坐在软垫上，教师在教学生做放松动作前可先让学生进行面对面小游戏，如30秒内逗笑对面的同学、做练习反应速度的拍手操等。之后进行放松活动，如被动拉伸的坐姿蝴蝶动作等。做动作时，学生面对面互相监督。同时，教师对学生做动作时的呼吸进行指导，当胸部向双腿间逐渐靠拢时，深呼气，在拉伸过程中，均匀地深呼吸，动作保持10—30秒。同时，可以做跪式起跑者弓步、半跪姿股四头肌拉伸，仰卧单腿转髋的腘绳肌和臀肌拉伸等。

**（三）针对性放松活动案例3：手抛球转换为脚控球训练课放松**

【**放松活动的方法**】 在进行放松活动前，教师通过播放音乐或者给学生讲笑话等让学生放松心情。之后进行三角肌主动拉伸，双臂后展上提，当双臂向身体后上方举起时，深呼气，在拉伸过程中，均匀地呼吸。一手屈肘背于脑后，另一手抓住屈曲的肘关节向内侧牵拉，拉伸肱三头肌，在拉伸过程中，均匀地呼吸。以站姿屈膝进行股四头肌拉伸，牵拉时注意不要过度伸展下腰背。每个拉伸动作保持10—30秒。

**（四）针对性放松活动案例4：脚传球转换为手控球训练课放松**

【**放松活动的方法**】 在进行放松动作前，教师带领学生进行1分钟的深呼吸，在偿还氧债的同时可以平复心情。拉伸放松动作可以采用三角式对内收肌、胸腰椎回旋肌和躯干伸肌进行被动拉伸，当身体向一侧倾斜时，深呼气，在拉伸过程中，均匀地呼吸，动作保持10—30秒。用相扑式深蹲进行腘绳肌拉伸，注意在做动作时保持胸部和背部挺直，脚后跟不要离地，肘关节在膝盖内侧，起身时下腰部和股四头肌发力。

**（五）针对性放松活动案例5：组合技能动作训练课放松**

【**放松活动的方法**】 学生两人一组，相互叩打、揉捏、按摩各部位肌肉，对于在放松时需要大力按摩的部位，比如腿部肌肉，学生可以相互进行踩腿按摩，或者借助泡沫轴、瑞士球进行放松拉伸。在放松时教师注意指导学生叩打按摩的力道和部位，带领学生认识各肌肉组织，让学生能够科学运动。

## 第二章 | 五体球专项体能训练

　　五体球运动是一种能在同一场地上，将手部控球、脚部控球和头部运动综合在一起的新兴大球类运动。五体球比赛是球员在三大区域内单个技能、组合技能和心智能力的综合展示，也是团队配合、技战术运用能力与体能的比拼。

### 第一节　五体球专项体能训练设计思路与方法

　　五体球运动要求学生在五体球手部区内熟练地用手完成运球突破、运球上篮、投篮、传球、抢断等技术，在脚部区内灵活地用脚完成带球过人、射门、传球、抢断等技术，在五体转换区内完成手运球转换成脚运球或脚运球转换成手运球的动作以及各种投篮和射门、吊篮等进攻技术动作快速转换的过程。这些竞技要求都需要强大的体能支撑，以完成团队默契配合，充分发挥每个人的水平。

#### 一　五体球专项体能训练的设计思路

　　应依据五体球运动特点、五体球一体化课程对专项体能的需要，以及青少年生长发育规律，针对专项技术所涉及的力量、灵敏、平衡、协调、反应等素质，设计出相对应的体能训练方法。

　　专项体能训练的动作设计分为初级、中级、高级训练动作，分别与专项技术的六个模块相对应，即模块一和模块二为初级，模块三和模块四为中级，模块五和模块六为高级。每个训练动作均可根据学生自身体能的情况以及训练强度的需求进行进退阶调整，以达到有效训练。

## 二 五体球专项体能训练方法

### （一）初级水平

动作
1

【动 作 名 称】站姿弹力带髋内收。

【训 练 目 的】针对脚内侧传球技术，通过增强内收肌力量、爆发力、髋关节稳定性的训练手段，提高初级踢传球的能力。

【动 作 要 领】单腿站立，弹力带一端固定在安全稳定的固定物上，另一端固定在非支撑脚侧脚踝处，侧对弹力带，支撑脚脚尖向前，膝关节自然伸直，与脚尖方向一致，骨盆保持中立位，收腹挺胸，下颌微收，双手叉腰，固定弹力带一侧腿稍外展，大腿向内收至双腿并拢，还原至初始位置，保持弹力带张力不消失。向内1秒，向外3—4秒。呼吸：向内吐气，向外吸气。（详见图3-2-1）

【安 全 提 示】支撑脚膝关节不要超伸，避免膝关节压力过大而损伤；保持躯干稳定，避免腰部压力过大而损伤。

【频次及强度】12—15次/组，共计3组，组间休息30—60秒。

【场地及器材】室内外平整的场地；弹力带。

【进退阶方法】进阶：增加阻力。退阶：减少阻力。

图3-2-1 站姿弹力带髋内收

动作
**2**

【动 作 名 称】自重波速球深蹲。

【训 练 目 的】针对脚内侧传球技术，通过增强下肢肌肉群力量与平衡性的训练手段，提高踢传球的能力。

【动 作 要 领】站在波速球的平面一侧，双脚分开，与肩同宽，骨盆保持中立位，收腹挺胸，下颌微收，目视正前方，双手交叉在胸前。向下，屈膝屈髋至大小腿约90°，膝关节不超过脚尖；向上，还原至初始位置。向下2—4秒，向上2—4秒。呼吸：向下吸气，向上吐气。（详见图3-2-2）

【安 全 提 示】向下时膝关节不要超过脚尖，向上时膝关节自然伸直，不超伸，避免膝关节压力过大而损伤；下蹲时保持核心稳定，避免腰部损伤。

【频次及强度】12—15次/组，共计3—4组，组间休息30—60秒。

【场 地 及 器 材】室内外平整的场地；波速球。

【进退阶方法】进阶：增加阻力。退阶：波速球半球向上或去掉波速球自重深蹲。

图3-2-2 自重波速球深蹲

**动作 3**

【动作名称】俯撑侧向平移。

【训练目的】针对传地滚球技术，通过增强上肢肌肉群力量与稳定性、核心力量与稳定性的训练手段，提高手抛传球的能力。

【动作要领】直臂俯撑，双手双脚与肩同宽支撑于地面，双臂肘关节自然伸直，收腹挺胸，下颌微收，从侧面看耳、肩、髋、膝、踝在一条直线上。以向右侧平移为例，右侧手脚同时向右移动，左侧手脚跟进，幅度控制在20—30厘米，平移过程中，核心保持稳定。呼吸：全程保持自然呼吸。（详见图3-2-3）

图3-2-3　俯撑侧向平移

【安全提示】保持核心稳定，避免腰部压力过大而损伤；肘关节保持自然伸直，不超伸，避免压力过大而损伤。

【频次及强度】20—25秒/组，共计2—3组，组间休息60秒。

【场地及器材】室内外平整的场地。

【进退阶方法】进阶：手脚反向开合俯撑侧向平移（详见图3-2-4）。退阶：俯卧支撑。

图3-2-4　手脚反向开合
俯撑侧向平移

动作
4

【动作名称】站姿弹力带臂弯举。

【训练目的】针对传地滚球技术，通过增强上肢力量，提高手抛地滚球的能力。

【动作要领】保持站姿，双脚掌踩实弹力带，双膝自然伸直，收腹挺胸，下颌微收，双手自然下垂，正握弹力带于体前，腕关节保持中立位，肘关节微屈并保持弹力带初始张力。向上，上臂贴近躯干，屈肘至肱二头肌充分收缩；向下，还原至初始位置。向下2—4秒，向上2—4秒。呼吸：向下吸气，向上吐气。（详见图3-2-5）

【安全提示】收紧核心，保持身体稳定，不要前后晃动，防止腰背损伤；不要耸肩，防止肩颈损伤。

【频次及强度】12—15次/组，共计3组，组间休息30—60秒。

【场地及器材】室内外平整的场地；弹力带。

【进退阶方法】进阶：增加阻力。退阶：减少阻力。

图3-2-5　站姿弹力带臂弯举

**动作 5**

【动作名称】壶铃深蹲。

【训练目的】针对原地跳起单手投篮及传球技术，通过增强力量、协调性的训练手段，增强下肢力量及身体协调发力的能力。

【动作要领】双脚分开，比肩膀略宽，脚尖稍外展，膝关节微屈并指向脚尖方向，收腹挺胸，下颌微收，双手正握壶把，肘关节微屈。向下，屈髋至大腿平行于地面；向上，还原至初始位置。向下2—4秒，向上2—4秒。呼吸：向下吸气，向上吐气。（详见图3-2-6）

【安全提示】保持核心稳定，避免腰部压力过大而损伤；肘关节保持自然伸直，不超伸，避免压力过大而损伤；向上时膝关节保持自然伸直，不超伸，向下时膝关节不要超过脚尖，避免压力过大而损伤。

【频次及强度】12—15次/组，共计3组，组间休息30—60秒。

【场地及器材】室内外平整的场地；壶铃。

【进退阶方法】进阶：增加阻力。退阶：减小幅度；自重深蹲。

图3-2-6　壶铃深蹲

【动作名称】站姿哑铃肩上推举。

**动作 6**

【训练目的】针对原地跳起单手投篮技术，通过增强协调性和爆发力的训练手段，提高原地跳起投篮的能力。

【动作要领】自然站立，双手正握哑铃，双臂外展屈肘90°，前臂垂直于地面，掌心向前，腕关节保持中立位。向上，举至双手哑铃在头上方接近而不发生触碰（避免张力消失），肘关节自然伸直；向下，还原至初始位置。向下2—4秒，向上2—4秒。呼吸：向下吸气，向上吐气。（详见图3-2-7）

【安全提示】保持核心稳定，避免腰部压力过大而损伤；向上时肘关节保持自然伸直，不超伸，避免压力过大而损伤。

【频次及强度】12—15次/组，共计3组，组间休息30—60秒。

【场地及器材】室内外平整的场地；哑铃。

【进退阶方法】进阶：增加阻力。退阶：减少阻力。

图3-2-7 站姿哑铃肩上推举

**动作 7**

【动作名称】 跳箱弓箭步交叉跳。

【训练目的】 针对射门技术，通过增强下肢力量、协调性、爆发力的训练手段，提高射门的能力。

【动作要领】 左脚放在跳箱上，右脚支撑地面，呈弓箭步姿态，收腹挺胸，下颌微收；左腿股四头肌收缩发力的同时右脚蹬地跳起，两腿交叉换位置，手臂交替摆动，以此类推。呼吸：保持自然呼吸。（详见图3-2-8）

【安全提示】 保持核心稳定，避免腰部压力过大而损伤；落地时注意膝关节缓冲，避免膝关节损伤。

【频次及强度】 15—20秒/组，共计2—3组，组间休息60秒。

【场地及器材】 室内外平整的场地，20—30厘米高的跳箱。

【进退阶方法】 进阶：增加跳箱高度；增加阻力，例如手持哑铃。退阶：降低跳箱高度。

图3-2-8　跳箱弓箭步交叉跳

（二）中级水平

动作
**1**

【动作名称】五格反应练习。

【训练目的】针对一脚防守技术，通过增强快速反应能力和身体灵敏性的训练手段，提高在防守中快速一脚解围的能力。

【动作要领】在3米×2米的区域内，用标志桶标记出5个50厘米×50厘米的正方形防守区域，并由左至右命名1—5的编号；练习者面向5个防守区域，间距1米，位于中点；练习时注意力高度集中，重心降低，两膝微屈，两脚原地小步跑，在接收到运用加减乘除计算练习得出的1—5指令后，快速起动进入对应区域，完成后背对起点快速返回，等待接收指令。呼吸：保持自然呼吸。（详见图3-2-9）

【安全提示】后退时，因背向起点，身体重心应靠前，避免在后退过程中发生意外。

【频次及强度】10次/组，共计2组，组间休息60秒。

【场地及器材】室内外平整的场地；标志桶、秒表。

【进退阶方法】进阶：起动前增加转身。退阶：去掉计算练习。

图3-2-9　五格反应练习

**动作 2**

【动 作 名 称】 Z字形横向滑步俯身同侧手触标志桶。

【训 练 目 的】 针对一脚防守技术，通过快速变向滑步、俯身手触标志点的训练手段，提高身体速度，增强灵敏性、协调性及腿部爆发力，增强一脚拦球后俯身拾球的能力。

【动 作 要 领】 在两条平行间距3米的直线上Z字形放置20个标志桶，标志桶的间距为50厘米；练习者面向角标，双腿微屈，在两条平行线间进行滑步训练，身体正面始终面向平行线内区域，抵达角标后俯身，并使用与行进方向同侧的手触标志点，起身继续移动。呼吸：保持自然呼吸。（详见图3-2-10）

【安 全 提 示】 移动过程中，注意降低身体重心，急停或起动时保持膝关节在屈曲位置，避免膝关节损伤。

【频 次 及 强 度】 10—15秒/组（不同性别及年龄完成时间要求不同），共计2—3组，组间休息30—60秒。

【场 地 及 器 材】 室内外平整的场地；标志桶、秒表。

【进 退 阶 方 法】 进阶：异侧手触地。退阶：延长完成时间。

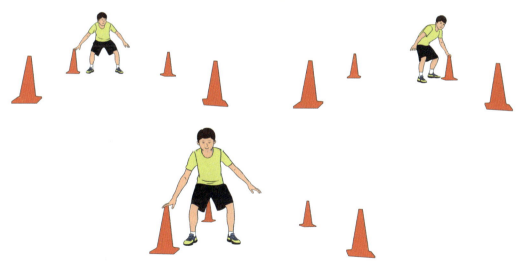

图3-2-10　Z字形横向滑步俯身同侧手触标志桶

**动作 3**

【动作名称】 跑动接反弹六角球。

【训练目的】 针对出击挡球技术，通过快速跑动接反弹六角球的训练手段，提高运动员的身体敏捷性和反应能力。

【动作要领】 在距离墙壁5米的点上，面向墙壁站立，两眼注视墙壁，手持六角球，双腿与肩同宽，微屈，降低身体重心；将六角球抛向墙壁的同时，身体向前起动，当六角球接触墙壁反弹以后，迅速跑动并接住球。呼吸：保持自然呼吸。（详见图3-2-11）

【安全提示】 抛球时不要过于用力，避免六角球反弹后伤人。

【频次及强度】 10次/组，共计3组，组间休息30—60秒。

【场地及器材】 室内外靠墙体安全平整的场地；六角球（反应球）。

【进退阶方法】 进阶：在训练者髋部增加弹力带。退阶：原地接地面反弹六角球。

图3-2-11　跑动接反弹六角球

**动作 4**

【动作名称】 仰卧两头起。

【训练目的】 针对胸部接球技术，通过增强核心力量、协调性的训练手段，提高胸部接球的能力。

【动作要领】 仰卧在瑜伽垫上，双腿伸直并拢，昂首挺胸，下颌微收，双手举过头顶并伸直。向上，以骨盆为支点，收紧核心，将腿和手臂同时向上抬起，保持膝关节自然伸直，并在最高点手脚触碰；向下，手脚同时向下至接近地面而不触碰地面，保持核心肌群的张力。反复连续快速完成。呼吸：保持自然呼吸。（详见图3-2-12）

【安全提示】 背部挺直，避免在运动中腰部损伤；不要耸肩，避免肩颈压力
　　　　　　 过大而损伤。

【频次及强度】 60秒/组，共计2—3组，组间休息60秒。

【场地及器材】 室内外平整的场地；瑜伽垫。

【进退阶方法】 进阶：增加上肢阻力。退阶：仰卧卷腹。

图3-2-12　仰卧两头起

**动作 5**

【动作名称】 俯卧撑。

【训练目的】 针对胸部接球的技术，通过增强胸大肌力量的训练手段，提高
　　　　　　 保护身体的能力。

【动作要领】 俯卧，两脚并拢，踩实地面，收腹挺胸，腰背挺直，双手采用
　　　　　　 中距离俯撑；收腹挺胸，下颌微收，大小腿自然伸直，从侧面看
　　　　　　 耳、肩、髋、膝、踝呈一条直线；起始由上至下，还原由下向
　　　　　　 上。向下2—4秒，向上2—4秒。呼吸：向下吸气，向上吐气。
　　　　　　 （详见图3-2-13）

【安全提示】 保持躯干稳定，避免腰部损伤；向上时肘关节不要过伸，防止
　　　　　　 肘关节压力过大而损伤。

【频次及强度】 10—15次/组，共计3组，组间休息60秒。

【场地及器材】 室内外平整的场地。

【进退阶方法】 进阶：单腿支撑俯卧撑；抬高脚俯卧撑。退阶：膝关节触地俯
　　　　　　 卧撑；抬高支撑手俯卧撑。

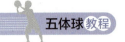

图3-2-13　俯卧撑

**动作 6**

【动作名称】俯身触地接转体触墙。

【训练目的】针对五体转换区投篮技术，通过增强快速反应能力、灵敏性及协调性的训练手段，提高快速进攻能力。

【动作要领】背向墙体，呈双脚直立姿势，下蹲触地后，快速起身左右转体，双手触摸墙体，左右各完成一次视作一次完整的动作训练。呼吸：保持自然呼吸。（详见图3-2-14）

【安全提示】下蹲时，注意膝关节不要超过脚尖，避免膝关节损伤。

【频次及强度】30秒/组，共计2—3组，组间休息30—60秒。

【场地及器材】室内外靠墙体安全平整的场地。

【进退阶方法】进阶：转身加跳跃；转身前加口令；加方位标志桶，听口令起动。退阶：面向墙体，不再转身。

图3-2-14　俯身触地接转体触墙

## （三）高级水平（可参考初级、中级进阶动作）

**动作 1**

【动作名称】10米直线急停折返跑。

【训练目的】针对踢挡板反弹球技术，通过短距离快速跑动、急停加速跑的训练手段，提高速度，增强灵敏性以及爆发力，达到人球分过的效果。

【动作要领】在10米的直线上，设定起点，练习开始时，两眼目视前方，降低身体重心，由起点快速起动，加快两臂摆动速度，到达10米折返点后，单脚前脚掌内侧（左右脚轮换）制动，折返跑回起点，以此类推。呼吸：保持自然呼吸。（详见图3-2-15）

【安全提示】移动过程中，降低重心，急行急停过程中保持膝关节屈曲状态，避免损伤；保持核心稳定，避免腰部损伤。

【频次及强度】5个往返/组，共计3组，组间休息1—3分钟。

【场地及器材】操场或跑道；标志桶、秒表。

【进退阶方法】进阶：改变方向，例如标志桶摆放成L形、T形、V形等。退阶：增加距离。

图3-2-15　10米直线急停折返跑

动作
2

【动作名称】 波速球单脚站立双人药球传递。

【训练目的】 针对五体转换区内行进间手抛球衔接脚内侧吊篮技术，通过增
强平衡性、核心稳定性、协调性及快速反应能力的训练手段，
提高手抛球的稳定性。

【动作要领】 两人对站，分别单脚站立在波速球上，波速球平面向上，支撑
脚膝关节微屈，另一侧脚（惯用射门脚）抬起即可，保持身体
平衡，一人双手持药球，上抛传递给另一人，交替进行。呼
吸：保持自然呼吸。（详见图3-2-16）

【安全提示】 全程核心稳定，避免腰部受伤。

【频次及强度】 5秒/组，共计2—3组，组间休息30秒，无强度。

【场地及器材】 室内外平整的场地；波速球、药球、秒表。

【进退阶方法】 进阶：非支撑脚弹力带负重。退阶：平地单脚站立双人药球传
递；行进间药球传递。

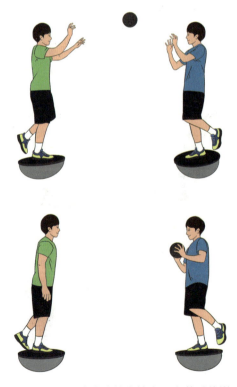

图3-2-16　波速球单脚站立双人药球传递

## 第二节 五体球专项体能训练案例

　　五体球一体化课程专项体能训练案例主要是针对初级、中级和高级阶段的体能需要，遵循青少年生长发育规律，针对五体球专项技术所涉及的力量、灵敏、平衡、协调、反应等素质，设计相对应的体能训练案例。选择五体球专项体能训练案例时，应重点根据初级组合、中级组合和高级组合三个阶段，依据训练目的进行教学组织，采用科学的训练方法，遵循专门性、周期性、循序渐进等基本训练原则，通过对运动的频度、强度、时间和类型的控制及调整，合理安排和实施训练计划，以达到有效学习更高级别运动技能的目的。

### 一　五体球专项体能训练组合案例

　　专项体能训练组合主要应用于每节训练课中的体能训练环节，训练时间大约为10分钟。动作的组合可依据课程的专项技术所涉及的体能素质类型来安排，同时要根据不同学生个体的身体素质情况选择动作进退阶，保证学生在安全有效的情况下完成训练，避免运动损伤。运动器材的选择可以根据学校器材的实际情况进行调整，例如：波速球可以用平衡板、泡沫砖、拔河大绳等不稳定器材来替代，壶铃可以用任意负重形式来替代，药球可以用其他球类替代，等等。教学组织可以在个人完成动作的基础上，通过双人配合、小组接力、竞速等方式完成训练，提高学生的训练兴趣。

　　（一）初级组合（详见表3-2-1）

表3-2-1　五体球专项体能训练初级组合案例

| 动作名称 | 训练目的 | 教学组织（队形） | 教学方法 | 练习方法 |
|---|---|---|---|---|
| 站姿弹力带髋内收 | 增强下肢肌肉力量 | × × × × × × × × × ×<br>× × × × × × × × × ×<br>◎ | 讲解法、动作示范法 | 完整练习法、小群体练习法 |
| 自重波速球深蹲 | 增强下肢肌肉力量以及身体平衡性 | × × ×<br>× × × × ×<br>◎ | 讲解法、动作示范法 | 完整练习法、分解练习法 |

## （二）中级组合（详见表3-2-2）

表3-2-2　五体球专项体能训练中级组合案例

| 动作名称 | 训练目的 | 教学组织（队形） | 教学方法 | 练习方法 |
|---|---|---|---|---|
| 仰卧两头起 | 增强核心力量以及身体协调性 | ×××××××××××××××<br>◎ | 讲解法、动作示范法 | 完整练习法、分解练习法 |
| Z字形横向滑步俯身同侧手触标志桶 | 增强身体灵敏性以及协调性 | ◎　× × × ×<br>× × × ×<br>× × × ×<br>↓ ↓ ↓ ↓<br><br>↑ ↑ ↑ ↑<br>× × × ×<br>× × × ×<br>× × × × | 讲解法、动作示范法 | 完整练习法、循环练习法、小群体练习法 |

## （三）高级组合（详见表3-2-3）

表3-2-3　五体球专项体能训练高级组合案例

| 动作名称 | 训练目的 | 教学组织（队形） | 教学方法 | 练习方法 |
|---|---|---|---|---|
| 波速球单脚站立双人药球传递 | 提高反应速度，增强爆发力 | × × × ×<br>× × × ×<br>◎<br>× × × ×<br>× × × × | 讲解法、动作示范法、情景教学法 | 完整练习法、分解练习法、循环练习法、小群体练习法 |
| 10米直线急停折返跑 | 提高速度，增强爆发力、协调性 | ◎<br>↑<br>× × × ×<br>× × × ×<br>× × × ×<br>× × × × | 讲解法、动作示范法、情景教学法 | 完整练习法、循环练习法、小群体练习法 |

## 二　五体球专项体能训练的注意事项

　　五体球专项体能训练应根据初级组合、中级组合和高级组合三个阶段的技能训练需要，依据专项训练目的和特点，进行专项体能教学组织。在采用针对性的专项体能训练方法时，注意合理安排体能训练负荷，应考虑专项技能负荷的叠加效应，以免负荷量过大，造成学生过度疲劳；注意专项技能的局部负荷，保持专项技能训练的平衡，同时也应照顾学生的个体差异性。

# 第三章｜五体球教学规范教案

本章向一线教师提供五体球运动模块一至模块六的典型教案，其目的是让一线教师学习和掌握一体化课程教案的规范：从各个模块的教案编排中了解到每个模块的水平不同，难度逐级提升；安排的教学内容系统全面，由浅入深，循序渐进；根据六大模块的特点，采用适宜的教学方法；既要考虑教学过程中的趣味性、娱乐性，又要完成预定的教学任务。通过学习，学生不仅能发展五体球技能，掌握五体球知识，还能增强身体素质，养成良好的锻炼习惯。学生经过每个模块的学习，通过五体球课程学生运动能力测评，可以顺利进入下一个模块的学习。

## 第一节　五体球模块一规范教案

本教案旨在提升三年级学生的五体球手运球、手脚转换、脚运球组合技能，坚持以"健康第一"教育理念为指导，以创设情境化进阶练习为学练思路。在准备部分，以游戏"运球找线"让学生熟悉五体球场地的界线与场区概念；在基本部分，通过"手运球、左右手交替运球往返跑+（转折处）手抛接空中球""左、右脚脚背正面运球+（转折处）单手抛接空中球""脚运球—脚手转换—手运球"等技术动作的多样化、重复性、竞赛性的难度进阶与学练情境变化，为学生在比赛中熟练应用手运球、手脚转换、脚运球组合技能奠定良好的学练方法基础。通过两人合作体能练习，提升学生合作锻炼体能的意识；采用小组比拼的形式，培养学生遵纪守规、团结协作等健康行为与体育品德，让核心素养内化于心、外显于行。

教师要运用学、练、赛、评一体化教学方式，明晰学习目标，选用适切的教学内容，明确学、练、赛、评的相互关系，把握好每个环节与整体的关系，深化课堂结构化学习改革，促进体育课程核心素养落地。

## 学练赛评内容分布表

| 教学方式 | 内容安排 |
|---|---|
| 学 | 行进间运球；脚背正面运球 |
| 练 | 行进间运球；脚背正面运球；脚运球—脚手转换—手运球；体能 |
| 赛 | 组合技能接力赛 |
| 评 | 即时评价学生在不同学习情境下对手运球、手脚转换、脚运球组合技能的掌握情况，以及在组内学习活动中的纪律表现等 |

**教案设计**

| | |
|---|---|
| 陕西省咸阳市杨陵区职业技术教育中心 | 游启栋 |
| 陕西省咸阳市武功县育才路小学 | 吴聪利 |
| 陕西省咸阳市杨凌高新第二小学 | 游学军（指导教师） |

## 手运球、手脚转换、脚运球组合技能练习教案

| 模块 | 一 | 单元 | 二 | 课时 | 第3课时 |
|---|---|---|---|---|---|
| 学段 | 小学 | 年级 | 三年级（适合三、四年级） | 班级 | |
| 班级人数 | 40人 | 性别 | 男生：20人<br>女生：20人 | 教师 | |

| 教学目标 | 1. 知识技能学习目标：学生能较准确地说出所学的手运球和脚运球与组合技术动作要点，基本掌握行进间运球、脚背正面运球学练方法，有安全防护意识。<br>2. 体能素质锻炼目标：在学练过程中，学生的灵敏性、协调性和速度等体能得到发展。<br>3. 情感品格培养目标：学生在学练和比赛中表现出遵守规则、团结协作与对小组负责的言行。 |
|---|---|
| 教学内容 | 1. 单个技能：行进间运球、脚背正面运球。<br>2. 组合技能：脚运球—脚手转换—手运球。<br>3. 教学比赛：组合技能接力赛。<br>4. 体能练习：两人合作练习。 |

| 教学重点 | 行进间运球时要拍按球的后上方；脚背正面运球时要用脚背正面推拨球的后中部。 | 教学难点 | 行进间运球时做到用手拍按球与脚部移动相协调；脚背正面运球时触球力量要适中。 |
|---|---|---|---|

| 课的结构 | 课的内容 | 教学过程与方法 | 组织与要求 | 时间（分钟） | 次数 | 强度 |
|---|---|---|---|---|---|---|
| 准备部分 | 一、课堂常规<br>1. 体育委员整队，报告人数，师生问好。<br>2. 宣布本节课的学习目标与任务。<br>3. 强调练习、比赛中的安全要求。<br>4. 安排见习生。 | 1. 师生问好。<br>2. 宣布本节课的内容与安全要求。<br>3. 安排见习生。 | 组织：如下图。<br><br>要求：集合整队快、静、齐，认真听教师讲解，明确学习任务与安全要求。 | 2 | 1 | 低 |

续表

| 课的结构 | 课的内容 | 教学过程与方法 | 组织与要求 | 时间（分钟） | 次数 | 强度 |
|---|---|---|---|---|---|---|
| 准备部分 | 二、热身活动<br>1. 游戏：运球找线。<br>方法：学生每人一球，按照指令在五体球场地内自由运球（手运球或者脚运球），听到教师喊出场地某条线（边线、球门线、内转换线、中线等）后，学生迅速到线上做手抛接空中球或脚部踩拉球。<br>2. 拉伸活动：活动各关节，做动态拉伸练习。 | 1. 教师讲解游戏的方法与要求。<br>2. 组织学生进行游戏。<br>3. 带领学生做热身活动，语言提示动作和变换动作节奏。 | 组织：游戏"运球找线"应做到在球场内散点进行；动态拉伸活动分10个小组按照球场宽度往返练习。<br>要求：学生按照人数分为两个半场进行手运球、脚运球。遵守游戏规则，观察其他同学位置，寻找空当运球，反应迅速，快速到位。 | 7 | 2 | 中 |
| 基本部分 | 一、技术学练<br>1. 行进间运球技术。<br>（1）手运球往返跑+（转折处）手抛接空中球10次练习。<br>要求：先用右手运球，返回时用左手运球。<br>（2）左、右手交替运球往返跑+（转折处）手抛接空中球10次练习。<br>2. 脚背正面运球技术。<br>（1）右脚脚背正面运球+（转折处）单手抛接空中球10次练习。<br>（2）左脚脚背正面运球+（转折处）单手抛接空中球10次练习。 | 1. 教师讲解、示范手运球，脚背正面运球与手抛接空中球技术动作。<br>2. 组织学生分组进行练习。观察学生手运球、脚背正面运球的方法，做到个别提醒与指导。<br>3. 对于普遍存在的问题，有必要给予统一指导。 | 组织：如下图。 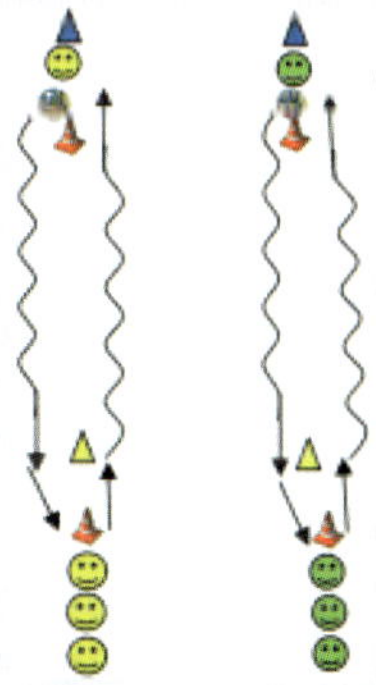<br><br>要求：在完成手运球、脚背正面运球练习时，遇到球滚落现象，捡拾球时做到"一看、二站、三捡拾"。能够认真观察同组同学的动作完成情况，并做出评价。 | 8 | 4 | 中 |
| 基本部分 | 二、组合技能练习：脚运球—脚手转换—手运球<br>方法：从起点开始做脚背正面运球，在转折处俯身捡球，返回时用手运球技术。下一名学生接同伴手部传球后，要用手抛地滚球方式连接脚背正面运球。在规定区域完成俯身捡球动作，不可过早。 | 1. 教师讲解、示范组合技能动作要求。<br>2. 针对技术衔接与手脚转换运球，强调区域的规则意识。 | 组织：如下图。 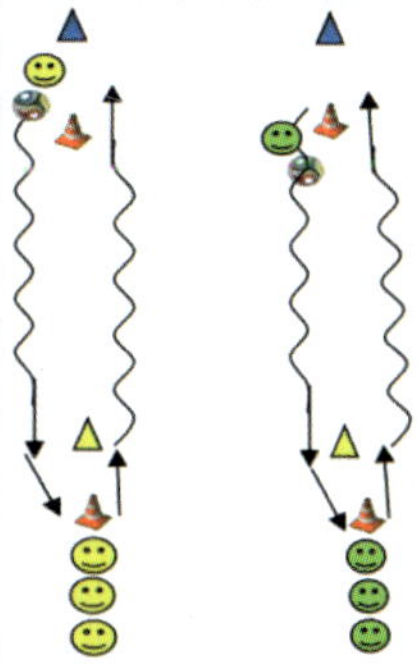<br><br>要求：遵守手脚运控球和转换要求，能够从同学完成动作的情况中取长补短。 | 8 | 8 | 中高 |

| 课的结构 | 课的内容 | 教学过程与方法 | 组织与要求 | 时间（分钟） | 次数 | 强度 |
|---|---|---|---|---|---|---|
| 基本部分 | 三、教学比赛：组合技能接力赛<br>方法：相邻两组比赛，先用脚背正面运球，在转折处俯身捡球，返回时用手运球技术递交给下一名学生，接球学生用手抛地滚球接脚背正面运球，完成比赛动作。采用三局两胜制，获得两局胜利的小组获胜。 | 1. 讲解、示范组合技能接力赛的规则和要求。<br>2. 组织学生分组比赛。<br>3. 引导学生就所学动作的使用情况进行互评。<br>4. 评价学生完成动作的表现。 | 组织：如下图。<br><br>要求：遵守比赛规则，在规定区域内完成手部传接球，提前跑出接球算犯规。学生能够评判同伴是否有犯规行为。 | 6 | 3 | 高 |
| | 四、体能练习：两人合作练习<br>1. 俯撑互拨传球30次。<br>2. 仰卧同步举腿15次。<br>3. 5米推小车两次。 | 1. 讲解、示范体能练习动作方法。<br>2. 组织学生两人一组结伴练习。<br>3. 每个练习用时1分钟，包括中间休息10秒，两轮循环共计6分钟。 | 组织：如下图。<br><br>要求：认真聆听体能练习方法与要求。两人一组合作练习，在推小车练习配合中注意安全。 | 6 | 2 | 中 |
| 结束部分 | 一、放松活动<br>二、本课小结<br>三、宣布下课<br>四、收还器材 | 1. 引导调整呼吸，拍打肢体放松。<br>2. 积极评价，归纳总结。 | 组织：呈四列横队散开。<br>要求：跟随教师一起放松，对本节课的技术学练方法进行小结。 | 3 | 2 | 低 |
| 场地器材 | 场地：五体球场或篮球场。<br>器材：五体球41个、标志桶40个、口哨1个。 | | | | | |
| 练习密度 | 群体运动密度：75%—80%<br>个体运动密度：50%—55% | 心率曲线 | 心率/次（曲线图，横轴 时间/分钟 0~40，纵轴 80~180） | | | |

| | |
|---|---|
| 教学反思 | 本节课的授课对象是小学三年级学生，教学设计旨在提升学生的五体球手运球、手脚转换、脚运球组合技能。教案中创设的"运球找线"游戏以及"手运球、左右手交替运球往返跑+（转折处）手抛接空中球""左、右脚脚背正面运球+（转折处）单手抛接空中球""脚运球—脚手转换—手运球"等技术动作的多样化、重复性、竞赛性的难度进阶与学练情境变化，符合三年级学生注意力保持时间不长、喜爱新颖练习方式的心理与学习特点，有90%以上的同学能在不同学练情境中较为正确地使用五体球组合技术动作。两人合作进行体能练习，激发了学生合作锻炼体能的意识；在小组比拼的过程中，学生表现出遵纪守规、团结协作等健康行为与体育品德。<br>不足之处与改进策略：在学、练、赛过程中，学生常常出现脚部传球传偏现象，以及捡拾滚落的球时只管自己跑，不知道会与别人相撞或影响别人练习的现象。在今后的教学中，针对传球传偏问题，要因材施教，多让学生练习近距离上步对墙踢球；针对捡拾滚落的球存在的安全隐患，要即时引导学生养成"一看、二站、三捡拾"的安全习惯。 |

## 第二节　五体球模块二规范教案

本教案旨在提升学生五体球脚部技术中的脚内侧运控球与传接球组合技能，以创设情境化进阶练习为学练思路。在准备部分，以游戏"运球识场区"让学生熟悉五体球场地的场区划分规则；在基本部分，通过"脚内侧传、接球限宽比准""脚内侧传、接球限时比稳""脚内侧运球""脚内侧运球+脚内侧传、接球接力比快"等技术动作的多样化、重复性、竞赛性的难度进阶与学练情境变化，为学生在比赛中熟练应用脚内侧运控球与传接球组合技能奠定良好的学练方法基础。通过5人合作体能练习，提升学生合作锻炼体能的意识；采用小组比拼的形式，培养学生遵纪守规、团结协作等健康行为与体育品德，让核心素养内化于心、外显于行。

### 学练赛评内容分布表

| 教学方式 | 内容安排 |
|---|---|
| 学 | 脚内侧传、接球；脚内侧运球 |
| 练 | 脚内侧传、接球；脚内侧运球；脚内侧运球+脚内侧传、接球；体能 |
| 赛 | 脚内侧运球+脚内侧传、接球接力比快 |
| 评 | 对于学生在技术、纪律、学习环境适应、安全技能掌握等方面的优秀表现，要及时给予肯定 |

| 教案设计  | 陕西省咸阳市杨凌高新第二小学　　　　徐　明 |
|---|---|
| | 陕西省咸阳市杨凌高新小学　　　　　　苟云鹏 |
| | 陕西省咸阳市杨凌高新第二小学　　　　游学军（指导教师） |

脚内侧运球+脚内侧传、接球组合技能练习教案

| 模块 | 二 | 单元 | 一 | 课时 | 第1课时 |
|---|---|---|---|---|---|
| 学段 | 小学 | 年级 | 五年级（适合五、六年级） | 班级 | |
| 班级人数 | 40人 | 性别 | 男生：20人<br>女生：20人 | 教师 | |
| 教学目标 | | 1. 知识技能学习目标：学生能说出脚内侧传、接球与脚内侧运球的技术动作要点，基本掌握本节所学技术的学练方法，积极参与游戏和比赛，有安全防护意识。<br>2. 体能素质锻炼目标：在学练过程中，学生的灵敏性、协调性和速度等体能得到发展。<br>3. 情感品格培养目标：学生在学练和比赛中表现出遵守规则、迎难而上、团结协作与负责任的行为。 | | | |
| 教学内容 | | 1. 单个技能：脚内侧传、接球；脚内侧运球。<br>2. 组合技能：脚内侧运球+脚内侧传、接球。<br>3. 教学比赛：脚内侧运球+脚内侧传、接球接力比快。<br>4. 体能练习：5人合作练习。 | | | |

| 教学重点 | 传球时，支撑脚要正对出球方向，踢球脚脚膝踝外展、踝关节锁紧；接球时，要主动用脚内侧迎球，接球脚不宜抬得过高，接球后撤缓冲来球力量。 | 教学难点 | 注意将球接控到下一步动作所需的位置上。 |
|---|---|---|---|

| 课的结构 | 课的内容 | 教学过程与方法 | 组织与要求 | 时间（分钟） | 次数 | 强度 |
|---|---|---|---|---|---|---|
| | 一、课堂常规<br>1. 体育委员整队，报告人数，师生问好。<br>2. 宣布本节课的学习目标与任务。<br>3. 强调练习、比赛中的安全要求，安排见习生。<br>4. 单数报数比反应。 | 1. 师生问好。<br>2. 宣布本节课的内容与安全要求。<br>3. 安排见习生。<br>4. 讲解单数报数要求，评判获胜队。 | 组织：如下图。<br><br>要求：集合整队快、静、齐。单数报数先一、三排，后二、四排。认真听教师讲解，明确学习任务与安全要求。 | 2 | 1 | 低 |
| 准备部分 | 二、热身练习<br>1. 游戏：运球识场区<br>方法：学生每人一球，沿五体球场地边线做脚内侧交替运球，听到教师鸣哨后，按教师口令迅速俯身捡球转换成手运球到指定区域（手部区、五体转换区或脚部区），最后两名学生做脚内侧敲球30次。 | 1. 教师讲解游戏的方法与要求。<br>2. 指导学生做热身活动，游戏中用语言提示运球到手部区、五体转换区或脚部区的任意一个场区。<br>3. 指导学生做伸展性练习。 | 组织：按场地长度，将学生分成5人一组，面向对面边线组织拉伸活动。<br>要求：遵守游戏规则，明确五体转换区有2个、手部区有2个、脚部区有1个。学生呈一路纵队沿场地边线进行脚内侧交替运球。 | 4 | 2 | 中 |
| | 2. 伸展练习：持球跑跳步加体转练习、提膝胯下绕8字，以及活动膝、踝关节。 | | | 3 | 2 | 中 |

续表

| 课的结构 | 课的内容 | 教学过程与方法 | 组织与要求 | 时间（分钟） | 次数 | 强度 |
|---|---|---|---|---|---|---|
| 基本部分 | 一、技术学练<br>1.巩固脚内侧传、接球技术。<br>（1）间隔5米距离做脚内侧传、接球比准。<br>方法：传出的球能通过1.5米的限宽标志桶。<br>（2）1分钟脚内侧传、接球比稳。<br>方法：固定传接球人站在4米外，组内同学轮流与固定传接球人做两次传接球。每轮过后更换一名固定传接球人。 | 1.讲解、示范脚内侧传、接球和脚内侧运球技术动作要点。<br>2.安排组长组织学生分组进行练习。<br>3.观察学生练习情况，针对传球不准、接球不会缓冲和脚内侧运球时运球、控球方向不利于下一次控球的现象，做到及时提醒与指导。 | 组织：如下图。 <br><br>要求：遇到球滚落现象，捡拾球时做到"一看、二站、三捡拾"。按照技术学练要求认真完成脚内侧传、接球和脚内侧运球的规定练习次数。在组长带领下，开展组内沟通交流，进行合作学习。 | 8 | 4 | 中 |
| | 2.巩固脚内侧运球技术。<br>方法：每组一球，做10米往返脚内侧交替运控球，运球人返回后，下一名学生接着运球。 | | | 6 | 8 | 中高 |
| | 二、组合技能比赛：脚内侧运球+脚内侧传、接球接力比快<br>方法：每队5人，相邻两组比赛，先用脚内侧运球绕过折返点标志桶后直线运球返回，再用脚内侧传球给下一名学生，接球学生重复上个同学的技术动作。每两轮为一局，哪组先完成，就算一局胜出。采用五局三胜制，获得三局胜利的小组获胜。 | 1.讲解、示范组合技能接力赛的规则和要求。<br>2.组织学生分4大组进行比赛。<br>3.在比赛中，如某小组提前胜出，也要完成五局比赛，否则以失败计算，失败者做15次俯卧撑。<br>4.强调比赛安全，若球意外滚跑，要等同学完成动作过后再捡拾球，避免出现安全隐患。<br>5.评价学生表现。 | 组织：如下图。 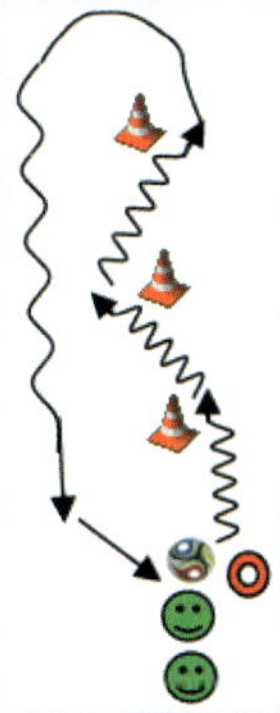<br><br>要求：遵守比赛规则，捡拾球时不影响别的小组比赛。认真聆听比赛规则和要求，能评价本组同学运用本节课所练技术的情况。 | 8 | 5 | 高 |

| 课的结构 | 课的内容 | 教学过程与方法 | 组织与要求 | 时间（分钟） | 次数 | 强度 |
|---|---|---|---|---|---|---|
| 基本部分 | 三、体能练习：5人合作练习<br>1．俄罗斯转体传球10圈。<br>2．仰卧同步举腿15次。<br>3．俯撑单手拨传球10圈。 | 1．讲解、示范体能练习动作方法。<br>2．组织学生5人一组结伴练习。<br>3．每个练习用时1分钟，包括中间休息10秒，两轮循环共计6分钟。 | 组织：如下图。<br>要求：俄罗斯转体传球和仰卧同步举腿练习时需要背向圆心；认真聆听体能练习方法与要求。 | 6 | 2 | 中 |
| 结束部分 | 一、放松活动<br>二、本课小结<br>三、宣布下课<br>四、收还器材 | 1．引导调整呼吸，放松肌肉。<br>2．点评学生本节课的表现，布置课后作业。 | 组织：呈四列横队散开。<br>要求：充分拉伸，身心放松；积极主动地配合老师收还器材，将器材摆放整齐。 | 3 | 2 | 低 |
| 场地器材 | 场地：五体球场或篮球场。<br>器材：五体球41个、标志桶40个、标志碟8个。 | | | | | |
| 练习密度 | 群体运动密度：75%—80%<br>个体运动密度：50%—55% | 心率曲线 | | | | |

心率曲线图（横轴：时间/分钟，纵轴：心率/次）

教学反思：

本节课的授课对象是小学五年级学生，教学设计旨在提升学生五体球脚部技术中的脚内侧运控球与传接球组合技能，以创设情境化进阶练习为学练思路。在准备部分，以游戏"运球识场区"让学生熟悉五体球场地的场区划分规则；在基本部分，通过"脚内侧传、接球限宽比准""脚内侧传、接球限时比稳""脚内侧运球""脚内侧运球+脚内侧传、接球接力比快"等技术动作的多样化、重复性、竞赛性的难度进阶与学练情境变化，体现了"学、练、赛"一体化教学，为学生在比赛中熟练使用脚内侧运控球与传接球组合技能奠定良好的学练方法基础。通过5人合作体能练习，提升学生合作锻炼体能的意识。教学设计符合五年级学生的认知水平，有90%以上的同学能正确做出脚内侧运球、传接球的技术动作，并说出其学练方法。体能练习激发了学生锻炼身体素质的兴趣，组合技能接力赛展示出了学生的团队合作意识和接受失败的耐挫能力，教学效果基本达到了学习目标。

不足之处与改进策略：教学中发现存在具备脚部控球基本功的学生对待简单练习不认真的现象。在今后的五体球技术教学中，可以尝试让有脚部或手部运控球基本功的学生挑战更有难度的练习内容，做到以学定教。

## 第三节　五体球模块三规范教案

本教案旨在提升学生对新学五体球组合技能"手运球—手脚转换—脚运球—脚手转换—手运球—行进间投篮"的衔接熟练程度。为了确保学生顺利掌握新学内容，教案在基本部分先安排了复习巩固手运球急停急起与脚背外侧运球等基本技术，在初步学练的基础上，过渡到五体球组合技能。通过小组间的五体球组合技能接力赛，有效促进学生对新学组合技能的衔接熟练程度与学练热情。两人合作进行体能练习，丰富了学生发展体能的锻炼方法；通过组合技能的学、练、赛、评活动，培养学生遵守规则、尊重对手、敢于挑战和团结协作的体育品德。教师要明晰教学目标，选用适合学情的学练方法，明确学、练、赛、评的相互关系，把握好每个环节与整体的关系，深化课堂结构化学习改革，促进体育课程核心素养落地。

### 学练赛评内容分布表

| 教学方式 | 内容安排 |
|---|---|
| 学 | 运球急停急起；脚背外侧运球 |
| 练 | 运球急停急起；脚背外侧运球；手运球—手脚转换—脚运球—脚手转换—手运球—行进间投篮；体能 |
| 赛 | 组合技能接力赛 |
| 评 | 对于学生在技术、纪律、学习环境适应、安全技能掌握等方面的优秀表现，要及时给予肯定 |

**教案设计**

| | | |
|---|---|---|
| 陕西省西安高新第八小学 | 郝永忠 |
| 陕西省咸阳市杨陵区张家岗小学 | 殷璐璐 |
| 陕西省咸阳市杨凌高新第二小学 | 游学军（指导教师） |

### 手、脚运球+投篮组合技能练习教案

| 模块 | 三 | 单元 | 一 | 课时 | 第3课时 |
|---|---|---|---|---|---|
| 学段 | 初中 | 年级 | 七年级（适合七、八年级） | 班级 | |
| 班级人数 | 40人 | 性别 | 男生：20人<br>女生：20人 | 教师 | |
| 教学目标 | | | | | |
| 教学内容 | | | | | |

**教学目标**
1. 知识技能学习目标：学生能较准确地说出手运球急停急起和脚背外侧运球与组合技能动作要点，基本掌握所学手部、脚部运球的学练方法，手脚转换衔接符合转换规则要求，积极参与游戏和比赛，提高运动能力。
2. 体能素质锻炼目标：通过学练活动，学生的灵敏性、协调性、力量、速度等体能得到发展。
3. 情感品格培养目标：学生在教学比赛中遵守纪律、遵守规则、尊重对手，有团队精神，能正确面对胜负。

**教学内容**
1. 单个技能：运球急停急起、脚背外侧运球。
2. 组合技能：手运球—手脚转换—脚运球—脚手转换—手运球—行进间投篮。
3. 教学比赛：组合技能接力赛。
4. 体能练习：两人合作练习。

| 教学重点 | 运球急停时要降低重心，短促地拍按球的上方。 | | 教学难点 | 运球急停采用两拍节奏进行。 | | | |
|---|---|---|---|---|---|---|---|
| 课的结构 | 课的内容 | 教学过程与方法 | 组织与要求 | | 时间（分钟） | 次数 | 强度 |
| 准备部分 | 一、课堂常规<br>1. 体育委员整队，报告人数，师生问好。<br>2. 宣布本节课的学习目标与任务。<br>3. 强调练习、比赛中的安全要求。<br>4. 安排见习生。 | 1. 师生问好。<br>2. 宣布本节课的内容与安全要求。<br>3. 安排见习生。 | 组织：如下图。<br><br>要求：集合整队快、静、齐，认真听教师讲解，明确学习任务与安全要求。 | | 2 | 1 | 低 |
| | 二、热身练习<br>1. 游戏：听数抱团。<br>方法：学生每人一球，在五体球场地沿边线、球门线以指定的各种手运球动作运球，听到教师喊数字后，学生迅速就近集结抱团。抱团人数不足或多出的小组，原地脚内侧敲球20次。 | 1. 讲解游戏的方法与要求。<br>2. 带领学生做热身活动，语言提示动作和变换运球动作节奏。<br>3. 带领学生做拉伸活动。 | 组织：做游戏"听数抱团"时沿场地边线、球门线有间隔地进行手运球；动态拉伸活动分10个小组按照球场宽度往返练习。<br>要求：遵守游戏规则，手持球进行抱团，反应迅速，快速到位。学生呈一路纵队沿场地边线、球门线进行手运球。 | | 4 | 3 | 中 |
| | 2. 拉伸活动：动态拉伸+侧滑步、侧身跑练习。 | | | | 4 | 2 | 中 |
| 基本部分 | 一、技术学练<br>1. 巩固运球急停急起技术。<br>（1）手运球急停急起练习。<br>要求：运球急停时，手拍按在球的正上方；急起时，手拍按在球的后上方。<br>（2）手运球急停+体前变向运球+急起运球练习。 | 1. 教师讲解、示范运球急停急起、脚背外侧运球技术动作要点。<br>2. 组织学生分组进行练习。观察学生练习情况，针对急停急起运球出现的运球时低头、重心降低和脚背外侧运球出现的身体内转并用脚外侧运球的现象，做到及时提醒与指导。 | 组织：如下图。<br><br>要求：在完成运球急停急起练习时遇到球滚落现象，捡拾球时做到"一看、二站、三捡拾"。按照技术学练要求认真完成运球的规定练习次数。在组长带领下，能够认真观察同组同学的动作完成情况，并做出客观的评价。 | | 4 | 4 | 中 |

续表

| 课的结构 | 课的内容 | 教学过程与方法 | 组织与要求 | 时间（分钟） | 次数 | 强度 |
|---|---|---|---|---|---|---|
| | 2．巩固脚背外侧运球技术。<br>（1）右脚脚背外侧运球+（转折处）左右脚脚底踩球10次练习。<br>（2）左脚脚背外侧运球+（转折处）左右脚踩拉球10次练习。 | | | 4 | 4 | 中高 |
| | 二、组合技能练习：手运球—手脚转换—脚运球—脚手转换—手运球—行进间投篮<br>要求：在手部区用手运控球，在脚部区用脚运控球；手、脚运球转换必须从五体转换区开始进行。 | 1．讲解、示范组合技能动作要求。<br>2．练习中，同一场地分4个组练习，每组10人，每个半场安排两组。<br>3．针对技术衔接与手脚转换运球，强调区域的规则意识。 | 组织：如下图。<br> 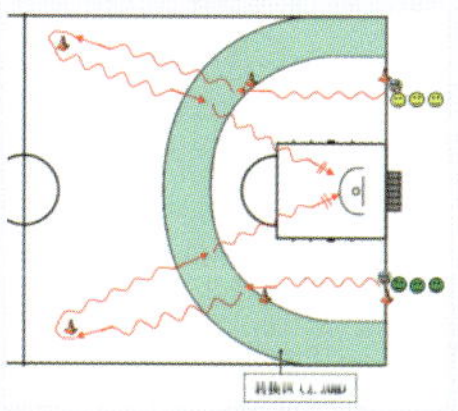<br>要求：练习中，如果行进间投篮没有进球，允许补篮1次。在组长带领下，开展组内合作学习，能够从同学的动作完成情况中取长补短。 | 8 | 6 | 中高 |
| 基本部分 | 三、教学比赛：组合技能接力赛<br>方法：在半场进行两组比赛，按照"手运球—手脚转换—脚运球—脚手转换—手运球—行进间投篮"的要求完成比赛动作，自抢篮板球后，传给下一名学生开始比赛。哪组先完成，就算一局胜出。采用三局两胜制，获得两局胜利的小组获胜。 | 1．讲解、示范组合技能接力赛的规则要求。<br>2．组织学生分4大组比赛。<br>3．在比赛中，遇到两人同时投篮的情况时，注意投篮安全，要求各自必须抢抓自己的五体球。<br>4．评价学生表现。 | 组织：如下图。 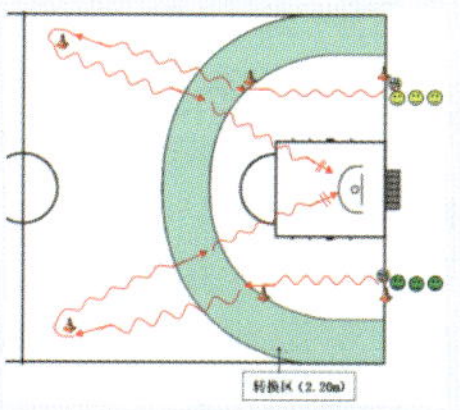<br><br>要求：遵守比赛规则，组合技能衔接符合转换规则要求；比赛中如果行进间投篮没有进球，必须补篮1次。比赛中遇到两人同时投篮的情况时，注意投篮安全。评价本组同学运用本节课所练技术的情况，也能评价对手小组的比赛表现。 | 8 | 3 | 高 |
| | 四、体能练习：两人合作练习<br>1．单脚支撑两人传、接球20次。<br>2．俯撑两人换手拨传球20次。<br>3．双人持球同步开合跳20次。 | 1．讲解、示范体能练习动作方法。<br>2．组织学生两人一组结伴练习。两人一组列队散开，相邻两组需要有一定的安全练习距离。<br>3．三个练习依次做两轮，每个练习中间休息15秒。<br>4．针对不规范的动作给予纠正。 | 组织：如下图。<br> <br>要求：认真聆听体能练习方法与要求；两人一组合作练习，在单脚支撑两人传、接球过程中，若双脚触地，需要重新开始。 | 6 | 2 | 中 |

五体球教程

续表

| 课的结构 | 课的内容 | 教学过程与方法 | 组织与要求 | 时间（分钟） | 次数 | 强度 |
|---|---|---|---|---|---|---|
| 结束部分 | 一、放松活动<br>二、本课小结<br>三、宣布下课<br>四、收还器材 | 1. 引导调整呼吸，拍打肢体放松。<br>2. 积极评价，归纳总结。 | 组织：呈四列横队散开，两人一组放松。<br>要求：身心放松；积极主动地配合老师收还器材，将器材摆放整齐。 | 5 | 2 | 低 |
| 场地器材 | 场地：五体球场或篮球场。<br>器材：五体球41个、标志桶40个。 | | | | | |
| 练习密度 | 群体运动密度：75%—80%<br>个体运动密度：50%—55% | 心率曲线 | 心率/次<br>时间/分钟 | | | |
| 教学反思 | 本节课的授课对象是七年级学生，教学设计旨在提升学生五体球组合技能运用的熟练程度。在准备部分，学生通过"听数报团"游戏来熟悉球性，为本节课要学的五体球组合技能进阶学练做了铺垫；在基本部分，学生先从复习巩固手运球急停急起与脚背外侧运球等基本技术开始，在初步熟悉学练技术环境的基础上，过渡到新学五体球组合技能动作。再通过小组间的五体球组合技能接力赛，有效促进了学生对新学组合技能的衔接熟练程度与学练热情。两人合作的体能练习丰富了学生发展体能的锻炼方法，教学中有90%以上学生能够完成新学的五体球组合技能动作。由于采取同质分组，组间学生水平相近。在对抗比赛中，学生展示出了较强的合作意识和规则意识，敢于运用运控球技巧，学习目标达成效果较好。<br>不足之处与改进策略：在练习过程中，发现部分学生行进间投篮动作不规范、投篮命中率不高。今后的五体球教学应结合学生实际，开展分层教学，对于手、脚运球基本功不好的，或者投篮、射门找不到自信的学生，应有针对性地进行辅导；要发挥好小组长的助手作用，利用课外体育活动时间进行个别或集体练习。 | | | | | |

## 第四节　五体球模块四规范教案

本教案以情境进阶练习为教学思路。通过设置双手胸前传接球、双手击地传接球练习和单手肩上投篮的分组轮换练习，把场地的利用率发挥到最大程度。在学生有了传接球与投篮感觉后，再进行传切配合战术教学，便于学生尽快掌握传切配合战术要领。通过半场3对2的五体球比赛，促使学生进一步在实战中提升传切配合战术运用的默契程度与进攻得分成功率。通过体能练习，丰富学生的体能锻炼方法；通过练习和比赛活动，培养学生遵纪守规、团结协作、合作交流等体育品德。

运用学、练、赛、评一体化教学时，要选用适切的教学内容，明确学、练、赛、评之间的相互关系，把握好每个环节与整体的关系，深化课堂结构化学习改革，促进体育课程核心素养落地。

### 学练赛评内容分布表

| 教学方式 | 内容安排 |
| --- | --- |
| 学 | 传切配合战术 |
| 练 | 双手传接球；单手肩上投篮；传切配合战术；体能 |
| 赛 | 半场3对2比赛 |
| 评 | 对于学生在技术、纪律、学习环境适应、安全技能掌握等方面的优秀表现，要及时给予肯定 |

**教案设计**

| 广西壮族自治区百色祈福高中 | 张富斌 |
| 湖北省华中师大一附中光谷汤逊湖学校 | 王定锋 |
| 陕西省咸阳市杨凌高新第二小学 | 游学军（指导教师） |

### 传切配合战术练习教案

| 模块 | 四 | 单元 | 二 | 课时 | 第1课时 |
| --- | --- | --- | --- | --- | --- |
| 学段 | 初中 | 年级 | 八年级（适合八、九年级） | 班级 | |
| 班级人数 | 40人 | 性别 | 男生：20人 女生：20人 | 教师 | |
| 教学目标 | | | | | |

教学目标
1. 知识技能学习目标：学生能巩固双手传接球和单手肩上投篮技术，为学习传切配合奠基，能运用传切配合战术，积极参与游戏和比赛，掌握安全锻炼技能。
2. 体能素质锻炼目标：学生能运用多种练习手段，发展灵敏性、协调性、速度等体能。
3. 情感品格培养目标：学生能够体验不同的运动角色，运动中能遵守规则、尊重对手，初步具备合作意识。

教学内容
1. 单个技能：双手传接球、单手肩上投篮。
2. 战术演练：传切配合。
3. 教学比赛：半场3对2比赛。
4. 体能练习。

| 教学重点 | 观察同伴切入时的假动作，注意传球时机与隐蔽性。 | 教学难点 | 传出的球留有提前量，做到人到球到，有利于切入人衔接投篮。 |
| --- | --- | --- | --- |

| 课的结构 | 课的内容 | 教学过程与方法 | 组织与要求 | 时间（分钟） | 次数 | 强度 |
|---|---|---|---|---|---|---|
| 准备部分 | 一、课堂常规<br>1．体育委员整队，报告人数，师生问好。<br>2．宣布本节课的学习目标与任务。<br>3．强调练习、比赛中的安全要求。<br>4．安排见习生。 | 1．师生问好。<br>2．宣布本节课的内容与安全要求。<br>3．安排见习生。 | 组织：如下图。 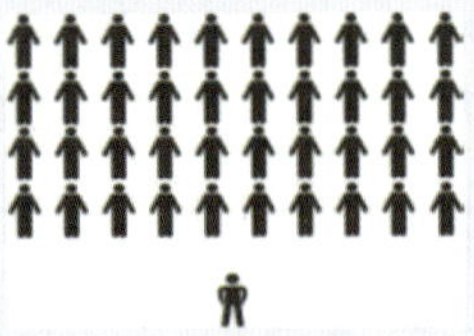<br><br>要求：集合整队快、静、齐，认真听教师讲解，明确学习任务与安全要求。 | 2 | 1 | 低 |
| | 二、热身练习<br>1．游戏：运球识场区。<br>方法：学生每人一球，沿五体球场地边线做脚内侧交替运球，听到教师鸣哨后，按教师口令迅速俯身捡球转换成手运球到指定区域（手部区、五体转换区或脚部区），最后5名学生做脚底交替踩球20次。 | 1．讲解游戏的方法与要求。<br>2．指导学生做热身活动，游戏中语言提示运球到手部区、五体转换区或脚部区的任意一个场区。<br>3．示范拉伸动作并提出要求。 | 组织：将学生分成8个小组，面向对面边线组织拉伸活动。<br>要求：遵守游戏规则，明确五体转换区有2个、手部区有2个、脚部区有1个。在老师指导下认真做好准备活动。 | 4 | 2 | 中 |
| | 2．伸展练习：持球跑跳步加体转练习、提膝胯下绕8字，以及活动膝、踝关节。 | | | 4 | 3 | 中 |
| 基本部分 | 一、技术学练<br>1．巩固双手传接球技术。<br>（1）双手胸前传接球练习。<br>方法：分组练习，传接球时相距4米，组员轮流担任固定传球人，传两轮后交换固定传球人。传球到胸前，接球有缓冲。<br>（2）双手击地传接球练习。<br>方法：分组练习，将五体球传到接球人身前1米左右的位置击地。 | 1．两项练习为分组定时轮换内容。<br>2．讲解、示范所练技术动作要点。<br>3．组织学生分组练习。观察到有学生双手胸前传接球时双臂用力不一，不能传接球到同伴胸前，以及单手肩上投篮时出现腿部蹬伸与上臂伸直的顺序配合不协调的现象，做到及时指导。 | 组织：如下图。 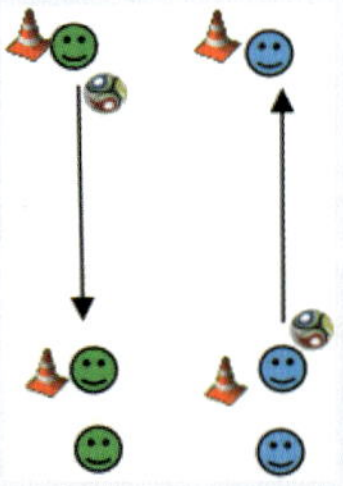<br><br>要求：在完成练习时遇到球滚落的现象，捡拾球时做到"一看、二站、三捡拾"。1—4组先练双手传接球，5—8组先练投篮。按照技术动作学练要求认真完成双手传接球与单手肩上投篮的规定练习次数。在组长带领下，开展组内沟通交流，进行合作学习。 | 4 | 4 | 中 |
| | 2．巩固单手肩上投篮技术。<br>方法：做到投篮时伸臂压腕，使球向后旋转。 | | | 4 | 4 | 中高 |

续表

| 课的结构 | 课的内容 | 教学过程与方法 | 组织与要求 | 时间（分钟） | 次数 | 强度 |
|---|---|---|---|---|---|---|
| 基本部分 | 二、战术演练：传切配合<br>方法：传切配合是指队员之间利用传球和移动切入技术组成的配合。一传一切是指持球队员传球后利用起动速度或假动作摆脱防守队员向篮下切入，然后接回传球投篮的配合。 | 1．讲解、示范传切配合战术要求。<br>2．练习中，同一场地分4个组练习，每组10人，每个半场安排两组。<br>3．针对传球不到位、切入前没有假动作等情况，要及时提醒。 | 组织：如下图。 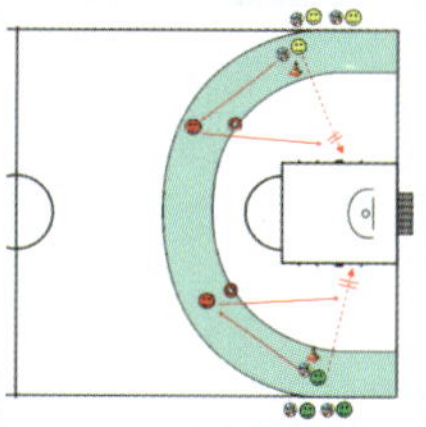<br><br>要求：战术演练中两人同时抢篮板球时，要做到礼让，避免发生冲撞；在组长带领下，开展组内合作学习；能够根据传切配合战术完成情况给予同学客观评价。 | 8 | 8 | 中高 |
|  | 三、教学比赛：半场3对2比赛<br>方法：以小组为单位，3人进攻，2人防守，通过传切配合投进一球后下一个组再上场开始。组内谁防守由组长与同伴商量决定。 | 1．讲解3对2比赛的规则和要求。<br>2．由下一个等待上场小组出2名裁判员。<br>3．评价学生运用传切配合的表现。 | 组织：如下图。 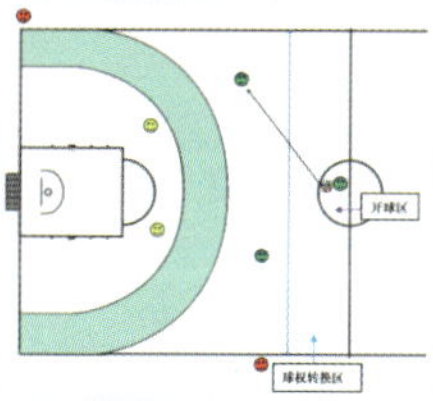<br><br>要求：遵守比赛规则，注意防守动作的规范性。 | 8 | 3 | 高 |
|  | 四、体能练习<br>1．原地高抬腿跑加速跑15米，做两次。<br>2．俯撑两人换手拨传球20次。<br>3．仰卧起坐20次。 | 1．讲解、示范体能练习动作方法。<br>2．三个练习依次做两轮，每个练习中间休息15秒。<br>3．组织学生两人一组结伴练习。<br>4．针对不规范的动作给予纠正。 | 组织：如下图。 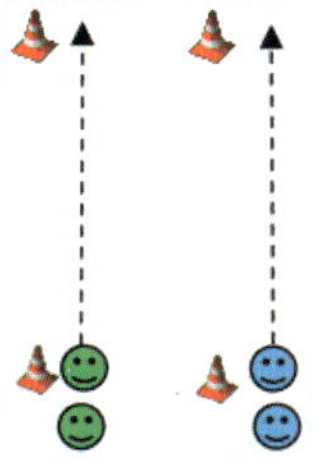<br><br>要求：认真聆听体能练习方法与要求。 | 6 | 2 | 中 |
| 结束部分 | 一、放松活动<br>二、本课小结<br>三、宣布下课<br>四、收还器材 | 1．引导调整呼吸，放松肌肉。<br>2．点评学生本节课的表现。<br>3．布置课后作业。 | 组织：呈四列横队散开。<br>要求：积极参与放松活动，身心放松；积极主动地配合老师收还器材，将器材摆放整齐。 | 5 | 2 | 低 |
| 场地器材 | 场地：五体球场或篮球场。<br>器材：五体球41个、标志桶16个、标志碟4个。 | | | | | |

续表

| 练习密度 | 群体运动密度：75%—80%<br>个体运动密度：50%—55% | 心率曲线 | 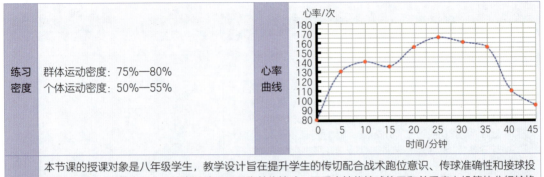 |
| --- | --- | --- | --- |
| 教学反思 | 本节课的授课对象是八年级学生，教学设计旨在提升学生的传切配合战术跑位意识、传球准确性和接球投篮的连贯性。在基本部分，教案设计了双手胸前传接球、双手击地传接球练习和单手肩上投篮的分组轮换练习，有效提升了练习密度，也把场地的利用率发挥到最大程度。在学生有了传接球与投篮感觉后，再学习传切配合战术，符合学生认识新知的规律，便于学生尽快掌握传切配合战术要领。通过半场3对2的五体球比赛，让学生在实战中提升传切配合战术运用能力，培养学生遵纪守规、团结协作、合作交流等体育品德，学习目标达成效果较好。<br>不足之处与改进策略：教学中发现部分学生在运动中传接球质量不高。今后要增加学生的手部、脚部运控球和传接球练习时间与有效策略，提高学生在五体球运动中的传球准确性和接球时的稳定性。 | | |

## 第五节　五体球模块五规范教案

　　本教案以创设情境化进阶练习为教学思路。通过设置手部背后运球、踢球与挡（接）球、手部与脚部相结合的组合技能练习，使学生在了解五体球运动特点的基础上，明白手部区与脚部区的规则要求。通过半场4对4比赛，让学生能将所学所练技术运用于比赛中。通过多样化体能练习，提升学生的体能水平。以小组练习、比赛的形式，有效培养学生遵纪守规、团结协作、合作交流等健康行为与体育品格，让核心素养内化于心、外显于行。

　　运用学、练、赛、评一体化教学方式时，要明晰教学目标，选用适切的教学内容，明确学、练、赛、评的相互关系，把握好每个环节与整体的关系，深化课堂结构化学习改革，促进体育课程核心素养落地。

### 学练赛评内容分布表

| 教学方式 | 内容安排 |
| --- | --- |
| 学 | 背后运球；踢球与挡（接）球 |
| 练 | 背后运球；踢球与挡（接）球；背后运球+连续脚内侧扣球、脚背外侧拨球迎面接力；体能 |
| 赛 | 半场4对4比赛 |
| 评 | 对于学生在技术、纪律、学习环境适应、安全技能掌握等方面的优秀表现，要及时给予肯定 |

教案设计

| 陕西省咸阳市杨凌高新第二小学 | 游学军 |
|---|---|
| 广东省广州大学附属东江中学 | 薛志学 |
| 河南省新乡市第十中学 | 侯继军（指导教师） |

模块五组合技能练习教案

| 模块 | 五 | 单元 | 一 | 课时 | 第3课时 |
|---|---|---|---|---|---|
| 学段 | 高中 | 年级 | 高一（适合高一、高二） | 班级 | |
| 班级人数 | 40人 | 性别 | 男生：20人<br>女生：20人 | 教师 | |
| 教学目标 | | | | | |

| 教学目标 | 1．知识技能学习目标：学生复习巩固背后运球、踢球与挡（接）球和五体球组合技能，在多种情境中提升五体球技战术的综合运用能力。<br>2．体能素质锻炼目标：学生能运用多种练习手段，发展灵敏性、协调性和力量、速度等体能。<br>3．情感品格培养目标：学生在学练和比赛中遵守纪律、遵守规则、尊重对手，有责任感和团队精神，能正确面对胜负。 |
|---|---|
| 教学内容 | 1．单个技能：背后运球、踢球与挡（接）球。<br>2．组合技能：背后运球+连续脚内侧扣球、脚背外侧拨球迎面接力。<br>3．教学比赛：半场4对4比赛。<br>4．体能练习：身体素质类练习。 |

| 教学重点 | 背后变向运球时做到跨步及时、向身后拉球到位。 | 教学难点 | 背后变向运球时异侧手触球、控球及时。 |
|---|---|---|---|

| 课的结构 | 课的内容 | 教学过程与方法 | 组织与要求 | 时间（分钟） | 次数 | 强度 |
|---|---|---|---|---|---|---|
| 准备部分 | 一、课堂常规<br>1．体育委员整队，报告人数，师生问好。<br>2．宣布本节课的学习目标与任务。<br>3．强调练习、比赛中的安全要求。<br>4．安排见习生。 | 1．师生问好。<br>2．宣布本节课的内容，强调练习中捡拾球、挡球与接球的安全要求。<br>3．安排见习生。 | 组织：如下图。<br><br>要求：集合整队快、静、齐，明确学习任务与安全要求。 | 2 | 1 | 低 |
| 准备部分 | 二、热身练习<br>1．抢球游戏。<br>方法：学生每人一球，两人一组，在五体球场地内按指令进行各种原地手运球、传接球，听到哨音后，开始持球抢同伴的五体球。 | 1．讲解抢球游戏的方法与要求。<br>2．带领学生做热身活动，语言提示变换练习动作。 | 组织：如下图。<br><br>要求：学生每20人在一个五体球半场进行练习。按照老师要求，认真完成准备活动。 | 4 | 2 | 中 |
| | 2．拉伸活动：行进间伸展练习。 | | | 4 | 2 | 中 |

| 课的结构 | 课的内容 | 教学过程与方法 | 组织与要求 | 时间（分钟） | 次数 | 强度 |
|---|---|---|---|---|---|---|
| 基本部分 | 一、技术学练<br>1. 巩固背后运球技术。<br>方法：拍按球位置正确，跨步要及时，另一侧手需主动接触球。<br>2. 复习踢球与挡（接）球技术。<br>方法：采用脚内侧踢球，防守同学根据来球高度挡（接）球。对于腰部以上踢来的球，可以采用拳击、手挡技术，也可直接用手接球后将球控制住。 | 1. 讲解、示范背后运球、踢球与挡（接）球技术动作要点。<br>2. 组织学生分8个小组进行练习。<br>3. 在踢球与挡（接）练习中，对于胆量小的同学以挑射踢球方式为主，避免防守同学受伤。<br>4. 评价：脚内侧和脚背外侧运球时推拨球的力量适宜，五体球的运行速度能在自己控制范围内。 | 组织：如下图。 <br><br>要求：踢球与挡（接）球练习间隔9米距离；按照技术学练要求认真完成背后运球、踢球与挡（接）球的规定练习次数。 | 6 | 6 | 中 |
| | 二、组合技能练习：背后运球+连续脚内侧扣球、脚背外侧拨球迎面接力<br>方法：相邻两组比赛，先做2次背后运球，再做3次脚内侧扣球、脚背外侧拨球组合动作，通过脚传球将球传给对面同学，接球同学用俯身接球技术持球完成新一轮规定比赛动作。哪组先完成，哪组获胜。采用三局两胜制，获得两局胜利的小组获胜。 | 1. 讲解、示范组合技能迎面接力赛的规则和要求。<br>2. 组织学生分组比赛。<br>3. 引导学生就所学动作的使用情况进行互评。<br>4. 评价学生完成动作的表现。 | 组织：如下图。 <br><br>脚部运球区<br><br>手部运球区<br><br>要求：遵守技能比赛规则，在比赛中规范运用背后运球和连续脚内侧扣球、脚背外侧拨球运球技术。评价本组同学运用本节课所练技术的情况。 | 6 | 3 | 中高 |
| | 三、教学比赛：半场4对4比赛<br>方法：采用半场3对3比赛规则。相邻两组捉对比赛，每场比赛5分钟，凡采用挡（接）球技术阻止住对方射门，也算防守方得1分。在规定时间内，得分多的小组获胜。 | 1. 讲解、示范组合技能迎面接力赛的规则和要求。<br>2. 指导组长组织学生分组比赛。<br>3. 指定比赛裁判员和记分员。<br>4. 讲评比赛中规则运用的合理性问题。 | 组织：如下图。 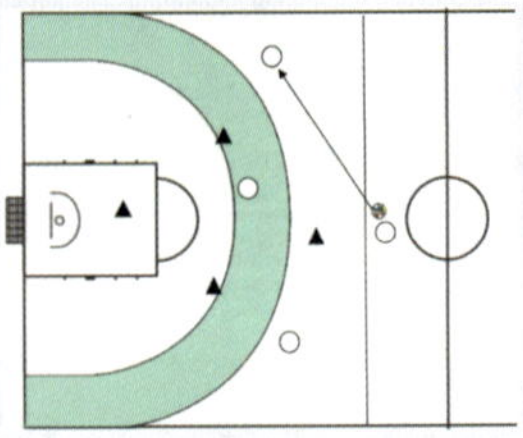<br><br>要求：遵守半场比赛规则，在比赛中有安全防范意识；评价本组同学在比赛中合理运用技战术的表现。 | 12 | 3 | 高 |

续表

| 课的结构 | 课的内容 | 教学过程与方法 | 组织与要求 | 时间（分钟） | 次数 | 强度 |
|---|---|---|---|---|---|---|
| 基本部分 | 四、体能练习：身体素质类练习<br>1．开合跳24次。<br>2．俯卧撑16次。<br>3．俯卧背起16次。<br>4．立卧撑16次。 | 1．讲解、示范体能练习动作方法。<br>2．四个练习依次做两轮，每个练习中间休息15秒。<br>3．组织学生两人一组结伴练习。<br>4．针对不规范的动作给予纠正。 | 组织：如下图。<br><br>要求：两人一组列队散开，相邻两组之间需要保持一定的安全练习距离。 | 6 | 2 | 中高 |
| 结束部分 | 一、放松活动<br>二、本课小结<br>三、宣布下课<br>四、收还器材 | 1．引导调整呼吸，拍打肢体放松。<br>2．点评学生本节课的表现。<br>3．布置课后作业。 | 组织：呈四列横队散开。<br>要求：两人合作做肢体拍打与揉捏时要力量适中；对本节课的练习方法进行小结。 | 5 | 2 | 低 |

| 场地器材 | 场地：五体球场或篮球场。<br>器材：五体球41个、标志桶40个、标志碟8个。 | | |
|---|---|---|---|

| 练习密度 | 群体运动密度：75%—80%<br>个体运动密度：50%—55% | 心率曲线 | |
|---|---|---|---|

| 教学反思 | 本节课的授课对象是高一学生，教学设计旨在提高学生手部背后运球、踢球与挡（接）球以及手部与脚部相结合的新学组合技能水平，使学生在了解五体球运动特点与规则要求基础上，通过半场4对4比赛将所学所练技术运用于比赛中。通过多样化体能练习，提升学生的体能水平。采用小组间比赛的形式，培养学生遵纪守规、团结协作、合作交流等健康行为与体育品格，让核心素养内化于心、外显于行，基本达成了预设的学习目标。<br>不足之处与改进措施：对学生个体差异的关注不够，导致部分基础较弱的学生在学习过程中遇到学习障碍，做不出应做出的技术动作。在今后的教学中，要更加关注学生的个体差异，采取分层教学的方法，满足不同学生的学习需求。 |
|---|---|

## 第六节 五体球模块六规范教案

本教案以学、练、赛、评为教学方法，旨在运用情境进阶教学思路，提升学生的五体球组合技能运用能力。通过单个技能"脚部曲线运球"和组合技能"手抛地滚球接脚运球""手运球—手脚转换—脚运球绕标志桶—脚手转换—手运球—上篮"，以及"区域3对3脚部传控球比多"情境学练，提升学生对五体球学练方法的认知与掌握。通过多样

化体能练习，提升学生的体能水平。在集体游戏和比赛中，培养学生遵纪守规、团结协作、敢于拼搏等良好的体育品格。

本节课通过单个技能、多种组合技能学练和分组3对3传球比多对抗赛，促使学生将所学技战术运用到比赛中。要明确教学目标，从五体球结构化的视角，选择合理的学练方法，深化课堂结构化学习改革，促进体育课程核心素养落地。

## 学练赛评内容分布表

| 教学方式 | 内容安排 |
|---|---|
| 学 | 手运球—手脚转换—脚运球绕标志桶—脚手转换—手运球—上篮 |
| 练 | 脚部曲线运球练习；手抛地滚球接脚运球练习；五体球组合技能；体能 |
| 赛 | 区域3对3脚部传控球比多 |
| 评 | 对于学生在技术、纪律、学习环境适应、安全技能掌握等方面的优秀表现，要及时给予肯定 |

**教案设计**

| | |
|---|---|
| 陕西省咸阳市杨凌高新第二小学 | 游学军 |
| 山东省荣成市第二十三中学 | 王东升 |
| 江苏省扬州市第一中学 | 卢晓鹏（指导教师） |

## 模块六组合技能练习教案

| 模块 | 六 | 单元 | 一 | | 课时 | 第1课时 |
|---|---|---|---|---|---|---|
| 学段 | 高中 | 年级 | 高二（适合高二、高三） | | 班级 | |
| 班级人数 | 40人 | 性别 | 男生：20人 女生：20人 | | 教师 | |
| 教学目标 | 1. 知识技能学习目标：学生能较准确地说出、做出所学组合技术名称与路线，手脚转换衔接符合转换规则要求；能积极参与练习和游戏比赛，提高五体球运动能力。<br>2. 体能素质锻炼目标：在学练活动中学生的灵敏性、协调性、力量和速度等体能得到发展。<br>3. 情感品格培养目标：学生在教学比赛中遵守纪律、遵守规则、尊重对手，遇到困难时能想办法迎难而上，有团队精神，能正确面对胜负。 | | | | | |
| 教学内容 | 1. 单个技能：脚部曲线运球。<br>2. 组合技能：手运球—手脚转换—脚运球绕标志桶—脚手转换—手运球—上篮。<br>3. 教学比赛：区域3对3脚部传控球比多。<br>4. 体能练习：身体素质类练习。 | | | | | |
| 教学重点 | 用脚内侧做曲线运球时推拨运行的方向在斜前方。 | | | 教学难点 | 控球人跑动的速度要与球滚动的速度相匹配。 | |

续表

| 课的结构 | 课的内容 | 教学过程与方法 | 组织与要求 | 时间（分钟） | 次数 | 强度 |
|---|---|---|---|---|---|---|
| 准备部分 | 一、课堂常规<br>1. 体育委员整队，报告人数，师生问好。<br>2. 宣布本节课的学习目标与任务。<br>3. 强调练习、比赛中的安全要求。<br>4. 安排见习生。<br>5. 反口令原地转向练习。 | 1. 师生问好。<br>2. 宣布本节课的内容与安全要求。<br>3. 安排见习生。<br>4. 指挥反口令原地转向反应练习。 | 组织：如下图。 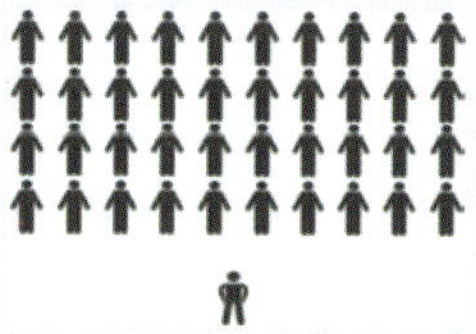<br><br>要求：集合整队快、静、齐，明确学习任务与安全要求，反口令转向反应正确。 | 2 | 1 | 低 |
| | 二、热身练习<br>1. 球性球感练习。<br>方法：学生每20人在一个五体球半场进行练习。学生每人一球，在五体球场地按指令进行手运球、脚运球、持球绕环、手指拨球、抛接空中球等练习。 | 1. 讲解练习方法与要求。<br>2. 带领学生做热身活动，语言提示变换运球动作。 | 组织：如下图。 <br><br>要求：在规定区域完成练习，手、脚运球时做到抬头观察；按照老师要求，认真完成准备活动。 | 4 | 2 | 中 |
| | 2. 拉伸活动：活动各关节、持球静态拉伸。 | | | 4 | 2 | 中 |
| 基本部分 | 一、技术学练<br>1. 巩固脚部运控球技术：脚部曲线运球练习。<br>要求：用左脚、右脚脚内侧运球绕过标志桶。<br>2. 组合技术：手抛地滚球接脚运球练习。<br>要求：手抛地滚球时用力不能太大。 | 1. 讲解、示范脚部曲线运球、手抛地滚球接脚运球技术动作要点。<br>2. 组织学生分8个小组进行练习。观察学生练习，针对脚部曲线运球时出现的推拨球力量太大的情况及时提醒与指导。 | 组织：如下图。 <br><br>要求：练习时遇到球滚落现象，捡拾球时做到"一看、二站、三捡拾"；在组长带领下，开展组内沟通交流，合作学习，并能做出客观的评价。 | 8 | 4 | 中 |
| | 二、组合技能练习：手运球—手脚转换—脚运球绕标志桶—脚手转换—手运球—上篮<br>方法：在手部区用手运控球，在脚部区用脚运控球绕过三个标志桶；手、脚运球转换必须从五体转换区开始进行。上篮结束后站到同侧队尾，循环进行。 | 1. 讲解、示范组合技术动作要求。<br>2. 组织学生练习，同一场地安排两个组练习，每组10人，分别站在两端球门线后。<br>3. 针对技术衔接与手脚转换运球，强调区域的规则意识。<br>4. 组合技能练习与游戏比赛为分组定时轮换练习内容。<br>5. 安排4个组长负责组织"区域3对3脚部传控球比多"游戏比赛。 | 组织：如下图。 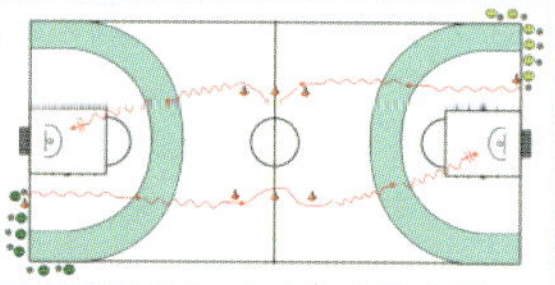<br><br>要求：练习中，如果上篮没有进球，允许补篮1次。 | 8 | 8 | 中高 |

| 课的结构 | 课的内容 | 教学过程与方法 | 组织与要求 | 时间（分钟） | 次数 | 强度 |
|---|---|---|---|---|---|---|
| 基本部分 | 三、教学比赛：区域3对3脚部传控球比多<br>方法：在15米×15米的区域内进行10次脚部传控比赛，每队5人，两队人员必须轮换上场。球若出规定区域，由获得球权方踢界外球开始，传球次数累计，先达到10次的组获胜。采用五局三胜制，获得两局胜利的小组获胜。 | | 组织：如下图。<br><br>要求：遵守五体球比赛规则，尊重对手，每完成一局休息1分钟。认真聆听比赛规则和要求。双方组长安排等待上场的同学担任裁判员和计数员。能评价双方小组在比赛中的运控球与跑位表现。 | 8 | 3 | 高 |
| | 四、体能练习：身体素质类练习<br>1. 仰卧起坐20次。<br>2. 平板支撑40秒。<br>3. 俯卧背起16次。<br>4. 原地高抬腿跑10秒，做两次。 | 1. 讲解、示范体能练习动作方法。<br>2. 四个练习依次做两轮，每个练习中间休息15秒。<br>3. 组织学生两人一组结伴练习。<br>4. 针对不规范的动作给予纠正。 | 组织：如下图。<br>😊😊😊😊<br>😊😊😊😊<br>要求：两人一组列队散开，相邻两组需要有一定的安全练习距离；仰卧起坐和俯卧背起需要两人一组合作练习。 | 6 | 2 | 中 |
| 结束部分 | 一、放松活动<br>二、本课小结<br>三、宣布下课<br>四、收还器材 | 1. 引导调整呼吸，拍打肢体放松。<br>2. 积极评价，归纳总结。 | 组织：呈四列横队散开。<br>要求：跟随教师一起放松；对本节课的练习方法进行小结。 | 5 | 2 | 低 |
| 场地器材 | 场地：五体球或篮球场。<br>器材：五体球41个、标志桶30个、标志碟20个、口哨1个。 | | | | | |
| 练习密度 | 群体运动密度：75%—80%<br>个体运动密度：50%—55% | 心率曲线 | 心率/次<br>180 170 160 150 140 130 120 110 100 90 80<br>0 5 10 15 20 25 30 35 40 45<br>时间/分钟 | | | |
| 教学反思 | 本节课的授课对象是高二学生，教学设计旨在提升学生的五体球组合技能运用能力。通过单个技能"脚部曲线运球"和组合技能"手抛地滚球接脚运球""手运球—手脚转换—脚运球绕标志桶—脚手转换—手运球—上篮"，以及"区域3对3脚部传控球比多"情境学练，提升学生对五体球学练方法的认知与掌握。通过多样化体能练习，提升学生的体能水平。在集体游戏比赛中培养学生遵纪守规、团结协作、敢于拼搏等良好的体育品格。有90%以上的学生能够说出所学组合技术动作方法，达到了预期的学习效果。<br>不足之处与改进策略：由于学生的五体球基础不一，起点不同，部分学生防守持球队员选位时存在防守队员相互呼应不够、补位迟缓的问题。在接下来的五体球课程学习中，应加强位移速度和横向与向后滑步的基本功训练，在五体球脚步区加强1对1防守能力的提升，继续在局部以少防多的练习中提高防守队员之间的呼应、沟通意识，并进行快速决策与默契配合的防守训练。 | | | | | |